我々はどこから来て、今どこにいるのか？

アングロサクソンがなぜ覇権を握ったか

Où en sommes-nous?

Une esquisse de l'histoire humaine

上

エマニュエル・トッド
Emmanuel TODD

堀茂樹［訳］

文藝春秋

地図1-2　ユーラシア大陸の主な家族システム

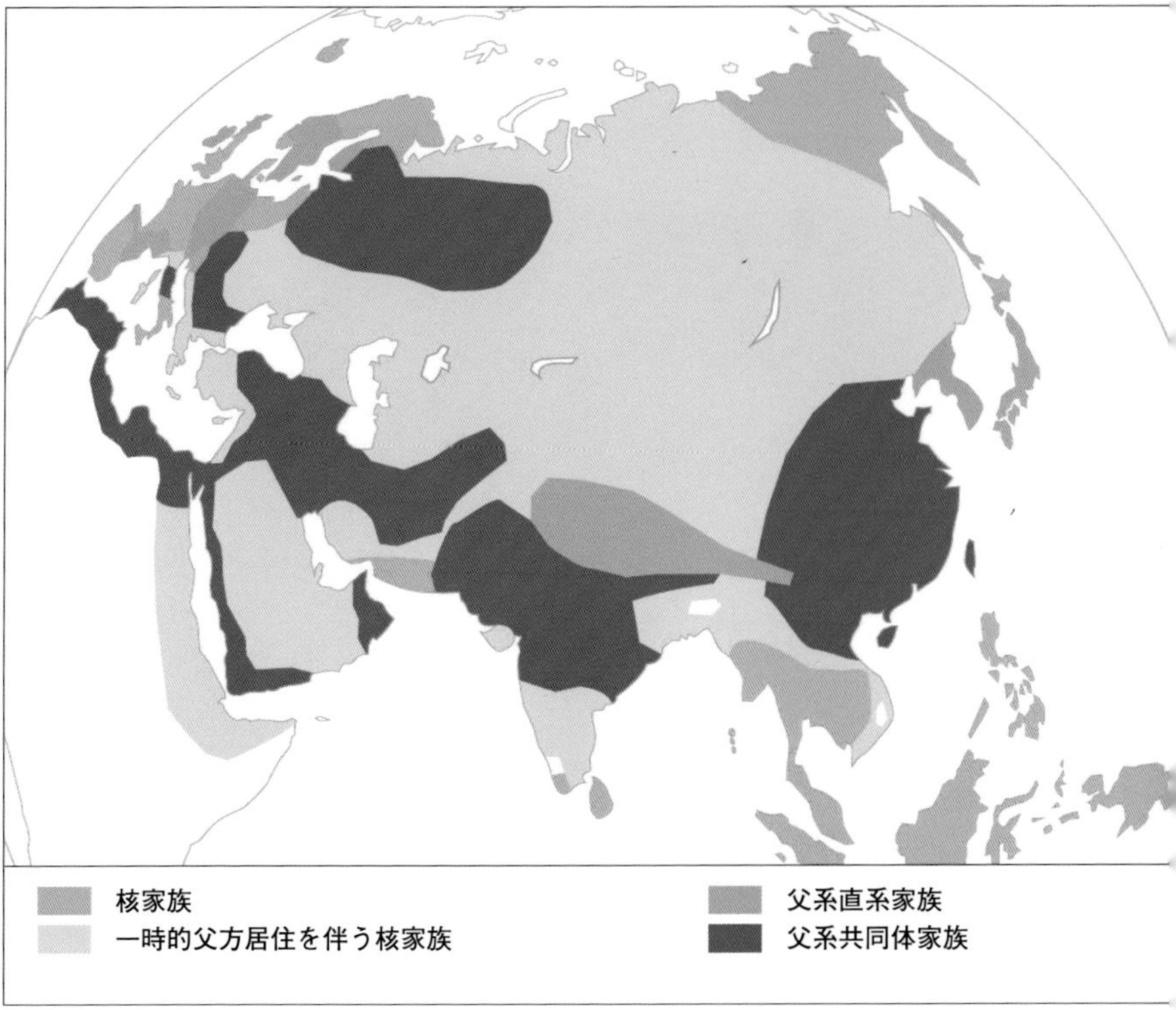

地図2-1　アフリカにおける共同体家族と独立家族

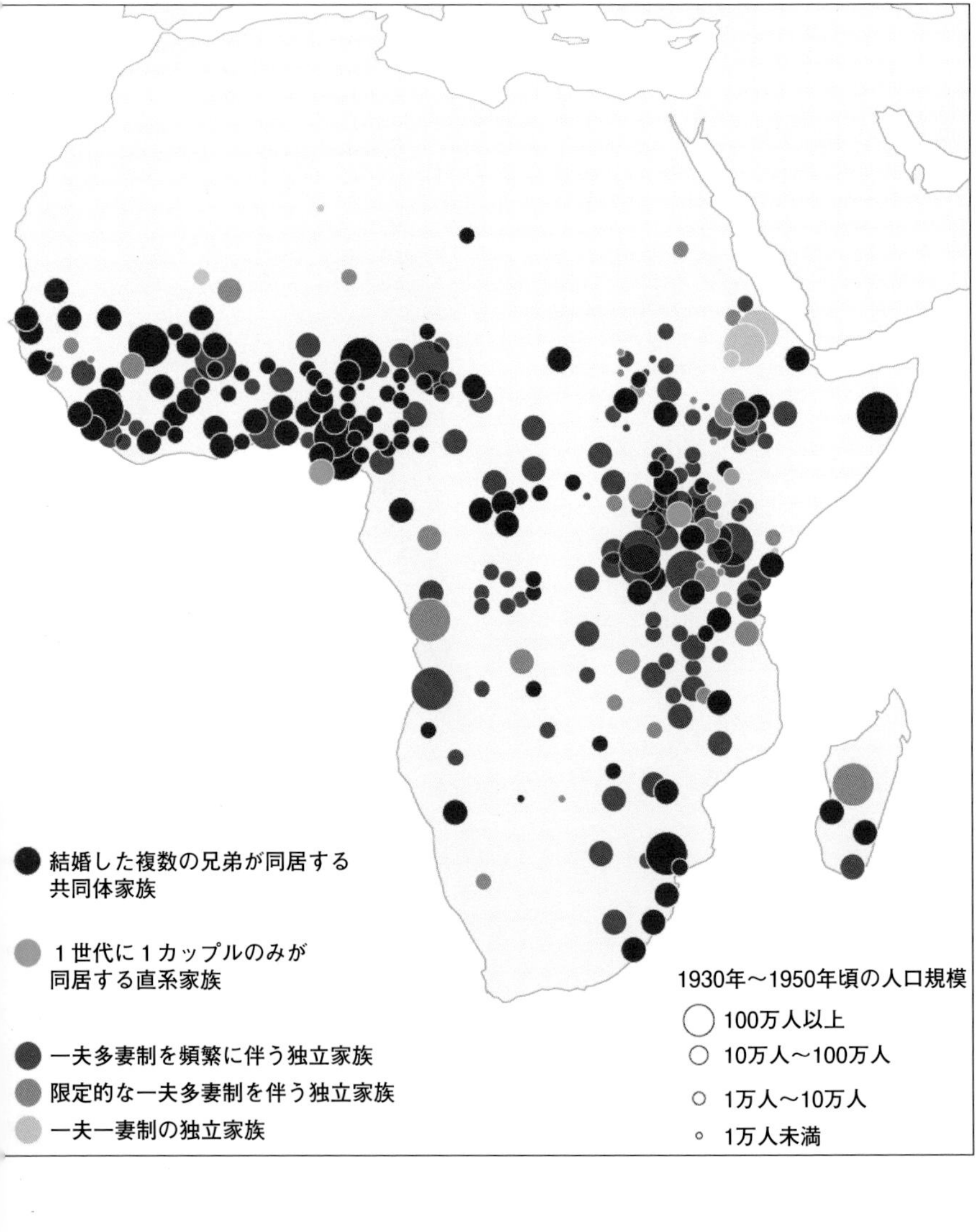

日本の読者へ――政治学、経済学ではわからない現代世界

日本との縁

本書は四〇年以上にわたる私の研究生活の集大成です。これまで出したどの本にも愛着をもっていますが、「私にとって最も大事な本」と言っても過言ではありません。一般の方にも読みやすい形で私の研究の全貌を示した本だからです。

しかも、この度、本書が私の大好きな日本で出版されることに、格別の喜びを感じています。

一九九二年一一月、国際交流基金の招きで初めて日本を訪れました。もう三〇年も前のことです。序章に記したように、「家族」から社会や歴史を捉える私の方法論は、母国フランスでは、当初から「保守反動的」「人種主義的」「決定論的」だとぼろくそに非難されましたが、日本での初めての講演の後、品のよい老紳士にこう尋ねられました。「トッドさんは、長男ですか、次男ですか」。こんな具合で、私の方法論は、日本では当初から比較的容易に受け容れられたのです。

以来、三〇年間に一〇回以上――あまりに多くて正確な回数は忘れてしまいました――、日本を訪れました。思わぬ形でできた日本との深い縁は、感情面だけでなく、知的な面でも私に多くをもたらしてくれました。本書では、一章をまるごと割いて、ドイツと日本という、二つの「偉大な直系家族国家」を扱っています。別に日本の方々に媚を売るためではありません。米国、欧州、日本という「トリアーデ（三極）」――そこにロシアも加える必要がありますが――こそが依然として、世界の趨勢を決定づけているからです。日本は、日本の方々が思っている以上に、世界において大きな存在なのです。

日本の「家族」について詳細な分析が可能だったのは、「日本の歴史人口学の父」といえる存在で、私の友人でもあった速水融《あきら》氏のおかげです。速水氏は残念ながら二〇一九年に亡くなりましたが、彼が創始した学派のおかげで、徳川日本に関して良質なデータが揃っているのです。とくに重要な学問的成果として、日本の「直系家族」はすぐに確立したものではなく、鎌倉時代から明治維新に至るまでの長い時間をかけて徐々に定着していったことを速水氏が明らかにしています。

当初は意識していなかったことですが、歴史人口学や家族人類学の領域だけでなく、地政学の領域でも、日本との縁から多大な恩恵に与りました。普段は自国フランス、あるいはヨーロッパから、世界の動きを眺めているわけですが、地政学的な問題に関して、毎年多くの日本のメディアの取材を受けることで、米国やロシアや中国の存在を日本の立場から考えることが、知らず知らずのうちに習慣化したのです。これによって、私の地政学的思考は、よりバランスのとれたものになったと自負しています。

西洋の無力感とウクライナ戦争

『我々はどこから来て、今どこにいるのか？』――こうしたタイトルを掲げている以上、この度、日本語版を刊行するにあたって、現下の戦争に触れないわけにはいきません。私がとくに強調したいのは、この戦争は政治学、経済学では的確に捉えられず、人類学的に解釈する必要がある、ということです。

本書の原書はフランスで二〇一七年に刊行されました。つまり五年前の本ですが、ドイツによる東欧人口の簒奪《さんだつ》、人口流出によるウクライナの破綻国家化、ロシアとウクライナの家族構造の違い、西洋に蔓延する非合理的なロシア恐怖症《フォビア》など、この本には、現在、ウクライナで起きている戦争を理解するために重要なポイントがほぼすべて盛り込まれていると自負しています。ロシアによるウクライナへの侵攻が始まった直後、戦争がいつまで続くのか、今後どうなるのか、先を見通すのが困難だった状況のなかで、日本の月刊誌『文藝春秋』の取材に応じ、その後、新書（『第三次世界大戦はもう始まっている』）を刊行できたのは、まず私にとって日本が一種の「安全地帯」だからですが、私がすでに本書を執筆していたからでもありました。

「西洋の不安」「西洋の当惑」から本書は議論を始めています。みずからの状況を理解できないという無力感が西洋社会を覆っています。広義の「西洋」に私は日本も含めていますが、なぜ西洋はみずからの状況を理解できないのか。それは、経済学が支配的なイデオロギーとなり、すべては「経済」によって決まるという経済決定論が思考停止を招き、マルクス的な意味での「虚偽意識」が世界の現実を直視するのを妨げているからです。

こうした経済至上主義的アプローチに対して、本書で私が提示したのは、人間の行動や社会のあり方を「政治」や「経済」より深い次元で規定している「教育」「宗教」「家族システム」の動きに注目する人類学的なアプローチです。

本書を執筆したのは、不安に駆られて当惑している先進国の人々に状況をよりよく理解してもらうためでした。

二〇一七年五月一六日――ちなみに私の誕生日です――に書き終えた本書の執筆が佳境に入っていた前年の二〇一六年は、六月にイギリスの国民投票でブレグジットが決まり、一一月に米国の大統領選挙でトランプが勝利するといった、まさに波乱の一年でした。当時、人々を驚かせたこうした事件、さらにはフランス政治の機能不全、反民主主義的な抑圧機関と化したEUの変貌をよりよく理解するための道具立てを私は本書で提示しようとしたのです。「今何が起きているのか？」を捉えるには、政治や経済という

「意識」のレベルだけでなく、教育という「下意識」、さらには宗教や家族といった「無意識」のレベルにまで降りていく必要があり、こうした人類学的アプローチは、西洋とロシアの間ですでに始まってしまった戦争を理解する上でも有効です。

二つの陣営の「相互作用」

本書の第14章から第18章は、米国、日本とドイツ、ヨーロッパ、ロシアと中国の現状を扱っていますが、五年経った今でも、訂正を加える必要は感じていません。ただし、それぞれに分岐している国――同じ核家族社会の米英仏の間でも分岐が見られ、同じ直系家族の日独の間でも分岐が見られ、同じ外婚制共同体家族の露中の間でも分岐が見られます――を別個に論じたのみで、経済的グローバリゼーションのなかで生じているこれらの社会同士の「相互作用」は、本書では扱えていません。

現在、NATOとロシアの間で戦争が起きています。また台湾をめぐって米国と中国の間で軍事的緊張が高まり、日本も巻き込まれています。「戦争」こそ「相互作用」の最たるものです。この日本語版のまえがきでは、本書の本文では十分に扱えなかった各国の「相互作用」について考えてみたいと思います。

まず強調したいのは、経済的グローバリゼーションにおける各国の「相互作用」を理解するにも、私が提案する人類学的アプローチが有効だ、ということです。

現下のグローバリゼーションでまず目につくのは、「生産」に特化する国々と「消費」に特化する国々への分岐が生じていることです。

「生産」に特化しているのは、中国、ドイツ、ロシアです。二〇二一年のGDPに占める貿易収支の割合と財の輸出額を示した**表A**を見ると、「生産」に特化している中国、ドイツ、ロシアが貿易収支で黒字と

表A　2021年の各国の貿易収支（財とサービス）

	GDPに占める貿易収支の割合（前年度比）	財の輸出額（百万ドル）
中国	＋2.6％	3215855
米国	－3.1％	1761708
ドイツ	＋5.5％	1616752
日本	－0.2％	749129
フランス	－2.1％	619222
ロシア	＋9.6％	493821
英国	－1.3％	442352

出典：世界銀行

なっていて、「消費」に特化している米国、イギリス、フランスで赤字となっています。

長年、「生産」に特化し、伝統的に貿易黒字国だった日本はマイナス〇・二％となっています。

日本の貿易収支は、二〇一〇年まで、三〇年間にわたり、黒字が続いていましたが、東日本大震災と福島第一原発事故があった二〇一一年、三一年ぶりに貿易収支が赤字になり、その後も、日本の貿易黒字は大幅に縮小し、時には赤字に転落しています。

これには福島第一原発事故によるエネルギー輸入額の高騰も大きく影響していることは間違いありませんが、海外への生産拠点の移転や労働人口の減少が深く関わっており、日本は従来の経済モデルから転換しつつあるのかもしれません。というのも、今回、表を作成して最も驚いた――研究者として経験主義を重んじる私は従来の認識や図式に当て嵌まらない「驚くべき数値やデータ」との遭遇をむしろ歓迎しています――のは、日本の財の輸出額が七四九一億ドルで、意外なほど小規模だったことです。フランスの六一九二億ドルとあまり変わらないのですから。

ＧＤＰでは現実は見えない

ちなみに、ここではＧＤＰに関連する指標を用いましたが、ＧＤＰがもはや「時代遅れの指標」であることも指摘しなければなりません——といっても、人類学的アプローチを重視する私が「経済」を軽視しているわけではありません——。

現下の戦争をＧＤＰの観点から見てみましょう。ロシアによるウクライナ侵攻前夜の二〇二一年、世界銀行のデータによれば、ロシアとベラルーシのＧＤＰの合計は、米国、カナダ、オーストラリア、ニュージーランド、イギリス、ＥＵ、ノルウェー、スイス、日本、韓国のＧＤＰの合計のわずか三・三％にしか相当していません。一国単位で見れば、ロシアのＧＤＰは韓国と同程度です。ではなぜ、これほど「小国の」ロシアが、ＧＤＰで見れば、ロシアを圧倒している西洋諸国全体を敵に回すことができているのでしょうか。これだけ経済制裁を受けているのに、なぜロシア経済は崩壊しないのでしょうか。

答えは簡単です。ＧＤＰで測られる「経済力」はもはやフィクションにすぎず、リアルな経済的実態を反映していないのです。

「栄光の三〇年」と言われた第二次世界大戦後から一九七〇年代までは、鉄鋼、自動車、冷蔵庫、テレビといった実物経済が中心で、「実際の生産力を測る指標」としてＧＤＰは意味を持ち得ていましたが、産業構造が変容し、モノよりサービスの割合が高まるなかで、ＧＤＰは「現実を測る指標」としてのリアリティを失っていったのです。

ここでは米国の医療を例にとりましょう。医療部門は、欧州諸国ではＧＤＰの九〜一一％程度を占めているのに対し、米国は約二倍で、ＧＤＰの一八％にも達しています。

では、これだけ膨大な額が費やされている米国人の健康はどうなっているのでしょうか。米国の平均寿命は七七・三歳で、ドイツの八〇・九歳、フランスの八二・二歳、スウェーデンの八二・四歳、日本の八四・六歳にはるかに及んでいません。米国の医療費の半分以上は、医師の過大な収入と異常に高価な医薬品（世界の支出の半分）で占められています。米国の医療は、莫大なカネがかかっているのに実質的な成果を生んでいないのです。これが、GDPでは見えてこない米国の現実です。経済統計は嘘をつきますが、人口統計は嘘をつきません。

ちなみにロシアの平均寿命はまだ七一・三歳で他の先進国に遅れをとっていますが、医療の効率性を最もよく計測できるのは、一九七六年に私がソ連崩壊を予言した際に用いた乳幼児死亡率です。ロシアの乳幼児死亡率は二〇〇〇年頃から大幅に改善し、いまやロシア（二〇二〇年時点で出生一〇〇〇人当たり四・九人）の方が米国（五・四人）を下回っています。

「経済構造」と「家族構造」の一致

GDPのこうした欠点を踏まえた上で、現下の経済的グローバリゼーションにおける「相互作用」に話を戻しましょう。

まず経済のグローバリゼーションが進むなかで、「生産よりも消費する国＝貿易赤字の国」と「消費よりも生産する国＝貿易黒字の国」への分岐がますます進んでいることが確認できます。

その地理的分布を見ると、ロシア、中国、インドという米国が恐れている三国がユーラシア大陸の中心部に存在しています。ロシアは「軍事的な脅威」として、中国は「経済的な脅威」として、インドは「米国になかなか従わない大国」として、それぞれ米国にとって無視できない存在なのです。ここで重要なのは、この三国がともに、「産業大国」であり続けていることです。ロシアは、天然ガス、安価で高性能な兵器、原発、農産物を、中国は工業完成品（最終生産物）を、インドは医薬品とソフトウェアを世界市場に供給しています。

それに対して、米国、イギリス、フランスは、財の輸入大国として、グローバリゼーションのなかで、自国の産業基盤を失ってしまいました。

この両者の違いを人類学的に見てみましょう。

「生産よりも消費する国＝貿易赤字の国」は、伝統的に、個人主義的で、核家族社会で、より双系的で（夫側の親と妻側の親を同等にみなす）、女性のステータスが比較的高いという特徴が見られます。「消費よりも生産する国＝貿易黒字の国」は、全体として、権威主義的で、直系家族または共同体家族で、より父系的で、女性のステータスが比較的低いという特徴が見られます。

要するに「経済構造」と「家族構造」が驚くほど一致しているのです。それは**地図B**（各国の全雇用に占める第二次産業の割合）と**地図C**（家族構造における父権性の強度）を見れば、一目瞭然です。「家族構造」の視点から全人類史を捉え直したのが本書ですが、このアプローチは、近年のグローバリゼーションによって何が生じているかをも理解させてくれます。

まず父系的社会は、第二次産業に強く、モノづくりは男性原理と親和性があるといえそうです。

これに対して、女性のステータスが比較的高い双系的社会は、第三次産業と親和性をもっています。女性の解放によって女性の社会進出が進んだわけですが、その過程で増えたのは第二次産業よりも第三次産業の雇用で、結果的に社会全体の第三次産業化が進み、自国の産業基盤は衰退してしまいました。

現在の世界のかたちがどうなっているか。それぞれの家族構造にしたがって、一方は「消費」に特化し、

地図B　2020年における各国の第二次産業の雇用の割合

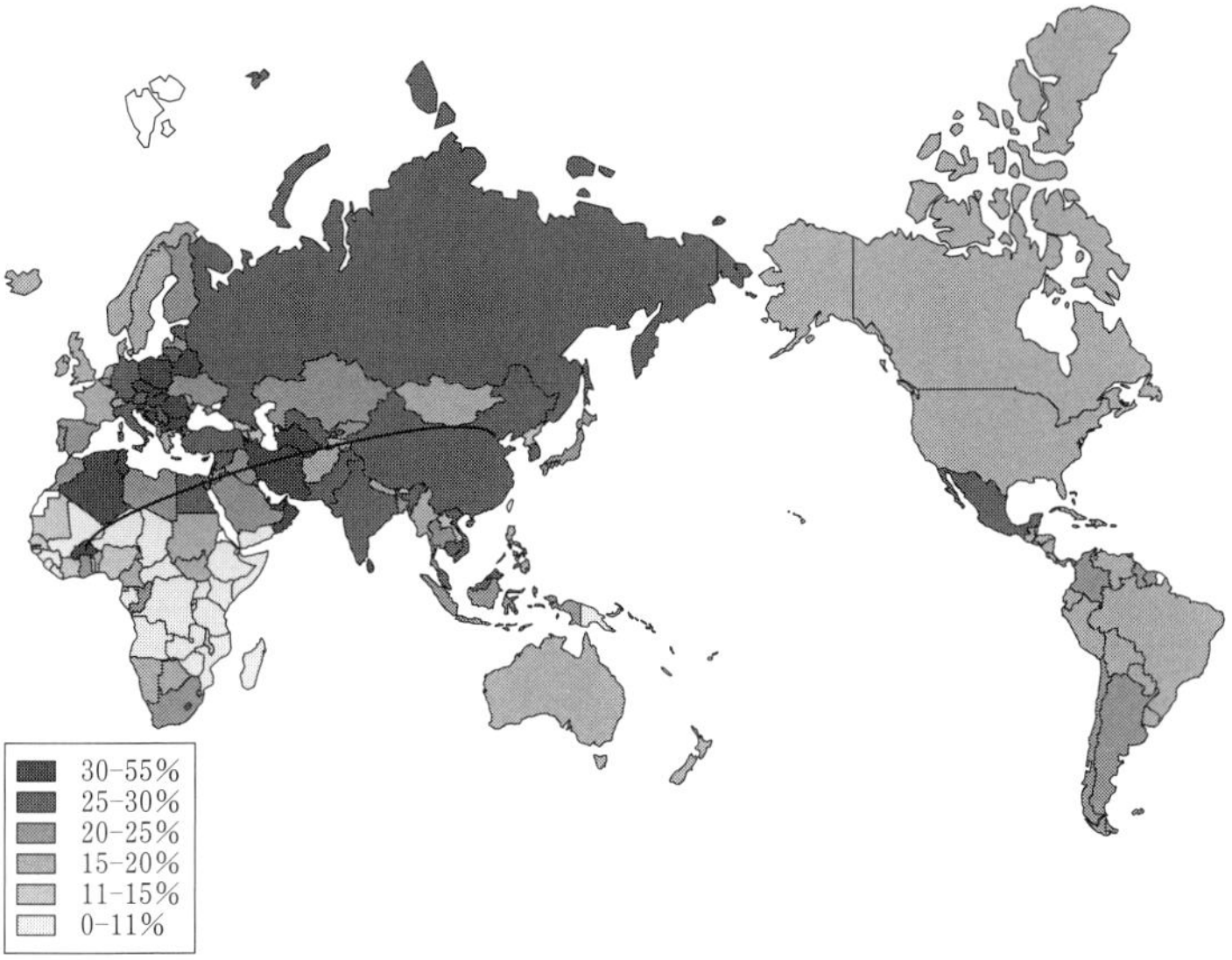

地図C　家族構造における父権性の強度

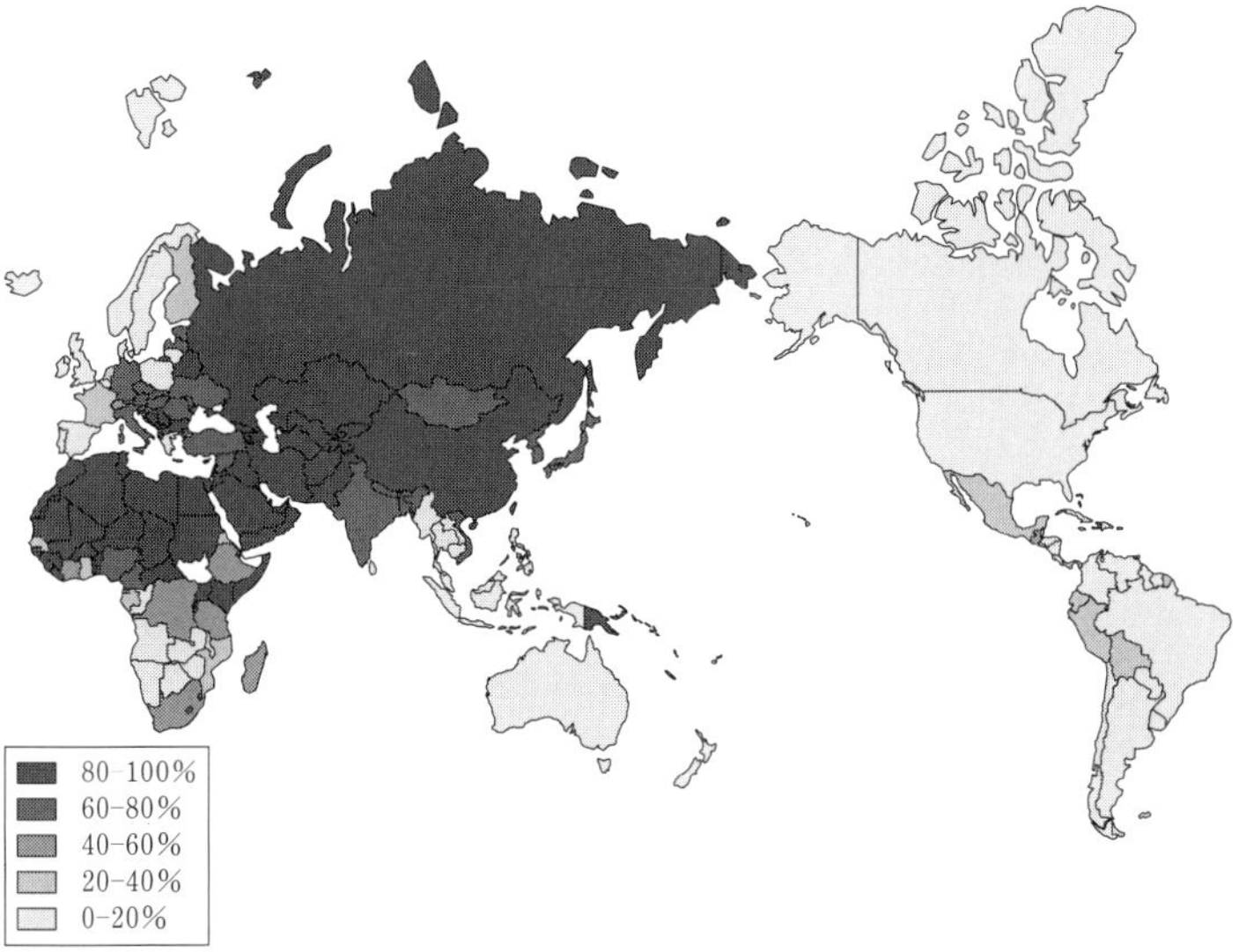

ネイサン・ナン作成の図を著者が一部修正

他方は「生産」に特化するというかたちで二つの陣営に分かれています。しかもグローバリゼーションのなかで、二つの陣営が極度に相互依存関係にある。これがわれわれが生きている世界の構造であり、いま始まっている戦争も、こうした文脈で起きていることが、最も重要なポイントです。

奇妙な戦争

この戦争は「奇妙な戦争」です。対立する二つの陣営が、経済的には極度に相互依存しているからです。ヨーロッパはロシアの天然ガスなしには生きていけません。米国は中国製品なしには生きていけません。それぞれの陣営は、新しい戦い方をいちいち「発明」する必要に迫られています。互いに相手を完全には破壊することなしに戦争を続ける必要があるからです。

なぜこの戦争が起きたのか。軍事支援を通じてNATOの事実上の加盟国にして、ウクライナをロシアとの戦争に仕向けた米英にこそ、直接的な原因と責任があると私は考えます（詳しくは『第三次世界大戦はもう始まっている』をご参照ください）。しかし、より大きく捉えれば、二つの陣営の相互の無理解こそが、真の原因であり、その無理解が戦争を長期化させています。

現在、強力なイデオロギー的言説が飛び交っています。西洋諸国は、全体主義的で反民主主義的だとしてロシアと中国を非難しています。他方、ロシアと中国は、同性婚の容認も含めて道徳的に退廃しているとして西洋諸国を非難しています。こうしたイデオロギー（意識）次元の対立が双方の陣営を戦争や衝突へと駆り立てているように見え、実際、メディアではそのように報じられています。

しかし、私が見るところ、戦争の真の原因は、紛争当事者の意識（イデオロギー）よりも深い無意識の次元に存在しています。家族構造（無意識）から見れば、「双系制（核家族）社会」と「父系制（共同体家族）社会」が対立しているわけです。戦争の当事者自身が戦争の真の動機を理解していないからこそ、極めて危うい状況にあると言えます。

「ツキディデスの罠」ではない

事実上、米国とロシアが戦っている以上、「第三次世界大戦」がすでに始まったと私は見ていますが、今次の世界大戦は、第一次大戦や第二次大戦とは性質を異にしています。

この点を明確にするために、古代ギリシアの歴史家ツキディデス（紀元前四六〇年頃～紀元前四〇〇年頃）を援用して米中対立を論じた米国の国際政治学者グレアム・アリソンの著書『米中戦争前夜――新旧大国を衝突させる歴史の法則と回避のシナリオ』（藤原朝子訳、ダイヤモンド社、二〇一七年）を取り上げてみましょう。

ツキディデスは、新興国アテネに対してその他のポリス国家が恐怖心を抱いたことでペロポネソス戦争が起きたと『歴史』に記しました。このことにちなんで、「新興勢力の擡頭を既存勢力が不安視することで戦争が起こる現象」を「ツキディデスの罠」と呼ぶようになりました。この「ツキディデスの罠」を米中関係に当て嵌めて、「数十年以内に米中戦争が起こる可能性は、ただ『ある』というだけでなく、現在考えられているよりも非常に高い」と主張しているのが、アリソンの著書です。急速に擡頭する中国が米国に恐怖を与えている以上、戦争は避けられなくなる、と。

しかし、ツキディデスの解釈をそのまま現代に適用するのは無理があるでしょう。戦争が起きたのは、中国と米国の間ではなくロシアと米国の間だったわけで、新興国の急速な擡頭によって戦争が始まったというのは、この戦争には妥当しません。冷戦期も含めた長いスパンで見れば、米露という、ともに凋落《ちょうらく》に向かう二つの勢力の間で戦争が起きているからです。

ちなみに中国に関して言えば、これまで人口学者として何度も繰り返してきたように、中長期的に見て、出生率の異常な低さ（二〇二〇年時点で女性一人当たり一・三人）からして、世界にとって脅威になることはあり得ません。出生率一・三人の国とはそもそも戦う必要がありません。将来の人口減少と国力衰退は火を見るより明らかで、単に待てばいい。待っていれば、老人の重みで自ずと脅威ではなくなるでしょう。

他の先進国も擡頭の局面よりも衰退の局面にあります。ドイツでは、政治システムが機能不全に陥っていて、庶民層の不満が蓄積しています。イギリスも、ブレグジットにもかかわらず、欧州のなかで経済が一番うまくいっていません。少子化対策にも移民受け入れにも本格的に取り組んでいない日本が、対外膨張的な政策を展開することはあり得ないでしょう。私の目には、日本はそもそも国力の維持すら諦めているように見えます。

つまり、どの国もうまくいっていない。今次の戦争の当事国はどこも「弱小国」で、どこかに弱みを抱えている国同士がやり合っているのです。ここに第一次世界大戦や第二次世界大戦との大きな違いがあります。このことは、人口動態を見れば、一目瞭然です。

人口動態から見た戦争

表Dは、一八五〇年から一九五〇年の各国の人口増減を示したものです。フランスを除いて、各国の人口は物凄い勢いで増加しています。とくに重要なのは、古くからの列強である英仏に対して、ドイツ、日本、ロシア――ここでは「ヨーロッパ・ロシア」でウラル山脈以西から現在のウクライナ、ベラルーシ、バルト三国までを含みます――という新興勢力が急速に擡頭していることです。

表E　2000年〜2050年の各国の人口（百万人）

	2000	2050	増減（%）
英国	59	74	＋25%
フランス	61	68	＋11%
ドイツ	82	80	−2.5%
ロシア	146	136	−7%
日本	127	106	−17%
中国	1300	1300	0%
米国	282	380	＋34%
トルコ	63	97	＋53%
イラン	65	103	＋58%

表D　1850年〜1950年の各国の人口（百万人）

	1850	1950	増減（%）
英国	28	59	＋110%
フランス	36	42	＋16%
ドイツ	27	70	＋159%
ロシア（ヨーロッパ地域）	60	160	＋166%
日本	32	84	＋162%
中国	420	720	＋71%
米国	24	150	＋525%

この三国は、人口だけでなく、生産力も急速に増強しています。こうなると、当然、各国の力関係は絶え間なく不均衡になり、相互に警戒心が強まります。フランスはドイツの擡頭を恐れ、ドイツはロシアの擡頭を恐れ、イギリスは日独露のすべての擡頭を恐れたわけです。

第一次大戦と第二次大戦の背景にあったのは、新興勢力の急速な擡頭によるパワーバランスの不安定化です。

この力の不均衡の問題に最終的な決着をつけたのは、人口も生産力も他国を圧倒する形で増強した米国でした。その米国のリーダーシップによって戦後の秩序はつくられたのです。

米国の人口は、一八五〇年から一九五〇年の間に五二五%という驚異的な伸びを記録していて、生産力も驚くほど増強されました。第二次世界大戦直後、米国の工業生産量は、全世界の四五%をも占めていたのです。

では、当時と現在の状況を比較して、今後三〇年の世界はどうなるか。それを知るために表E（予測を含む二〇〇〇年から二〇五〇年の各国の人口動態）を見てみましょう。

過去の新興国との比較のために、この表には敢えて、今日の新興国としてトルコとイランを加えています。これを見ると、トルコやイランにしても、その増加の度合いは、かつての新興国とはかけ離れていることが分かります。表Dは一〇〇年単位で表Eは五〇年単位ですが、仮に一〇〇年の幅をとっても、かつての新興国のような増加は考えられません。

ドイツ、日本、ロシア、中国といった父系的社会は、人口増減率がマイナスかゼロである一方、イギリス、米国、フランスといった双系的で核家族で女性のステータスが比較的高い社会は、プラスですが、増加率は小幅にとどまっています。人口増加が見込まれる米国にしても、現在の出生率は一・六人程度で、人口増加に勢いがあるわけではありません。ただ、その代わり米国には大量の移民が流入していて、人口維持に貢献しています。

表Fは、二〇一七年時点での各国人口の流出入を示したものです。どの先進国も移民の比重が高まっています。人口減少が見込まれない国でも、出生率の低さを移民が補っているのです。そうした脆さを抱える先進国が、モノだけでなく労働人口を奪い合っています。

ちなみに中国の大量の人口流出は、非常に低い出生率と相俟って、この国の暗い将来を暗示しています。どの国も人口を維持するのに必死なのですが、そこが第一次大戦や第二次大戦の人口膨張の時代と大きく異なるところです。人口動態においてはどの国も衰退の局面にあります。いま始まっている戦争のかたちを理解する上で、この点は極めて重要なポイントです。

今次の戦争では、市民が殺され、街が破壊され、凄惨な事態となっていますが、ただ投入された兵士の規模だけで見れば、「とても小さな戦争」といえます。ロシアは当初、約二〇万人の兵士を配置していましたが、戦場の広さに比してあまりに少ない。二〇二二年九月にロシアは、予備役兵を対象に「部分的な動員」をかけましたが、兵士の確保に苦労しているようです。

しかし、世界的に人口動態が衰退の局面にある今日、これはいたってノーマルな現象です。どの国も兵士の大量投入は不可能なのです。したがって、戦局はゆっくり推移することになり、戦争が長期化することが予想されます。

その反面、この戦争は経済面では「暴力的で激しい戦い」の様相を呈しています。敵対する陣営が経済的に相互依存しているなかで互いに厳しい制裁を課しているからです。

表Ｆ　2017年の各国の移民（人口の流出入）

米国	＋4774029
ドイツ	＋2719112
英国	＋1303250
ロシア	＋912279
日本	＋357800
フランス	＋182636
中国	－1741996

出典：世界銀行

「経済制裁」という殲滅手段

コーネル大学の歴史学者ニコラス・マルダーの『経済制裁という武器』（*The Economic Weapon: The Rise of Sanctions as a Tool of Modern War*）という本があります。奇しくもロシアによる侵攻の直前に刊行されたのですが、現下の戦争を考える上で非常に示唆に富んでいます。

マルダーによれば、今日の「経済制裁」の起源は、第一次大戦中の英仏による「対独兵糧攻め」、すなわち徹底的な経済封鎖にあります。しかし、こうした強圧的な戦時の手段が、その後、国際連盟で採用され、平時においても「平和維持」の名のもとに使われるようになったのです。

「経済制裁」は、今日でも国際秩序を擁護する方法として、戦争に代わるものとして期待されていますが、元来、相手国の全面的な破壊を目論む「総力戦・殲滅戦」の発想から生まれたものです。一見、「戦争」を回避するための「平和的手段」に見えても、その究極の目的は「相手国の破壊」にある、かなり暴力的な手段なのです。現在、西洋諸国とロシアが互いに課している経済制裁は、長期化すればするほど、双方にダメージを与えるでしょう。しかし、西側メディアの論調とは違って、ロシア経済よりも、「消費」に特化した西側経済の脆さの方が今後露呈してくると私は見ています。

ここで次のような問いが浮かんできます。西側の指導者たちは、歴史を忘却し、経済制裁という手段の暴力性を忘れたがゆえにロシアに対してこれを採用したのか、あるいはイラクやイランに対して制裁を課してきた彼らはその暴力性を十分自覚した上でこれを採用したのか。私には後者にしか見えません。

西側とロシア（中国）との対立は、無意識次元の人類学的な対立です。しかし、そのことを戦争の当事者がまったく意識できていないのです。二つのシステムの間に完璧なほどの「相互無理解」があります。ここにこそ、この戦争の最大のパラドクスがあり、それゆえに、この戦争を終わらせるのは容易でなく、より激しいものになる可能性があります。

エマニュエル・トッド

（通訳・堀茂樹）

我々はどこから来て、今どこにいるのか？　上——アングロサクソンがなぜ覇権を握ったか◎目次

日本の読者へ——政治学、経済学ではわからない現代社会　1

序　章　家族構造の差異化と歴史の反転　27

経済的な謎はない
先進諸国の危機
社会の意識、下意識、無意識——経済と政治、教育、家族と宗教
意識の時間、下意識の時間、無意識の時間
家族システムの稠密化、および特定の傾向を示す差異化
歴史の「反転モデル」
歴史を説明するよりも、正確に記述すること
分岐の原則
帝国主義とフェミニズム
不可能な未来
近代史の中心は英語圏
ドイツと日本が提示する真の問題——歴史における直系家族と長子相続制の役割
過去へ向かって前進
家族類型の略述

第1章　家族システムの差異化——ユーラシア　81

新石器革命
ユーラシアにおける核家族から共同体家族への変容
ヨーロッパ、日本、朝鮮における直系家族の発生は遅かった

第2章　家族システムの差異化——先住民たちのアメリカとアフリカ　99
先住民たちのアメリカ
ニューギニア
サハラ以南のアフリカ——方法とイデオロギーの問題
マードックの民族学地図
西アフリカの共同体家族
東アフリカの高地に見られる不完全な直系家族
アフリカ南部の旧い形態——「母系制ベルト」と女性のステータスの高さ
一夫多妻制と北西部から南部にかけてのその段階性
エイズの防壁としての父系制
最南東部で最近起こった父系制への革新
結論にかえて——原初ホモ・サピエンスの核家族と柔軟性
第3章　ホモ・サピエンス　129
原初的カップル
集住地、群棲、村、民族
ローカル集団の柔軟性
家族は外婚、民族は内婚
家族レベルの穏健な外婚
近親相姦のタブーは原初的だ——ウェスターマーク効果
一般概念としての未分化性

原初のケルト人、ゲルマン人、スラブ人
諸民族への分割――相対的アイデンティティという概念

第4章 ユダヤ教と初期キリスト教――家族と識字化 157

原初ユダヤ人の核家族
新アッシリアおよび新バビロニアの時代――長子相続と父系制
ヘレニズム時代、次いでローマ時代――双系性への逆行
ユダヤ民族の母系制という騙し絵
ユダヤ教の教育における父系制
双系システム
ユダヤ教の穏健な外婚制
ユダヤ人家族の正真正銘の革新――子供たちの保護
原初のキリスト教
キリスト教による革新1――厳格な外婚制
キリスト教による革新2――フェミニズム
キリスト教による革新3――アンチ性行為
キリスト教による革新4――極限経験としての貧しさ
天国は真の報いか？
二つの一神教とそれぞれの家族
普遍の二つの段階

第5章 ドイツ、プロテスタンティズム、世界の識字化 197

プロテスタンティズムから識字化へ
直系家族と文字表記
直系家族からプロテスタンティズムへ、そしてその逆
直系家族から識字化へ
識字化とドイツ父系制の強化
スウェーデンとロシアの軌道

第6章　ヨーロッパにおけるメンタリティの大変容　223
「西洋的結婚モデル」、性を拒否するキリスト教の「遅い」勝利
規律への道
未分化親族システムの破壊
親族網に敵対するプロテスタント的な内面の目眩
プロテスタントの軍事国家と初期ナショナリズム
経済的離陸へ
解くべき歴史的問題――直系家族の比率（あるいは連続変数としての家族構造）

第7章　教育の離陸と経済成長　251
なにゆえドイツでなく、むしろイギリスなのか
直系家族と産業化

第8章　世俗化と移行期の危機　265
平等性なきカトリシズム――一八〇〇年〜一九六五年

プロテスタンティズムの崩壊――一八七〇年～一九三〇年
宗教の崩壊とイデオロギーの時代
移行期の危機とイデオロギー
家族構造とイデオロギー
宗教とイデオロギー

第9章　イギリスというグローバリゼーションの母体　289

本質主義の袋小路
イギリスにおける家族と集団
国家と家族
イギリス史における複数のサイクル
過去へのさらなる遡及――田園地帯に残されたローマの痕跡
イギリスの荘園
未分化核家族から絶対核家族へ
一五五〇年～一六五〇年の間の変容
個人主義における内面化
イギリスにおける家族内の自由と政治的支配

第10章　ホモ・アメリカヌス　327

純粋な核家族性への回帰
理念型としての絶対核家族――一九五〇年～一九七〇年
核家族性の理想と宗教熱の高まり

移民現象の限定された効果
米国における外婚制
ホモ・アメリカヌス、ホモ・サピエンス
黒人バージョンのホモ・アメリカヌス

原注 380

下巻

第11章 民主主義の野蛮な起源
第12章 民主制はつねに原始的である
第13章 高等教育に侵食される民主制
第14章 「黒人／白人」の危機
第15章 意志と表象としてのドナルド・トランプ
第16章 場所の記憶
第17章 直系家族型社会――ドイツと日本
第18章 ヨーロッパの変貌
　　　 共同体家族型社会――ロシアと中国
献辞
追伸――リベラル・デモクラシーの将来

地図・グラフ作成　Légendes Cartographie

凡例

一、本書は、Emmanuel Todd, *Où en sommes-nous? : Une esquisse de l'histoire humaine*, Éditions du Seuil, 2017. の全訳である。

一、原文でのイタリック強調は、訳文では傍点で示した。

一、《 》は他の文献からの引用および外国語表記を示す。

一、〔 〕は訳者による補足を示す。

我々はどこから来て、今どこにいるのか？　上——アングロサクソンがなぜ覇権を握ったか

ローランに捧ぐ

序　章　家族構造の差異化と歴史の反転

不思議なことに、西洋に無力感が漂っている。一見したところでは、無力どころか、どんなことでも可能にするような科学技術革命の時代だというのに……。商品も、映像も、言葉も、今日では自由に、スピーディに流通する。人間の寿命を驚異的に長くする医学革命が起こる日が近いとも予感されている。プロメテウス的なさまざまな夢が次から次へと生まれる。一九九九年から二〇一四年までの間に、世界でインターネットを使う人の比率は五%から五〇%へと伸びた。距離感からいえば、かつての国々が今では村々であり、大陸はさしずめ郡のようなものだ。

ところが、世界最先端の国々で、凋落と、凋落を止められないという無力感が拡がっている。一九九九年から二〇一四年までの同じ期間に、アメリカ合衆国では世帯収入の中間値が五万七九〇九ドルから五万三七一八ドルに下降した。[1] 四五歳から五四歳の白人男性の死亡率が上昇した。[2] 白人有権者が反抗した結果、二〇一六年一一月の大統領選で、ドナルド・トランプという、予想外であり、危なっかしい感じもする候補者が当選した。

様相は多様だが、他の民主主義国も、経済的・社会的後退の局面に入っていくという点で、リーダー国である米国に追随しているように見える。不平等の拡大と、若年層の生活水準の低下は、ほとんど世界的な現象である。新しいタイプのポピュリズム的な政治運動が世界のあちらこちらで上層階級のエリート主義に対抗し始めている。米国で起こった現象と類似の現象が各国で起こり始めているわけだが、そこにはさまざまな形があることを感じ取らないわけにはいかない。日本が自らの内に閉じ籠もろうとしているように見える一方で、今やドイツに先導されるヨーロッパは、経済的グローバリゼーションをあの米国にもまして狂信する、ひとつの巨大な階層序列システムに変形しつつある。

経済的な謎はない

これらの現象を経済学的に説明するのは容易い。一九九〇年代の初め以来、批判的分析は述べ尽くされている。自由貿易と資本の自由な移動は、利潤率を押し上げる効果を持つが、平均以下の所得を落ち込ませ、不平等を拡大し、世界規模で総需要の不足を招き、過当競争の果てに経済危機を再来させるのである。先進国の人間は、技術の進歩によって解放されるどころか、ふたたび隷属状態に入ってしまう。雇用が不安定になり、生活水準が低下し、ときには平均寿命までも低下する。われわれの時代はまるで隷従への行軍のごとしだ。一九六〇年代に拡がった解放の夢がどんなものだったかを知る者にとって、一世代が経過するかしないかという程度の年月のうちに起こったこの状況反転は仰天ものである。

こうした現象をもたらした経済的メカニズムに関心を持つ者は、参照すべき文献に事欠かない。たとえば、不平等の動態とその景気後退効果については、ジョゼフ・スティグリッツ、ポール・クルーグマン、トマ・ピケティらの本がある[3]。特筆すべきことに、何人かの経済学者は、自らの専門である経済学の限界まで探究を押し進めた。ジェイムズ・ガルブレイス〔米国の経済学者、一九五二年生まれ〕は、ウルトラ・リベラリストたちが自分たちの富を増やすために今や国家を梃子《てこ》にしていることを明らかにしたし、ピエール＝ノエル・ジロー〔フランスの経済学者、一九四九年生まれ〕はといえば、ホモ・エコノミクス〔経済的人間〕の論理を突き詰めていくと、そこかしこに「無益な人間」が存在していると断定する事態にも到りかねないということを証明した[4]。

しかしながら、エスタブリッシュメント層から出てきている経済学者のほとんどは、自由貿易批判の戦線には参加していないか、参加していても影が薄い。自由貿易の行き過ぎを何らかの規制でやわらげることすら、彼らはあえて提案しない。あまり大胆なことを述べると、大学において、さらにいえば経済学の世界の中での賞や栄誉の配分システムにおいて、自らのポジションを危うくしかねないからであろう。[5]このような消極性は残念だが、さほど大きな理論的損失ではない。自由貿易が現実に何をもたらすかについて、必要な知見はすべて、フリードリッヒ・リストの『経済学の国民的体系』に見出すことができる。これは――驚くなかれ――一八四一年にまで遡る著作なのであるが、われわれはこの古典に加えて、ケインズの二、三の小論文と、韓国人のケンブリッジ大学准教授ハジュン・チャン〔一九六三年生まれ〕の二〇〇三年刊の一冊を挙げておくことができる。[6]私自身は、一九九七年初版の『経済幻想』において、何の規制もされない貿易がグローバル経済に与える景気後退効果を強調した。[7]また、ただ単に次のことを思い出しておくのも悪くない。すなわち、アダム・スミスは『国富論』で、諸国家と、諸国家において特殊利益に優越する国益の現実性を否定するような自由貿易主義の暴走などは予想していなかった、ということ。

これらの研究の質の高さにもかかわらず、先進各国の後退は、純然たる経済現象としてはさほど興味深い研究対象ではないということを、われわれは認めなければならない。それとは反対に私が強い関心を惹かれてならないのは、事態を理解しようとする努力にもかかわらず存続する無力感である。先進国の民であるわれわれは、診断書が手元にあるのに何ひとつ手を打たず、経済のプロセスが展開していくのをただ呆然と眺めている。

二〇〇八年〜二〇〇九年に大不況が起こり、関税障壁の再興をともなうケインズ的な行動方式に立ち帰る必要があるとの印象が拡がった。実際、需要不足こそ名高い『雇用・利子および貨幣の一般理論』の中心的関心事であり、最低限の良識を働かせれば当然、保護貿易を実施しないかぎり、国内景気の活性化が生み出す需要は自国産業よりもむしろ近隣国の産業を利するという結論にいたる。アメリカ、イギリス、フランスの新聞各紙がいっとき、ケインズのカムバックを讃えることで一致した。ケインズ伝の著者として最も偉大なロバート・スキデルスキーは、『なにがケインズを復活させたのか？——ポスト市場原理主義の経済学』(8)と題する本まで書き下ろした。

ところが、早くも二〇一〇年から二〇一五年にかけての時期には、この明晰な認識の雲散霧消をわれわれは確認させられた。それゆえ、二〇一六年の米国大統領選挙でバーニー・サンダースとドナルド・トランプが保護貿易を主張し、自由貿易か保護貿易かという争点が浮上すると、エスタブリッシュメントの政治家やジャーナリストは驚き、主流派経済学者たちは非常に憤慨した。かくして、一六名のノーベル賞受賞者と、米国で最もプレステージの高い諸大学の教授二〇〇名が共同署名して、反トランプの立場と自由貿易の擁護を訴えた。もっとも、そんなことをしても、米国の民衆を説得するには到らなかった。民衆の暮らしの条件は、経済理論の美しさなどとは無関係に悪化していたのである。専門家であるはずのエリートたちが依然として知的に遅れた認識にとどまり、米国や欧州において、自由貿易の致死的な効果を否定したあと、今度はトランプの選出を否定するという挙に出ていることを、今日どのように説明すべきだろうか。高度な教育を受けた確かな人びとが世界の現実を多次元で拒否しているわけで、これをどう説明すればよいのだろうか。これこそ真の謎であろう。

いずれにせよ、二〇一〇年から二〇一六年にかけて不平等の拡大が再開し、世界的な需要不足の脅威が日々大きくなった。新興産業国の経済成長率が低下し、ブラジルではゼロになった。世界の工場といわれる中国自体、一九世紀並みの産業汚染で窒息しかかり、崖っ縁で揺れている。中国は危機寸前の状況にあり、もし中国が危機に陥ったら、その結果起こり得る地政学的混乱は計り知れない。泥沼を歩くようなこの経済世界で、本来の政治システムが故障しており、日毎に強い警告が発せられている。ポピュリズムの擡頭でわれわれの「諸価値」が脅かされている、「諸価値」を護らなければならない……と。しかし実際のところ、それは現代のどんな価値なのか？　不平等か？　貧困か？　治安の悪さか？　とんでもない、そうではありません、と人は言う。「リベラル・デモクラシー」の価値ですよ、と。しかし、「リベラル・デモクラシー」など今や、元々それを生み出した人民主権、人びとの平等性、幸福への権利などの諸価値を喪失し、中身の空洞化した概念ではあるまいか。

ここでわれわれが説明を試みるべき事象は、したがって、厳密な意味での経済的な事象ではない。同時代史に取り組む歴史学者が理解しなければならないのは、なぜリアルな意識化、つまり行動につながるような意識化が不可能なのかという点である。さて、このタスクをやってのけるために、歴史の運動は経済の領域に限定されないこと、そして、死活的に重要なある種の変容は社会生活のもっと深い部分で発生するということを認める必要がある。

私が本書で取り上げる構造的要因は、いわば普通のもの、当たり前とさえ言えるものであるけれども、それらが、人びとの行動との関係においては経済にも増して決定的な要因であるということを認める必要がやがて明らかになる。すなわち、教育、宗教、家族、そしてネイションといった要因だ。ネイションは、グループへの帰属の枠組みとして歴史上遅く現れてきた近現代の形である。こうしたグループに包摂されなければ、ホモ・サピエンスの生活は意味を持たない。

本書では歴史の人類学的ビジョンを提示する予定だが、経済に対する軽蔑などを表明する気は私には微塵もないので、初めから次のように明言しておきたい。大学に所属していたり、金融機関に雇われていたりするエスタブリッシュメントの経済学者たちがまったく無能だからといって、われわれが経済的分析を拒否するようなことはあってはならない。人はどこの誰であれ皆「合理的個人」だというあんなにも便利な暗黙の前提を、あの利己的なホモ・エコノミクス像を、大切に念頭に置いておこう。ただし、ホモ・エコノミクスも真空の中で行動するのではなく、その能力と行動目的を規定するものとしてグループ、家族、宗教、教育があるということを忘れないようにしよう。市場の論理は確かに存在する。さらに、こうも言える。一七一四年にバーナード・デ・マンデヴィル〔オランダ生まれのイギリスの思想家、一六七〇～一七三三〕が『蜂の寓話——私悪すなわち公益』〔泉谷治訳、法政大学出版局、一九八五年〕で主張したとおり、資本主義は人間の内の最も利他的でない部分、倫理的観点から見れば最悪ともいえる部分を利用して、最も効率的な生産システムを機能させるのだ、と。一七七六年に『国富論』を上梓し、個人的エゴイズムを集合させて経済的効率の最大化を図るビジョンを、マンデヴィルより穏健に提示したのがアダム・スミスであった。が、まさにアダム・スミスの倫理的問題意識に触発されるとき、われわれは、社会生活の中にあって、経済システムに組み込まれている部分よりも広い深層領域、すなわち、経済の動きの諸条件を規定する精神的変容が生じる領域の探究へと促される。

先進諸国の危機

二〇一七年〔本書原書の刊行年〕の今日、われわれの眼前で展開する世界の巨大な激動を捉え切るのに政治経済学では足らないことを示すのは、いとも容易い。そのことを理解するために、話を最先進諸国に限定しよう。ブラジルと中国が今日直面している困難を見れば、今後の歴史がキャッチアップ国によって牽引されるというような幻想は抱けなくなる。経済的グローバリゼーションのルールが決められたのは、米国、欧州、日本においてであった。この「トリアーデ」こそが、一九八〇年以降、識字化されてまもない第三世界の労働力人口を雇用して働かせ、自国の労働者給与を圧縮し、まさに地球規模で利潤率を引き上げたのである。高齢化する先進各国による世界支配は、もしかすると、世界の他の地域で教育を受けた勤労者を引き寄せる能力というかたちでより的確に表現されるのかもしれない。先進国は自国の必要に応じて、周辺から労働者、技術者、情報処理技術者、看護士、アーティスト、医師を吸い寄せ、そのような正真正銘の人口捕食によって自らを延命させている。人的資源のこの略奪は、自然資源のそれよりも遥かに重大だ。なぜなら、それがある規模を超えると、離陸途上の国々は幹部候補者や中間層の人材を奪われ、立ち行かなくなる危険に晒されるのだから。

　したがって、世界のパワーの中心が決定的に移動したという事実はない。第一、グローバル化したシステムに依存しないパワーが自己を維持することに成功したのは、唯一、欧州における古くからの強国であるロシアのケースだけである。第二次世界大戦の折に主役だった国々が相変わらず世界史の舵を握っているのだ。ただし、その国々自体もたいへんな激動の中にあって、その激動の規模たるや、産業革命を超えて新石器革命にも匹敵する人類学的変異だといえるほどに著しい。昔、定住化と農業が人類を変えたように、今日進行中の変容は人類の生活様式を全面的に激変させる。最も重要な要素を列挙してみよう。

・全人口、とりわけ中間層と民衆層の大幅な所得アップが、米国で一九二〇年〜一九六〇年に、ヨーロッパと日本では一九五〇年〜一九九〇年に起こり、突如生活水準が向上した。この現象は数え切れないほどの心理的効果をもたらした。

・一九六〇年から一九八〇年までの間に起こった出生率の急激な落ち込み。

・歴史上未曾有のスケールで起こった平均寿命の伸びと人口の高齢化。二〇世紀の中葉まで、ヨーロッパ人の年齢中間値は二〇歳と二五歳の間で推移していた。それが二〇一五年には四一・七歳になった。一六八八年に名誉革命をおこなった当時のイギリス人の年齢中間値はおよそ二五歳だった[9]。一八二一年には、産業革命のせいでそれが二〇歳まで低下していた。一八七一年になっても相変わらず二二歳止まりであった。しかし二〇一五年には、それが四〇歳に達した。一九〇〇年、米国人の年齢中間値は二二・九歳であった。一九五〇年には三〇・二歳になっていた。戦後の出生率の上昇により一九七〇年にはそれが一時的に二八・一歳に落ちた。その後、再上昇して二〇一五年には三八・三歳になった。つまり、わずか四五年の間に、年齢中間値が一〇歳も上がったのであった。

・教育水準の目覚ましい向上。中等・高等教育制度が――米国では早くも両次世界大戦間から、ヨーロッパと日本では一九五〇年以後――発展した結果、新たな文化的階層性が発生した。全体の傾向としては、高等教育を受けた者が四〇％、長めの中等教育を受けた者が四〇％、そして「残り」の二〇％が、「卒業証書なし」から「機能的非識字」まで段階的に分類される状況が生まれている。この現象に関しては、国によってかなり大きなヴァリエーションが認められる。

・就学率における男女比の逆転（女子進学率による男子進学率の追い越し）。ただし、ここでも先進国間にかなり大きな差異が存在する。家族構造研究の専門家の眼には、これが最も印象的な変異である。

・宗教の最終的消失。おそらく、宗教色が強いといわれてきた米国社会の様態も含めて。

・宗教的な時代から継承されてきた結婚モデルの崩壊。

このリストはけっして網羅的ではない。根本的変容の例は、もっと多く挙げることも可能である。ここに順不同で提示したような変化を考慮に入れることで、経済学者たちの一次元的な個人という人間ビジョンを格段に豊かなものにすることができる。人間は合理的に行動するという仮説を保存したままで、その人間が統計的により金持ちに、より高齢に、より高学歴になったときに、女性的特徴を具えているこ

表 0-1　各国の平均余命と高齢化（1950 年〜2015 年）

	平均余命(2015 年)		年齢中央値		高齢化の度合い
	男	女	1950	2015	1950–2015
米国	76	81	30	38.3	8.3
英国	79	83	34.9	40	5.1
オーストラリア	80	84	30.4	37.5	7.1
カナダ	79	84	27.7	40.6	12.9
ドイツ	78	83	35.3	46.2	10.9
スウェーデン	80	84	34.2	41	6.8
日本	80	87	22.1	46.5	24.4
韓国	79	85	19	40.6	21.6
フランス	79	85	34.7	41.2	6.5
イタリア	80	82	28.6	45.9	17.3
スペイン	80	85	27.5	43.2	15.7
ロシア	65	76	23.3	38.7	15.4
中国	73	78	23.7	37	13.3
中東	71	76	20.8	26.3	5.5

出典：Données ONU.

とがより多くなったときに、同じ世代の者がより少なくなったときに、彼ないし彼女の人生の目標に何が起こるかを考えてみることができよう。

もちろん、現実界に生きるこうした個々人の推移を観察することによってこそ、われわれは、最先進諸国の社会に侵入した無力感の歴史的諸条件を発見していくのである。無力感の実体をその複合性の中に捉えるために、われわれは経済に加えて、変容の刻印が押される三つの探究領域を念頭に置かなくてはならない。すなわち、教育、宗教、家族である。ナショナルなグループへの帰属はといえば、それは歴史上の常数であり、構造的要素である。グローバリズムというイデオロギーの最終的な夢に反して、ネイションが消滅するなどということはあり得ないので、そんな消滅の幻想に溺れないように自戒しつつ、われわれは、この構造的要素の働きをしっかりと推し測っていかなければならない。では、さっそく、本書の冒頭に提示した疑問に対し、適切な答えを与えよう。今日世界で起こっていることをわれわれが理解できないのは、経済学が支配的イデオロギーとして〔マルクス的な意味での〕虚偽意識の魔法使いとなり、世界全体の描写を妨げ、現実が立ち現れて来るときに、第一義的なものを副次的にすぎないと宣言したり、もっとひどい場合には結果を原因と見なしたり、原因を結果と見なしたりするからである。

社会の意識、下意識、無意識――経済と政治、教育、家族と宗教

フロイト精神分析の基礎の一つである局所論〔心は「意識、前意識（または下意識）、無意識」の三層から成るとする説。場所論ともいう〕をもじった単純化モデルを使えば、人間社会とその動態を層状の構造として表象することができる。まず歴史の表面に、意識に相当するものを見出すことができる。それが経済学者たちの語る経済、メディアが日常的に話題にしている経済である。新自由主義の正統派はマルキシズ

ムを奇妙に我田引水し、この経済こそ決定的な要素であると断定する。政治もまた意識に属することはいうまでもない。騒々しいまでに、とさえいえるかもしれない。

より深いレベルに、社会の下意識を見出すことができる。教育（学歴）がそれであり、一般市民やコメンテーターは、自らの現実生活を省みてその重要性を察知することができる。たとえ、社会公認の考え方として、教育水準ないし学歴が決定的な性格を有し、意識の層へ強く働きかけることが全面的には認められていないにしても、である。親たちは、自分の子供たちの運命――成功、生き残り、経済的破滅――が学校の成績に依存するだろうことを知っている。教育面で効率のよい社会が経済的にも成功するだろうことも、誰もが容易に推測できる。フィンランドや韓国の学校教育面での成功は、経済面での両国の突出したパフォーマンスを説明する。ＯＥＣＤ（経済協力開発機構）が国別の学校教育水準の比較を統計で示すことに執心するようになった今日、下意識はもはや意識から遠くないと言えそうだ。もっとも、ＯＥＣＤという知的官僚組織は、教育のパフォーマンスが経済的投資よりも宗教的・家族的伝統に依存することをなかなか認めたがらない。

より一層深い部分に、さまざまな社会の正真正銘の無意識がある。家族と宗教と、この二つの複合的な相互関係がその実体だといえる。

家族構造――これは国により、権威主義的であったり自由主義的であったり、平等主義的であったり不平等主義的であったり、また外婚制であったり内婚制であったりする――は、当事者のあずかり知らぬところで、政治的な価値と教育上のパフォーマンスを条件づける。私はこの二重の仮説を一九八〇年代初頭、『第三惑星――家族構造とイデオロギー・システム』（一九八三年）と『世界の幼少期――家族構造と成長』（一九八四年）という二冊の著作で定式化した[10]。

当時私は、一九七〇年代末に確定していた共産主義体制の分布図が、ロシア、中国、ベトナム、ユーゴスラヴィア、アルバニアなどに存在する特定の農村家族システムの分布図に合致することを確認したのだった。その家族システムは、一人の父親と既婚の複数の息子を結びつけるシステムで、親子関係においては権威主義的、兄弟同士の関係においては平等主義的である。権威と平等性はまさに共産主義イデオロギーの核なので、家族とイデオロギーの合致を説明するのは難しくなかった。その合致は、歴史的であると同時に人類学的でもあった一つのシークエンス（連続展開）に起因していた。都市化と識字化が農村の共同体家族を解体する。稠密《ちゅうみつ》な一体性を失った共同体家族は、固有の価値である権威と平等性を一般社会生活の中に解き放つ。一方、父親の拘束から解放された個人は、家族的隷従の代替物を一党独裁の党への加入に、中央集権化された経済による統合に、そしてロシアの場合ならばＫＧＢ（国家保安委員会）によるコントロールに求める。

この非常に単純な経験主義的確認とその説明から出発し、私は共産主義について得られた知見を、教育および経済の離陸をめぐって当時競合していた他のイデオロギーにも一般化し、各イデオロギー――社会民主主義、キリスト教民主主義、アナーキズム、自民族中心主義的ナショナリズム、英米流の純然たる自由主義、フランス流の平等主義的自由主義――をそれぞれの基底に潜んでいると思われる家族構造に結びつけた。

教育のダイナミズム――これは近代化を推進する下意識であり、伝統的な人類学的システムに断絶を持ち込む主要な動因の一つである――のほうは、権威主義的であって、女性に厚遇的な、あるいは過度に冷遇的ではない家族システムに支配されている地域、すなわちドイツ、スウェーデン、日本、韓国、フィンランドなどで最大限に稼働しているように思われた。とはいえ、世界中いたるところで知識伝搬のメカニズムが働き、家族がどんなタイプの家族であっても大衆の識字化が進んでいた。ヨーロッパでこの識字化が現実となったのは、一六世紀のプロテスタンティズムによる宗教改革の時期から二〇世紀中葉にかけてであった。

さて、私をたいそう驚かせたのは次の事象だった。前述のように私が家族構造的無意識とイデオロギーの合致にたどり着いたのは、どんなア・プリオリの観念も持たない純然たる経験主義によってだったのに、私の発見は人文科学の研究者たちの側からの烈しい抵抗に出会い、拒絶の対象にさえなったのだ。しかも、気質や行動様式において最も自由な社会においてその傾向が強かった。件《くだん》の二つの著作の原語であるフランス語での出版とその翻訳出版が引き起こしたリアクションを通して、私は、家族構造の持つ決定力が格別の烈しさで否定されるのは個人主義的な社会、つまり、とりわけフランスと、英米的世界においてであることを確信した。日本は直系家族の国であり、武家と農民とを問わず、伝統的慣習で相続人を一人に絞ってきた社会、しかも多くの場合、男子長子相続を実践してきた社会であるが、その日本では、家族要因を重視する私の仮説がショッキングなものとして受け取られることはなかった。また、私はフランス国内で数多くの講演をおこなったが、その経験が教えてくれたのは、家族重視の仮説が最も受け容れられやすいのが南西部だということだった。奇しくもフランスの南西部は直系家族が長らく根づいていた地域であり、その伝統が特に強いベアルンとバスク地方を極として、いわばフランス国内の小型日本のような土地柄なのである。

拒否にせよ、受容にせよ、私の仮説へのリアクションは単純に説明できる。権威主義的で不平等主義的な家族文化の中では、その文化に起因する一般的な集団的拘束が存在するのは自明であり、それ自体はいわゆる「新事実」に相当しない。それに対し、自由主義的な社会では、イデオロギーが家族構造によって決定されているという仮説は、個人はそれぞれ他に拘束されることなく自分の意志で判断し、行動する自律的存在だ、という支配的イデオロギーに真っ向からぶつかってしまう。

イデオロギーを家族によって説明する理論が提示する根本的なパラドクスは、自由という理想への同意それ自体が決定されている（＝自由ではない）ということなのだ。自由の理想は、核家族――結婚した一組のカップルとその子供だけで形成される人類学的形態――を伝統とする地域で開花する。核家族における世代間の関係は、ロックやルソーの政治哲学が現れるのを俟つまでもなく、もともとリベラルなのだ。当該地域の農民たちが読み書きを覚えれば、彼らは政治的に積極的になり、そして「自然に」自由の理想に――本人に自覚はなくとも予め決まっていたとおり――賛同する。するともちろん、政治的自由も経済的自由も、社会生活と歴史の中で申し分なく現実的かつ具体的に表現される。知的生活や科学の実践にもポジティブな効果が大いに表れる。しかし、それでもその自由はひとつの幻想にすぎない。この理窟を極端にまで押し進めて、次のように断定することもできる。核家族システムに馴染んだ男女は、共同して全体主義社会を建設する自由を有していない、と。これは、その人びとにとっては幸いであるが、しかし、人間の自由を形而上学的に考える哲学者たちにとっては深刻な事態だといわなければなるまい。

したがって、家族的無意識の概念はリベラルな社会のケースにも充分に通用する。日本のような国では、伝統的イデオロギーの中に家族の作用が内包されているので、無意識という概念の適用にはやや問題があるかもしれない。この概念が十全に適用できるのは、あの国が、米国によって押しつけられた自由主義的イデオロギーの監督下に公式にはとどまっている限りにおいてである。

ドイツのケース、そして、ドイツと共に大陸ヨーロッパのかなりの部分のケースは特殊だ。ナチズムは、宗教的かつ経済的な危機が深刻化した歴史の一場面において、非常にハードな直系家族の権威主義と不平等主義のポテンシャルを鮮明に実現したものであった。しかし、一九四五年以降、ドイツは世界主流の隊列に戻って、英米流に自らを民主主義的・自由主義的な国と捉えるよう義務づけられた。ドイツはそのことに日本よりも遥かによく成功した。なぜなら、ナチズムの絶対的な忌まわしさが、記憶喪失をセラピーとすることにつながったからである。そのドイツの場合、虚偽意識が最大化している。が、欧州にあっては、ドイツだけが特殊なのではない。長靴の形をしているイタリア半島の中央部は、伝統的には共同体家族が支配的だった地域である。そのイタリアは二〇世紀にファシズムを生み、戦後は強大な共産党を有した国で、ドイツに類似する虚偽意識状況にある。イタリア指導層の自由主義的・民主主義的な言葉には、国の古い家族構造から引き継いだポテンシャルがどのようにも反映されていない。ところが、本書の終わりから二つ目の章でわれわれの眼に判明するのは、両次大戦間にムッソリーニ、サラザール、ヒトラー、フランコ、そしてペタンを輩出したヨーロッパの無意識の内に抑圧されている反自由主義の回帰として、今日のユーロ圏の——不可思議で悲しいけれども論理的帰結でもある——運命の説明がつくということなのである。

宗教は、かつては意識に属していた。特にユダヤ教徒、キリスト教徒、イスラム教徒の世界では、宗教こそが明示的に社会生活の枠組みを決めていた。信仰の退潮（世俗化の進展）にともなって宗教の社会的地位が変わり、宗教は段階的に、ほとんど絶対的な無意識の内に押し込められてしまった。自らを無宗教で、世俗主義で、現代的だと思い、移民系の人口の内に宗教がなお残存しているのを心配するような市民にとって、宗教はもはや存在していない。しかしながら、社会学的分析がわれわれに開示してくれるのは、最も世俗化していると思われる市民たちの内にも宗教的次元が存在し続けていて、いわばそこが凹み、空白になっているということなのだ。その空白を考慮に入れなければ、先進社会に瀰漫《びまん》する不安を理解することは叶わないだろう。

　面白いことに、その空白はどこでも同じではない。地域により、そうした心の空白も、消失した宗教システムに由来する社会的信念や存在形態の重要かつ多様な痕跡に彩られている。私は近年の二つの著作の中で、カトリシズムが消滅したのがここ四〇年の間であるようなフランスの特定地域に特徴的な社会的行動を取り上げ、考察した。ある宗教の死の到来後の部分的延命という現象を捉えるために、私は「ゾンビ・カトリシズム」という概念を定義したのだった。[11]しかし、カトリシズム以外の宗教も、一見議論の余地のない死を迎えたのちになお生き延びる。スカンジナビア半島の国々の定評となっている教育上、経済上の効率の良さや、ドイツ北東部特有の外国人恐怖症《フォビア》を理解するには、「ゾンビ・ルター主義」という概念がどうしても必要であろう。なお、ゾンビ現象の裏返しも観察可能だ。米国のプロテスタンティズムとユダヤ教は健在のつもりでいるが、実はおそらくすでに死んでいる……。アメリカの神様は感じのいい友だちのようなものになり、アメリカのユダヤ人は天国を信じ始めた、との報告あり[12]！

　家族システムと宗教システムは、たいていの場合、完全には分離し難い。宗教が、性と結婚について、女性のステータスについて、親の権威について、兄弟間の平等または不平等について、どんな見解も述べないのは非常に稀だ。本書では、未分化核家族とユダヤ教の間の、平等主義核家族と原始キリスト教の間の、そして直系家族とプロテスタンティズムの間の相互作用を検討する機会があるだろう。これらすべてのケースにおいて私は、宗教よりも家族のほうが優位で、特定の宗教形態を出現させやすくする力が家族にはあるという考えを保全するだろうけれども、その場合にも、私はただちに、いったん出現した宗教の側からの家族への働きかけにも自律性があることを、そして宗教には、自らの誕生を可能にした家族システムの何らかの特徴を強化する能力が否定し難く備わっていることをも認めるであろう。家族と宗教は共同進化すると述べるのがおそらく、歴史的事実に最も即した表現である。

意識の時間、下意識の時間、無意識の時間

社会を意識、下意識、無意識の重層的構造としてイメージすると、歴史の表象の仕方も改まる。その表象は必然的に図式的ではあるけれども、根本的なパラドクスに道を開き、ついにはコペルニクス的といえるほどの知的革命に到る。

歴史のある時点で、ある一つの安定した構造を備えた社会を思い浮かべても、それはその時点に限定された表象でしかない。時は流れる。つねに流れていく。それにつれて、構造を成す各層が推移する。しかし、変化のリズムは層によって異なる。とりあえずの推定として、社会生活の無意識の中で深い層になればなるほど、そこでは時が緩慢に流れていて、形状が永く持続するといえる。

・経済的グローバリゼーションの意識のレベルで、自由貿易と世界の金融化が定着するのにかかった時間は、一九四五年のアメリカの勝利を機にただちに国際貿易が活性化したのだとしても、せいぜい半世紀にすぎない。そのプロセスがヒステリックになったのは、英米ではマーガレット・サッチャーとロナルド・レーガンが登場した一九七九年～一九八〇年頃であり、大陸ヨーロッパではベルリンの壁が崩れ、ソビエト連邦が崩壊した一九八九年～一九九〇年頃であった。グローバリゼーションは政治的なプロセスでもあって、高度に意識化された現象であった。なにしろ、アメリカ合衆国の帝国としての力が終始、商品・資本・労働力の世界市場の形成を先導したのであるから。この意識的現象にはさまざまな条約や、戦争や、貿易や、タックスヘイブンの設置などが含まれていたが、すべてがわずか数十年の間に生起した。

その年月は、ここで着目するのがプロセスの全体であるか、ぐいぐいと進行していった時期であるか、それとも過熱した時期であるかにより、トータルで六〇年であったとも、四〇年、あるいは三〇年であったともいえるだろう。

・下意識のレベルでは、時の流れがより緩慢だ。人類全体の識字化へと向かうさまざまな社会の動きは、プロテスタンティズムによる宗教改革とともに、一六世紀のドイツで始まった。あの宗教改革が求めたのは、信者が神に直接対面し、聖書にも直接アクセスすることであった。かくして一六世紀ドイツを出発点とし、それ以降、識字化の波が同心円を描くように拡がっていったことがすでに確認されている。まず、プロテスタンティズムに改宗した国々――スカンジナビア半島、オランダの中心部、イギリス、スコットランド、アメリカ大陸の入植地――が、それからフランスが、そのあと南ヨーロッパ、東ヨーロッパが識字化された。第二次世界大戦後まもなく、ヨーロッパ大陸の人口の大多数の識字化が完了したと見なしてよい。このプロセスは、アメリカ、日本、イギリスとフランスの植民地の主要都市を拠点として世界中に及んでいった。二〇三〇年頃、アフリカをも含む世界中で、若い世代は読み書きができるようになる見込みだ。この結果に到達するのに五世紀を要したということになる。すなわち、単純化していえば、経済的グローバリゼーションの成就に必要だった時間の一〇倍の年月である。

・無意識のレベルを成す家族構造の推移は、さらに一層ゆっくりとしている。そのプロセスは、ユーラシア大陸に関しては、拙著『家族システムの起源Ｉ　ユーラシア』[13]に記述したとおりだ。とはいえ、家族の推移は歴史の時間の中にある。けっして、起源がたどれないほど古い過去に属しているわけではない。家族の差異化と伝搬のメカニズムを理解するには、紀元前三〇〇〇年頃のメソポタミア地方のシュメールまで、また、紀元前一五〇〇年頃の中国北部まで遡らなければならない。人類は文字を二回発明したのだが、それがこの二つの地域と時代においてであった。通常、文字の発祥をもって厳密な意味での歴史の始まりと定義していることは周知のとおりである。もしシュメールを選択して、ホモ・サピエンスの家族構造の差異化ゼロの時点と場所をそこに位置づけるなら、家族構造は今日まで五〇〇〇年にわたって推移してきたということになる。これは識字化に要した時間の尺度の一〇倍、経済的・政治的グローバリゼーションに要したそれの一〇〇倍に相当する。

端数を切り捨てておおまかに、こう言っておこう。社会を動かす意識（＝経済）は五〇年、下意識（＝教育）は五〇〇年、無意識（＝家族）は五〇〇〇年のスパンで機能する、と。

宗教の推移の時間は、予想できるとおり、家族と同じく一〇〇〇年単位ではあるが、それでも平均して家族のそれの半分程度である。旧約聖書が書かれた時期を紀元前八世紀とするなら、ユダヤ教は二八〇〇年来、キリスト教は二〇〇〇年来、イスラム教は一四〇〇年来のものということになる。仏教の歴史は釈迦の悟りを起点とするならば紀元前五世紀からだが、最初の経典が書かれたのはそれより三、四世紀あとなので、二五〇〇年から二一〇〇年程度の推移と見積もるべきだろう。家族の時間幅と宗教の時間幅の違いは、家族構造の優位という仮説に整合的である。

経済、教育、宗教、そして家族。研究を意識、下意識、無意識の諸概念によって押し拡げ、有機的に編成すれば、広義の西洋世界、すなわち日本と韓国を含む西洋世界の危機について、現実に即した捉え方をすることができるかもしれない。経済的次元で個人が原子化し、政治的次元で集団行動ができないという現象の由来が、高等教育の発展、宗教の消失、家族構造の変容などの内に見出されるだろう。英米、ドイツ、スウェーデン、日本のたどっている軌道の違いは、元々の家族構造の多様さに関係づけることができそうだ。グローバリゼーションに対するロシアの抵抗も同様である。このような展望の下でならば、われわれは、経済的不平等が拡大する一方で男女間に新たな平等性が定着し、教育水準の上昇と裏腹に民主主義的実践が崩壊するといった複合的な現代を、しかるべく整理して捉えることができるだろう。

こうして分析を豊かにすれば、とりわけ、開発途上の国々との関係における西洋の動態を正確に見きわめることができよう。西洋と、今や世界の工場となった中国や、エネルギーを産出する地域であり、西洋の軍隊が展開する地域でもある中東との間には、特別に強い相互作用が働いている。北米と西欧の社会は途上国に、安い労働力と石油だけでなく、自分たちの習俗に倣い、合わせることをも求める。西洋から来たイデオロギーのキャディが地球全域へ転がしていく運搬車には、普遍的と考えられたさまざまな価値やプロジェクトが山と積まれている。たとえば、表現の自由、交易の自由、人やカネの移動の自由、女性の解放、投票権、同性愛を人間の正統な営みとして認知すること、などである。そこには政治的・社会的・経済的生活という意識の次元に属する要素も、家族に関連する無意識の次元に属する要素もあって、一緒くたに積み込まれている。目下変容しつつある西洋の最新の習俗が世界へ拡がっていかなければならないというのである。そして、われわれの社会のエリート層は、中国、インド、イラン、アラブ諸国が、とりわけ女性の解放と同性愛に関してあまり熱心に西洋のあとを追っていないと嘆き、じりじりしている。われわれの普遍性願望はそれ自体としてはフレンドリーなものなのだ（そう感じる点において私は、西洋的価値観に何の違和感も抱かないごく月並みな西洋人である）が、残念ながら、家族構造と習俗の歴史的発展についての間違ったビジョンに基づいている。実は数千年前から、ユーラシア大陸の中心部と周縁部でいくつかの異なるダイナミズムが働いている。最も現代に近い時期において、それらのダイナミズムの差異化に拍車がかかったといっても過言ではない。

西洋では教育水準で女性が男性を追い抜いたので、母権制への変容という仮説を考えてみることに無理はない。もっとも、それが成就しつつあるとか、成功するだろうとか言うことまではできない。教育水準で女性が男性を追い抜くという現象は歴史上かつて観察されたことがないので、ひとつの人類学的革命、未知の世界への跳躍というふうに見てよい。とはいえ、英米とスカンジナビア半島とフランスから成る狭義の西洋においては、伝統的家族構造が当初から女性たちに高いステータスを保証していたから、母権革命はその家族構造の継続性の内に組み込まれる。核家族はもともと、結婚したカップルを基本単位としていたのである。それと反対に中国、インド、イラン、アラブ圏では、伝統的家族構造の中に父系制の構成要素が強く存在し、非常に低い女性のステータスもその構造の一部を成していた。このような東洋／西洋の対立はおおむねよく知られている。このことに関して、父系的な社会との対立におけるリベラル・デモクラシーの側の本当の問題は、ここでもまた、家族構造の歴史的推移について間違ったビジョンを抱いている点にある。われわれはふつう、女性のステータスの低さを目の当たりにすると、それを非西洋人たちの経済的遅滞を論理的に補完する文化的な「遅れ」だと感じる。しかし、家族システムの歴史をたどり直してみると、先入観とは逆に、東洋の父系システムは長い推移の結果発生したのであって、西洋はその推移の外にいたと判明する。中国では、これはアラブ圏でも、イランでも、インドでも同じだが、何千年にもわたる長い持続の間、女性のステータスが低下し続けるという歴史的ダイナミズムが働いた。ここで重要なのは、「西洋的母権」革命が東方に拡がっていくときに直面するのが、遅れた家族文化であるどころか、父権制ダイナミズムを宿して何千年も前から正反対の方向へ推移してきていたシステムだという事実を認めることだ。

歴史上、家族システムの父系的変容はドイツと日本にも及んでいた。これは、経済的にきわめて先進的なこの二つの国がぶつかっている人口学的困難を理解させてくれるであろう要素だ。われわれを待っているサプライズの一つは、共同体家族分布図の西方への拡がりの大部分を占めるロシアで、部分的とはいえ大規模な母系制への転換が成就しているように見えることだろう。その結果ロシアは、この二一世紀に、その権威主義的デモクラシーによってだけでなく、女性解放のレベルの高さにおいても、すこぶる独特の社会モデルを体現することになりそうだ。

したがって、社会生活を意識、下意識、無意識というように階層序列化するだけでは充分でない。また、その重層構造の中を、政治・経済から教育へ、それから宗教生活へ、そして最後に家族生活へと深く降りていくにつれて変化のリズムが緩慢になるのだということを理解しても、それだけでは充分でない。最後の知的跳躍として、人類の深い部分の推移が、これまで人びとが信じてきたような推移ではないことを認める必要がある。

さまざまな家族構造の推移に関しては、見事なまでに抑圧された全世界規模の無意識、というようなことを語りたくなる。この序章の段階から、私はさっそく、家族システムのダイナミズムについてのわれわれの誤った認識に由来するいくつかの理論的帰結を指摘しようと思う。なぜなら、その誤った認識の特定が、人類の歴史を理解するためにここ二世紀にわたって人文科学が遂行してきた研究成果の多くの部分を無効化することにつながるからである。

家族システムの稠密化、および特定の傾向を示す差異化

歴史学と社会科学の標準モデルにしたがえば、核家族と「個人」の浮上を西洋文明の離陸の核心に見ることになる。このテーマで、数千人の著者たちが数百万ページを文字で埋め尽くしてきた。書き継がれて

きたのは、自由主義の規範にもいろいろとヴァリエーションがあるから、それによって特定される始まりの時期は変わるのだが、とにかく中世のある時期からヨーロッパで創造性の原子たる個人の解放が起こったというたぐいの物語だ。ここで私は、いささか恐縮ではあるが、そうした物語をずばり単純化して例示させていただく。描写が時代遅れになった以上、その細部に執着するのはむしろ滑稽であろうからだ。

長い第一期の間に、過去の大家族の息の詰まるような集合体の中から核家族が浮かび上がってくる。一人の男と一人の女——近代におけるアダムとイヴ——の単純だが安定した組み合わせのおかげで、初期の個人主義が擡頭する。結婚したカップルが子供たちを産むと、子供たちはたちまち育ち、自由を与えられ、成人すると「個人」になる。この個人はたしかに未だ個人として不完全ではあるが、すでに経済的・社会的・政治的生活における自由な行為者ではある。

短い第二期に相当するのは、一九六〇年代に始まって今日に到る最近の時期、現代だ。ここで、核家族からさえも解放された「純然たる個人」が誕生する。個人主義のこの第二期には、男女の婚姻の絆が、個人と個人の間の一時的な結合に取って代わられる。この個人たちはもはや、関係の持続性——一晩限りから一生涯まで——も、パートナーが同性か異性かということも、大事なこととは見なさない。かくして、離婚、家族再構成〔ステップファミリーの形成〕、同性愛、性転換などが家族システムの構造的要素となる。

四〇年の長きにわたって家族構造を研究してきた結果、意図したことではない偶々の発見であったが、私は、いま述べたような標準モデルの第一期——複合的な家族から一組の夫婦への推移——が事実としてばかげていることに気づいた。実は、原初の家族が核家族だったのである。当然ながら歴史上、核家族が文字通りの意味で創出されたことなど一度もない。なにしろそれは、ホモ・サピエンスの原始状態における人類学的形態だったのである。これに対して、夫婦を父系の親子関係の中に閉じ込める形態、すなわちユーラシア大陸の大部分を占有した共同体家族の形態は、歴史の産物にほかならない。共同体家族の存在は、都市と文字の誕生とともにメソポタミアで始まり、五〇〇〇年にも及んだ人類の経験と結晶作用の結果なのだ。メソポタミアより遅れてではあったが、中国史にもそれに匹敵する、同じような性質のプロセスが進行したことが観察できる。類似の現象はアフリカでも起こった。ただし、アフリカ大陸では、文字や都市との関係は見出せない。

　世界のいたるところで、農業の発展にともない、男たちの間で父系化という新語を当ててよいであろう絆が形成され、それによって家族グループの稠密化と構造化が起こった。このメカニズムの萌芽的な形態ならば、アステカ帝国がそこに存在した頃のメキシコ中央高原や、スペインに征服される前夜、まだインカ帝国の支配下にあった頃のアンデス山脈にも見出すことができる。

　ホモ・サピエンスの出現以来、家族は単純型から複合型へ推移したのであって、複合型から単純型へと推移したのではない。女性のステータスの低下は、家族の硬直化を示す本質的要素であった。ヨーロッパの最も西の地域は、おおむねこの変形を免れた。ただし、ドイツ、フランス南西部、そして日本で直系家族が発達した。直系家族は父系化の第一段階に相当する。イタリアの中央部には、外婚制共同体家族が発生した。これは父系化の第二段階である。北部フランスとイギリスでは、中世貴族と、そして時折、富農層だけが父系化の影響を受けた。

　家族の稠密化と女性のステータスの低下というこのメカニズムには例外も存在した。そのメカニズムと逆の単純化プロセスが、歴史のかくかくしかじかの折に、あちらこちらで展開したことが観察され得るのである。北西ヨーロッパの歴史には特殊性があり、ときにはイギリスにおいて、オランダにおいて、また北部フランスにおいて、もともと家族の枠組みとなっていた双系(14)の親族網の破壊によって家族の核家族的性格が強められるということが起こった。地域的現象としては、父系制から双系制への、つまり複合型から単純型への逆戻りさえも確認できる。この反転メカニズムには、女性のステータスの再上昇が含まれる。本書では、そうした現象の内でわれわれにとって最も意味深いものを、紀元後になってすぐローマ、ヘレニズム時代のギリシア、ユダヤ地方〔死海と地中海の間にあるパレスチナの一地方、古代ユダヤ王国の領地に相当〕で起こった現象を検討する。しかしながら、私は第2章では、『家族システムの起源Ⅰ』では取り上げなかったアフリカの家族システムの推移が一般的なモデルに合致するということ、すなわち、時代を下るにつれて家族が父系化し、複合化するという支配的な歴史プロセスから外れていないということも示すつもりだ。

歴史の「反転モデル」

家族の形態が傾向として稠密化してきたということの発見は、人類史の解釈に計り知れない影響を及ぼす。これまでの歴史解釈の「標準モデル」との対比におけるこの「反転モデル」は、歴史のいくつもの領域をまさに反転させて捉える可能性に、そして、われわれが地球上のここやそこで何者であるのか、すなわちヨーロッパで、アメリカ大陸で、中国で、日本で、ロシアで、中東で、アフリカで何者であるのかということに関して、より良い理解に道を拓く。「進化しているのは誰か?」「先進的なのは誰か?」という問いが、単純には解けないもの、それ自体として矛盾しているものとなる。中東はなるほど経済的には遅れているけれども、最も複合的な、最も「進化した」家族形態を持っている。内婚制共同体家族は、父親と既婚の息子たちを結びつけ、次にその息子たちの子供同士が結婚することを推奨するわけだが、このシステムは五〇〇〇年もの推移の帰結なのである。北米は、経済的グローバリゼーションを先導してきて、今ではそれへの異議申し立ての先頭に立っているわけだが、イギリスや広大なパリ盆地にもまして、ホモ・サピエンスの原初のモデルに最も近い核家族形態を地域的に代表している。東アジアに視線を移すならば、われわれはまた次のことを認めなくてはならない。すなわち、一八六八年の明治維新のときに日本で主流だった家族システムは、核家族のそれとは異なるけれども、当時中国で支配的だった家族システムほどにはホモ・サピエンスの原初的な家族の型から離れていないシステムだったということ。日本の直系家族は、当時の農民階層では、ただ一人の跡継ぎと、最多で二組の既婚カップルを結びつけていた。つまり、理想的には一人の父親を既婚の息子たち全員に結びつけ、三組かそれ以上のカップルを同居させることのできる中国の共同体家族よりもシンプルだったのである。

西洋の科学技術的・経済的近代は、むしろ太古的な家族システムと符合する。ホモ・オキシデンタリス（西洋的人間）とは、その習俗においては、人類の古い共通基盤、原初の時代に地球上のあちらこちらで暮らしていた狩猟・採集民たちの共通基盤からさほど遠ざかっていない未開人なのである。この太古性は歴史上、性と結婚に関するキリスト教的な考え方や、遺産相続のルールの封建的ないし国家的な枠づけによって規制こそされ、廃棄されることはなかった。

「新興の」といわれる国々の人間は、たしかに、科学技術および経済の面では遅れている。しかし、家族生活上の習俗に関していえば、中国人、インド人、アラブ人、アフリカ人は「進化」している。つまり、五〇〇〇年前に始まった、共同体的で、父系的で、女性のステータスを低下させていく傾向を持つ複合的家族システムの生成発展によって形作られてきている。

西洋は自らのモダンな習俗を……近代的なものだと信じている。たとえば女性の解放は、たしかに西洋におけるリアルな現実ではあるが、しかし実は人類の未開状態の先鋭化にすぎない。ホモ・サピエンスは妊娠中絶にあまり敵対的ではなかったのである。同性愛者の諸権利獲得のための闘いについても同様のことがいえる。なにしろ地球上に残る未開社会を人類学者たちが研究しても、それらの社会が同性愛恐怖症《フォビア》的な姿を現すことは非常に稀なのだ。

したがって、ユーラシア大陸の中央部に位置する経済的に後発の新興諸国が「西洋」から要求されているのは単なるキャッチアップではない。なるほど、科学技術・教育・経済はそれらの国々でもっと進歩するほうが望ましい。そして幸いなことに、今日われわれは、社会生活の意識的もしくは下意識的次元に関する多くの指標の値の全世界的収斂を観察できる。かつての第三世界で、経済が成長し、教育水準が上昇し、出生率が低下してきている。ヒンズー教圏やイスラム圏の抵抗を示す強い原理主義的痙攣《けいれん》にもかかわらず、社会の世俗化さえも、そうした地域で進行している。すでにイランでは、モスクの中が閑散としている。

しかし、家族の領域で要求されているのは、ユーラシア大陸の中央部においてはひとつの歴史的後戻り、その形成に数千年の年月を要したシステムの脱構築にほかならない。大家族の内にいくつものカップルを溶け込ませることや、女性のステータスを下げることを進歩と見なし、習俗の洗練と見なしてきた諸文化の中では、家族構造の核家族化は、抵抗や反動や後退を生み出さざるを得ない。人類史を相変わらず標準モデルにしたがってイメージしていたのでは、その抵抗・反動・後退が理解できない。インドで、中国で、ベトナムで、コソボで、ジョージアで、アルメニアで、新生児の内の女子の割合が低下している。出生前に子の性別を探知する現代技術が、女性胎児の選別的堕胎のために用いられているからである。

誤った歴史ビジョンに錨を下ろしていると、われわれは現在をデタラメに捉え、そのデタラメさによって無理解、不寛容、暴力を生み出してしまう。まして、近未来のこととなると……。もし現時点で存在していない諸傾向を、さらにいえば現実に存在しているのと逆向きの諸傾向を未来に投影するならば、いったいどうして、グローバル化した世界の来るべき推移を節度をもって正しく予測し得ようか。過去五〇〇〇年の間、人間社会の運動は、地球上すべての地域でとはいわないが、ほとんどの地域で、個人の服従へと、女性のステータスの低下へと向かっていたのである。われわれはまさに今日、そのプロセスを反転させる企てを生きている。しかし、この企ては、ある限られたエリアから始められている。すなわち、ユーラシア大陸の周縁部だ。過去五〇〇〇年の人類史の重心から遠く離れていたがゆえに、家族網の父系化と稠密化をおおむね免れた地域にほかならない。

歴史を説明するよりも、正確に記述すること

今日西洋を襲っているのは、不平等の拡大と経済の停滞だけではない。人類学的変容のプロセスが始まっている。その変容は、主だった現象だけに限っても、夥《おびただ》しい人数を受け入れる高等教育、加速する高齢化、女性のステータスの上昇、そしてもしかすると母権制などの組み合わせから成っている。もしわれわれ同時代人の生きづらさの意味を捕捉しようとするなら、歴史を高みから俯瞰しなければならないが、それは歴史の深い無意識の層の中に入り込んでみる必要があるからだ。「我々はどこから来て、今どこにいるのか？」を知るために、私は本書で人類史の全体的素描を試みる。アフリカにおけるホモ・サピエンスの出現から始めて、家族人類学および宗教人類学をその中核に据える素描である。

しかしながら、人間たちの歴史なるものを哲学的かつ絶対的な意味で説明しようとするのではない。実際、私が核家族から父系制へ向かった家族の推移について、また家族構造によるイデオロギーの決定について提示する研究成果は、説明の「断片」にしか行き着かない。たしかに、社会的・家族的・宗教的生活の無意識の層の内に現代の不安と混乱の拠って来るところを見出すのは、ある意味で「説明する」ことではある。そうだとしても、自分の説明を完全に体系化するとか、事象に含まれる複数のレベルを厳密に序列化するとか、家族構造という、私が専門としているこの変数の首位性を主張するとかいったことは論外だ。第一私は、すでに述べたとおり、経済に固有のダイナミズムがあるという考えを拒絶しない。ホモ・エコノミクスの論理は人類学的な枠組みの中でしか展開し得ないが、しかしグローバリゼーションは、非常に異なる人類学的枠組みをある独特のやり方で結合させたり、対決させたりする。諸国家のダイナミズムにも固有の論理がある。外交と戦争――熱い戦争、冷戦、経済戦争、イデオロギー戦争――をとおしての諸国家の対立は、充分に自律的な研究分野を定義する。それゆえ地政学には、歴史のある種の要素の記述および説明として固有の価値がある。

すべての考察領域、すべての決定要因、すべての論理を一つの整合的かつ全体的なモデルの中に統合すると主張するのは無謀な思い上がりであろう。

ここで私が提案するのは単に、ドグマティズムに陥ることなしに、経済学者たちや政治家たちの狭隘《きょうあい》なビジョンから身を引き離し、グローバリゼーションを対象として従来よりも豊かな記述をおこなうことに尽きる。広範な良い記述はそれだけで、われわれが今日体験しているものの実体を理解するために大きな支えとなるはずだ。

というわけで、これから本書で見ていくように、最も先進的な社会ではまず家族と宗教が変容し、次に教育普及の停滞と出生率の低下が起こり、その現象が経済と国家の危機の先駆けとなる。ある面から見ると西洋は今や母権制への未踏の道に分け入りつつあるのだが、その西洋が過去において父権制への道を踏破したのだと考えるとしたら、それは誤謬なのである。男性よりも高く位置づけられる女性のステータスをベースとして原初の核家族を超えようとする試みは、西洋が家族システムに関して挑むまさに初めてのラディカルな創出であって、方向性こそ逆だが、紀元前三〇〇〇年紀初頭のメソポタミアで、あるいは紀元前二〇〇〇年紀中頃の中国で始まった父権システムの創出に比較され得るほどの転回なのである。

分岐の原則

このような知見によって従来よりも豊かになった経験主義は、世界に根強く残る多様性を捕捉させてくれるわけで、この点、経済主義とは逆である。経済主義は、多くの社会を画一的なビジョンの下に見るように促す。ホモ・エコノミクスはどこでも同一である、というのを公理にしているのだ。新自由主義の理論に関しては、互いに似たタイプの複数の社会で通用する理論だと言うだけではまったく足りない。あの理論の理念型は社会の外にしか存在しないのだから。マーガレット・サッチャーの有名な台詞を借りれば、「社会などというものは存在しない[15]」ということになる。高い利益率を求めるのを万人共通とする普遍主義は、世界の人類学的多様性を忘却するように求める。ソビエト共産主義の崩壊に後続した時期、一九九〇年～二〇一〇年の大きな政治的・経済的決定は、世界中のシステムが収斂していくという仮説に基づいておこなわれた。つまり、自由貿易が世界を統一するはずであり、単一通貨がヨーロッパを同質化するはずであった。その後、歴史的現実の中で誰もが目の当たりにしたのはその正反対で、経済的パフォーマンスと生活水準が分岐し、分散していくありさまだった。なぜか？　人間が究極の人類学的意味——後述するような共通の原初的特徴を有するホモ・サピエンスという一つの種が存在するという意味——でたしかに普遍的であっても、社会のほうは、そこに定着している諸価値や人びとを組織する方式によって多様だからである。

経済的グローバリゼーションは現実には差異を拡大するのであって、それ自体が世界を分岐させる要因である。競争に晒され、適応を強いられる状況に置かれ、解体の危機に脅かされる社会はおしなべて、何らかのやり方で自らの内に閉じ籠もる。生き延びるために、その社会の元来の諸価値に立ち帰って、そこから力を得ようとする。行き過ぎると、自由貿易は、世界中に遍在するという意味で普遍的な外国人恐怖症《フォビア》に糧を与えてしまう。

おそらくこの問題を検討するときにこそ、家族類型に注目して歴史を通覧することが不可欠になる。というのは、過去五〇〇〇年にわたる人類の家族の発展から分かるのが、人類全体に共通だった原初の人類学的タイプから出発して以来、人類史には、具体的な集団ごとの差異化への、いいかえれば、ゆっくりとしてはいるが強力な分岐への傾向が重みをもって働いているということだからである。

大袈裟に悲観するのは控えよう。今日、世界には、人類を分岐ではなく収斂へと導く要素も存在する。かつての第三世界の識字化と、最先進諸国における高等教育普及の停滞——たとえば米国では一九六五年〜一九七〇年頃から、フランスでは一九九五年以降——が合わさって、諸国民間の教育水準の格差が縮小し、世界は知的には以前よりも同質になりつつある。世界のいたるところで出産がコントロールされるようになって出生率が下がった結果、昔からの先進諸国と相変わらずの途上国群という二項対立はもはや現実を反映しなくなっている。出生率で比較すると、二〇一五年にはすでに米国（女性一人につき一・九人）が中国（一・七人）を上回り、フランス（二・〇人）がイラン（一・八人）を上回っていた。とはいえ、出生率がそれを下から支える家族構造に密接に関係することを考慮するとしても、教育と出生率だけに注目しているかぎり、われわれは社会生活の下意識のレベルにとどまっている。それでも、経済という意識のレベルにしか目を注がない政治家やジャーナリストよりは随分マシといえるが、なお不充分である。社会のより一層深い部分、すなわち家族構造という無意識のレベルでは分岐への傾向が働き、世界に存在する多くの社会を新たな対立へと導いている。

そのことを明らかにするには、最も先進的な社会同士を比較すれば足りる。教育水準の高さが同程度であるにもかかわらず出生率が異なっていて、その差たるや、当該社会の運命にかかわるほどに大きいのだ。先程と同様に二〇一五年のデータを見てみよう。合計特殊出生率一・九人の米国をはじめ、イギリス（一・九人）、オーストラリア（一・九人）、スウェーデン（一・九人）、フランス（二・〇人）、ロシア（一・八人）の合計特殊出生率は、世代交代でおおむね人口を維持できるか否かの境目とされる二・一人からさほど遠くない。それに対して、ドイツ（一・四人）、日本（一・四人）や韓国（一・二人）は、そんなに低くては人口の入れ替えは覚束ないという下限の値にすでに達してしまっており、もはや大量移民の導入に頼るか、人口減少を甘んじて受け容れるかしかないという状況だ。本書では、この差異が、さまざまな家族的価値観、とりわけ女性のステータスに関するさまざまな価値観が目に見えない所に存続し続けているという事実によっていかに容易に説明され得るのかを見ていく。

二〇一三年刊行の『不均衡という病』〔石崎晴己訳、藤原書店、二〇一四年〕において、共著者であるエルヴェ・ル・ブラーズと私自身が否応なしに確認させられたのは、フランス本土の五五万平方キロメートルの中に、最近でも実にさまざまな習俗のシステムが永続しているという事実だった。国内での人びとの移住が加速したにもかかわらず、いくつかの地方で複合的な世帯が消失したにもかかわらず、カトリシズムが比較的最近まで生き延びていた諸地域ですっかり衰退したにもかかわらず、地域的異質性は存続していた。テレビ、超高速列車、インターネットなどによる同質化は、多様な文化の残存をいささかも妨げていなかった。多様性は経済的グローバリゼーションによって消されるどころか、むしろ勢いづけられていた。多様な文化がストレスに対してそれぞれどう適応するかは差異的・示差的である。というのも、地域によって、個人を統合する力が強い社会もあれば、それほど強くない社会もあり、したがって経済的競争の衝撃に対する抵抗力にも地域差があるのだ。しかも、いま述べたようなことが、行政機構と使用言語によって統一されているただ一つのネイションの内部で確認できたのである。だとすれば、グローバリゼーションに参加しているさまざまなネイション――米国、イギリス、スウェーデン、ドイツ、日本、ロシア、中国、韓国――が、それぞれ固有の文化を維持するという点で、フランス本土を構成する各地方に劣るなどということがあり得ようか。地政学的には今日、勢力均衡という昔ながらの問題に絡み合う形でさまざまな習俗システムのあいだの潜在的軋轢《あつれき》の問題が存在し、注目されてはいるが、そこにおいて何が決定的要因かも、また何が問われているのかも、クリアーには理解されていない。普遍性と歴史的収斂の仮説が国際関係に毒を盛っている。なぜなら強者が、あるいは強者だと自認するアクターが、他のアクターに対し、経済的・軍事的服従と同じくらいに、自分たちの価値観と習俗への同調を要求するからである。

帝国主義とフェミニズム

アメリカの帝国システムの勢力図を見て、英語圏の支配的集合体を確認し、ヨーロッパとアジアにある前線拠点を眺めるといつも、不思議なことに、ある種の家族システムの分布図が思い浮かぶ。その勢力図に含まれる各国はいずれも、女性のステータスが高い社会であることを特徴としている。もともと高い（イギリス、フランス、オランダ、ノルウェー、デンマーク、スペイン、オーストラリア、フィリピン、インドネシア、タイ）か、あるいは、歴史によって過度には押し下げられていないのである（ドイツ、日本、韓国）。ユーラシア大陸中央部のブロック（ロシア、イラン、中国、インド）はどうかというと、共産主義体制の倒壊からずいぶん年月が経過したが、今なおアメリカの支配力に抵抗している。そのありさまを眺めると、紀元前三〇〇〇年から紀元後一七〇〇年の間に拡がりと稠密さを併せ持つ家族システムを発生させた大陸的父系制が、そこに一種の地政学的持続として表れているかのように見える。ただし、単純化し過ぎないようにしよう。共同体的で父系的なロシアの家族システムが生まれたのは、長い人類史からいえば非常に最近のことなのだ。ロシアのシステムは女性の高いステータスを押し下げず、高いままに存続させた。そして今日では、前述したように、母系制への反転のしるしをも覗かせている。思うに、これはロシアの人類学的な転換であり、ドイツの人類学的差異が改めて鮮明に浮かび上がって来たことと合わせると、地政学的な親縁性の再編を告げているのではないだろうか。

アラブ・ペルシャ世界は、父系制に、イトコ婚への内婚的選好を付け加える。アラブ・ペルシャ世界の家族システムは女性のステータスを最も強く低下させ、個人を親族関係の中に最も深く閉じ込める。北インドは外婚制の共同体家族が伝統の地域だが、そこで支配的な反フェミニズムと反個人主義を考慮すると、アラブ・ペルシャ世界に近いといえる。

「経済主義」思想のヘゲモニーにもかかわらず、このように地政学の領域には人類学に属する基礎知識や概念がたくさん入り込んでいる。かくして西洋は、中東を爆撃することで、そこにおける「女性のステータス」を高めようなどとするのである。間違いなく奇妙奇天烈だといえるのは、同性愛の問題にフォーカスしたロシア恐怖症《フォビア》のケースだ。具体的には、ウクライナ危機（二〇一四年頃から本書原書刊行時までの危機）の真っ最中、英米をはじめとする西洋の多くの国の新聞雑誌が、プーチンの体制を同性愛恐怖症《フォビア》だといって非難したのである。ルイ一四世やナポレオンの戦争の時代に、第一次および第二次世界大戦の時代に、いったい誰が、国際関係の領域において性の問題などにあんなふうに固執しただろうか。このようにグローバリゼーションは、世界の国々を近づけるどころか、むしろ多くの紛争をもたらし、それらの紛争ときたら、過去の紛争以上にしばしば、支配される社会の生活基盤そのものを揺るがし、危うくしている。

不可能な未来

本書は、ここ一〇万年の歴史の動きを非常に図式的にではあるが記述することで、現在進行中の推移を把握し、この三〇〇〇年紀の初めを生きるわれわれが体験しているさまざまな変容について「何かを言う」ことを目指す。予言をしようというのではない。どうして予言することなどできようか。歴史の中に、われわれの先進社会に匹敵するものは何もない。この規模の人間集団がこれほど富裕で、これほど高齢で、これほど高度に教育され、これほどまでに集団的信仰を欠いていたことは、かつて一度もなかった。今日、個人のレベルで男性の教育水準の伸びが女性のそれに遅れているという現象が頻繁に（普遍的に、ではない）確認されるわけだが、こんなことは前代未聞だ。いくつかの国々で見られる、「極端に低い」といわれる出生率（英語では very low low fertility）も同様だ。しかしながら、歴史を糧とするわれわれの描写をもってすれば、今後人類がたどって行く歴史を「消去法で」枠付けることはできそうだ。つまり、ある種の未来をありそうにないとか、あるいはまったくあり得ないとか、見做すことは可能だろう。

• たとえば、われわれが二〇世紀に経験したような民主主義が生き延びることは、今日のように教育が階層化され、その普及が停滞している条件の下ではほとんど考えられない。しかし、正真正銘の寡頭制統治、すなわち大衆が非識字者であることが前提となるような統治への回帰もまた、ありそうにない。

• 人びとの無意識に宿っている価値システムが存続するのだから、多くのネイションの間の完全な収斂はこれまた不可能である。

・西洋の人類学的構造は根本的に太古的で、たとえ現時点でモダンであるように見えても、それが後述するように大抵の場合、原初の人類学的素地への回帰でしかない以上、習俗の進化に起因する社会的崩壊という仮説は除外してよい。

・人類学的システムがどのようなメカニズムで継続するのかを特定すると、それによって、コンスタントであっても程々の水準にとどまる移民の流出と流入が、なにゆえ当該の人類学的システムに均衡と存続の問題を生じさせないのかが理解可能になるだろう。その代わり、たとえば中東、バルト海諸国、あるいはウクライナからの移民流出や、ドイツへの移民流入がある限度を超えると、移民現象が出身国と受け入れ国の社会の安定性を突き崩すことがあり得る。ところが、その場合に何が起こるかという点に関しては、規模も深さも性質も見定めるのが難しい社会学的なブラック・ホールが現れるということだけは言えても、それを超えてさほどの予言はできない。

したがって、たとえば家族構造、宗教的なものの終焉、経済的保護主義の再来、無政府状態の地域の出現などに関して、未来のいくつかの要素を先取りして語ることはできるだろうけれども、だからといって、それらすべての要素の間の関係やバランスを記述し得るような条件は揃わない。

われわれはまた、これからおこなう分析を先進国社会に集中することで、前述の消去法による枠付けにおいても、諸傾向の推定の面でも、誤謬のリスクを最小にできるだろう。先述したとおり、先進国群——米国、西ヨーロッパ、日本のトリアーデにロシアを加える必要がある——が依然として世界の動きの主人公であり、今後もなお継続して未来を決めていくのである。ただし注意すべきは、このトリアーデの中でも米国こそが、あの国に固有のさまざまな困難にもかかわらず、良きにつけ悪しきにつけ先導役を担っていくということだ。米国は人口の増え続けている国であり、根本的なイノベーションの起こる場でもある。このことを踏まえておくことは必須である。

近代史の中心は英語圏

米国が先頭に躍り出る前の時期には、イギリスが世界の変革を推進した。それは、代表制統治の発明によって、産業革命によって、第一次世界大戦前の第一次グローバリゼーションを組織したことによって、であった。おそらく、われわれフランス人にも、「英語圏」が一七〇〇年〜二〇一五年の世界史の中心を占めていたことを認めるべき時が来ているのだ。付言しておくと、私は「英語圏」という言葉をもっぱら人類学的な意味でだけ用いる。英語という一つの言語と、絶対核家族という一つの家族システムを結びつけてくれる用語なのだ。かつて私は、「アングロサクソン」という言い方がイタリア系やユダヤ系や日系のアメリカ人を苛立たせかねないことを確認したことがあるのだが、英語圏という捉え方は人びとを、「アングロサクソン世界」という概念に暗黙のうちに含まれている「ゲルマン民族的なもの」といった意味合いから解放する。絶対核家族システムは、アラン・マクファーレン〔イギリスの人類学者、一九四一年生まれ〕が最初に見抜いたとおり、あらゆる種類のラディカルな個人主義へと向かう傾向を人々に与える。[16]

ここ三世紀にわたる英語圏の経済的首位性を認めるのはさほど困難ではない。絶対核家族は、世代間の継続性を強く断ち切ることのできるシステムで、イギリスの農民層をほんの数十年のうちに離郷などのかたちで根無し草にするための人類学的条件であった。それゆえ産業革命がイギリスでは一七八〇年から一八三〇年の間に起こった。蒸気機関による石炭の使用で、未曾有の規模のポテンシャル・エネルギーが手に入ったのである。新しい生産様式の世界中への伝搬を跡づけるには、さまざまな国の経済的離陸（テイク・オフ）の日付を見ればよい。ウォルト・ロストウ〔米国人経済学者、一九一六〜二〇〇三〕の見積もりによれば、それはフランスで一八三〇年〜一八七〇年、米国とドイツで一八四〇年〜一八七〇年、スウェーデンで一八七〇年〜一八八五年、日本で一八八〇年〜一九〇〇年、ロシアで一八九〇年〜一九〇〇年、カナダで一九〇〇年〜一九一〇年、オーストラリアで一九〇五年〜一九一五年、中国で一九五〇年〜一九六〇年、韓国で一九六〇年〜一九六五年であった[17]。第二次世界大戦後の経済的グローバリゼーションにおける米国の優位性もまた明白である。

したがって、英語圏が経済的変革を牽引したという見方は難なく受け容れることができる。われわれフランス人にとって受け容れがより難しいのは、ダロン・アセモグル〔米国人経済学者、一九六七年生まれ〕とジェイムズ・ロビンソン〔イギリスの政治学者、一九六〇年生まれ〕によって提示された説、近代政治史は一七八九年のフランス革命からではなく、一六八八年のイギリス名誉革命から始まったとする説であろう。それでも事実、名誉革命こそが、経済的離陸のベースとなる自由主義的な制度を最初に確立したのである[18]。『哲学書簡』とも呼ばれる『英国書簡』〔一七三四年刊〕における著者ヴォルテールと同様に、一七八九年のフランスの革命家たちはイギリス人たちを目標にしていた。産業革命がまだ明白な事実として注目されていなかった時期には、イギリスは経済よりもむしろ政治の領域において模倣すべきモデル、追いつくべきネイションだったのである。『英国書簡』で語られている中心的人物はニュートン〔一六四三〜一七二七〕なのだし、一七世紀の科学革命の中心もイギリスにあったと率直に認めることこそ、おそらくは最もシンプルな態度なのである。

われわれが世界の決定的な変化の源ともいえる原因を見出していくのは、それがポジティブな変化の場合でもネガティブな変化の場合でも、ここでいう英語圏の家族的・宗教的無意識――言語によってよりも、平等主義的ではない核家族構造と、カルヴァン主義の一派を成すプロテスタンティズムへの帰依によって確定される無意識――の中に、である[19]。

イギリスと米国は一体として、この人類史素描の中心的要素を成す。両国の歴史に深い分析を加えることにより、可能なかぎり直截的なやり方で、太古の人類学的基底から生まれてきた科学技術的・政治的・経済的な近代というパラドクスと向かい合うことができるだろう。米国のケースは、米国の源流たるイギリスのケースにもまして意味深長な現象として立ち現れるはずだ。というのは、一七〇〇年〜二〇〇〇年の米国的家族はホモ・サピエンスの家族の原初的な型にいちばん近いように思われるからである。

科学はここで、紋切り型といってもよいほど通俗的な直観に解明の光を当てる。いったいなぜアメリカなるものがわれわれの眼に、モダンであると同時に未開の自然のように映るのか、われわれの未来の姿を先取りして示してくれるほど進んでいるのに、なぜアメリカなるものはその習俗においてあれほど洗練度が低く、あれほど非文化的に見えるのか、といった疑問が解消するだろう。

歴史の現段階では、目覚ましい技術革新と、教育普及の停滞と、生活水準の低下が渾然一体となっている。この状況の中でうっかり論理を間違え、二つの別のことを混同するエラーは避けなければならない。つまり、米国が先頭を走っているからといって、米国が「進歩」を体現しているとは限らないのだ。たしかに一九六五年頃までは、いささかの曖昧さもなしに、米国イコール「進歩」だった。しかし、一九六五年頃、米国は他の国々よりも早く教育普及の停滞期に入った。したがって、あの国が今日も先頭を走っているということは、教育の普及が停滞すると何が起こるかをわれわれに示しているということなのだ。たとえば、**表0―1**に記載の人口状況はそのように解釈されなければならない。**表0―1**では、米国の平均寿命が世界一から程遠いことが確認できる。しかし、その面で東アジアとヨーロッパの数値が良いからといって、この二つの地域がある種絶対的な歴史的意味において米国を「追い抜いた」とは言えない。東アジアとヨーロッパは単に、教育の普及においてまだ完全な停滞には到っていない一方で、最も進んだ医療技術の恩恵を享《う》けているのである。日本、韓国、ドイツ、フランスの近い将来に待ち受けているのは、米国がもう随分前に経験し、ときには克服した退行の諸段階なのだ。当該の諸国はそれぞれ、その国に固有のやり方でそれを経験していくだろう。そしてそこでも、本書が記述する人類史の構造的要素の一つである分岐の原則が具体的に確認されるだろう。たとえば、出生率が極端に低い国々には、米国タイプの社会的安定を将来の見通しとすることができないのである。この本の最終章で、私は、場合によってはあり得る米国社会の再発進という微妙な問題を検討するだろう。

ドイツと日本が提示する真の問題――歴史における直系家族と長子相続制の役割

米国に関して退行、停滞、再発進という三つの仮説の間で判断を下すに先立ち、私は本書中盤の各論部で、「未来を発明できる唯一の家族システム」が核家族だとする説に含みを持たせるべきだろうと思っている。実際、歴史を仔細に観察すれば、革新のメカニズムは一般に核家族から派生するという仮説と並べて、直系家族に結びつけられるものとして「加速の原則」という仮説を立てるように促される。

イギリスの政治的・科学的・産業的革命よりも前に、プロテスタンティズムによる宗教改革と大衆の識字化があったわけで、これらはイギリスではない場所から周辺に拡がった。宗教的危機と教育の離陸の発祥地はドイツである。これらの大変動のスタート地点としてマルティン・ルターの名高い九五箇条の論題をマークするならば、一五一七年がその暦のゼロ年だったということになる。さて、ドイツ世界というのは核家族よりも直系家族の土地柄である。もっとも、すぐに別の疑問が湧いて来る。果たして宗教改革が始まった時、ドイツであらゆる階層にわたって直系家族が十全に拡がっていたと確信できるだろうかという疑問だ。ドイツで貴族階級が長子相続を本当に実践し始めたのは一三世紀からで、それ以前ではなかったということが分かっているだけに……。

ヨーロッパ史において、ある人類学的環境が固定的だったと考えることはもちろん、安定的に存続していたと考えるのも誤りだ。多様な家族システムの輪郭を定め、それらの分布図の作成を可能にする類型論を用意することは、いうまでもなく不可欠である。しかしながら、そうした分析の道具に囚われて、「システム」が現実には「動的」で、絶え間なく推移している、大抵の場合、それぞれの特徴を強化する方向へと推移しているということを忘れてはならない。「動的システム」というこの概念が特に重要なのは、ドイツと日本に注目する場合だ。この両国における家族の型は、安定的であることから程遠く、中世になってから現れた型なのである。日本とドイツの直系家族の歴史を研究すると、その構造的特徴が一四世紀から一八世紀にかけて完成したこと、そして一九世紀に、ときには二〇世紀に入ってから、その硬直性に拍車がかかったことが確認できる。

ここで暫し、ドイツや日本といったユーラシア大陸の周縁部から離れて中心部に目を向け、過去の中に潜り、歴史の発端まで遡ろう。

メソポタミアのシュメールに注目すると、紀元前三三〇〇年頃に文字が現れてまもなくの時期に長子相続の規則が発生していたことが確認できる。ほんの少し遅れて、エジプトでもそれが発生した。中国に長子相続制が現れたのはその一五〇〇年後であった。したがって、人類文明の最初の離陸をルーペで視るように検証すると、そこに見えてくるのは同質的な家族構成ではなく、ほとんど即時的に、核家族的な素地と「直系」的要素の組み合わせなのである。シュメール、エジプト、そして古代中国という当時の前衛的社会で知的・物理的資本が初めて蓄積され始めるとそれが継承のルールの創出につながった。そこに浮上してきたことを確認できるのが、長子相続の掟と実践であり、直系家族の萌芽的な形なのだ。非分割と系族的連続性を法則とするので、直系型の組織は知識の蓄積と進歩の加速を容易にする。

では、近代の最新の時期に話を戻そう。

イギリスの、そして米国の離陸のあとを受けて、ドイツと日本——人類の現在における二つの大きな「直系」型社会——が目覚ましいキャッチアップをやってのけた事実を見れば、それだけで、直系家族と発展（デベロップメント）の間に独特の相互作用があり、それは核家族と革新（イノベーション）の間のつながりを補完するのではないかという問いが提起されるべきであることが分かる。たとえば、二〇〇六年に世界各国が登録した米欧日共通特許（米国、ヨーロッパ、日本で同時に登録される）を見ると、米国が全体の二二・一%、イギリスが二・三%、日本が二九・一%、ドイツが七・四%、韓国が九・八%であった。[20]絶対核家族文化を有する英語圏最大の二つのネイションは、計三億六〇〇〇万の人口を擁して、世界の特許の二四・四%を生み出した。全部足しても二億五七〇〇万にしか達しない人口でもって、直系家族文化の主要三カ国はなんと四六・三%を登録している。直系家族には萌芽的なものもあれば、完成したものもあるが、いずれにせよ直系家族の歴史的役割について考えることは、間違いなく必要なことだ。

過去へ向かって前進

研究者人生の終わりに近づいている私にとって、ここへ来て絶対核家族と直系家族の歴史的相互作用についてこのような考察に行き着くのは、面食らうようなめぐり合わせである。というのも、ある意味で、まさにこの周辺の問題から私は自分の研究をスタートさせたのだったからだ。あるいはむしろ、私の師たちが私にこの周辺の問題から研究を始めるよう仕向けたというべきかもしれない。私は一九七〇年代の初めにケンブリッジに行ったのだが、当時そこでは、ピーター・ラスレット〔イギリスの歴史学者、一九一五〜二〇〇一〕が一七世紀のイギリスに核家族を発見したばかりで、世界のどこかにかつて直系家族が存在したことがあり得るという考えを向こうに回して、確かにすでに主張をどんどん弛めながらではあったけれども、なお闘っていた。[21] 同じ時期、一方ではルッツ・バークナー〔ドイツ出身の米国の人口学者、一九四二〜二〇一二〕が、オーストリアの一八世紀の地域住民台帳をもとに、三世代——祖父母・両親・子供たち——が同居する直系家族が現れたのは、この家族構造がある程度発展した段階においてだったということを指摘したばかりだった。[22] 直系家族という概念の生みの親であるフレデリック・ル・プレイ〔一八〇六〜一八八二〕〔フランスの社会学者〕の仕事も、その時期に少し先立って掘り起こされ、話題になっていた。最初は誤りだとするために取り上げられたのだが、その後、一九六五年から二〇〇〇年にかけてヨーロッパと日本できわめて広範に遂行された歴史学調査によってその正統性が認められた。過去をくまなく検証していくと、人類史を画す段階としての長子相続の重要性が浮かび上がる。なにしろそれは、シュメールだけでなく、先述のように古代エジプトや中世中国の上層階級にも見出され、さらに、アメリカ大陸の北西部海岸地方でサケ漁をしていたインディアンにも、マオリ族やハワイの先住民にも観察できるのだ。アフリカ大陸でも、家族構造の観点から見て最も「太古的」な地域でたいへん頻繁に採用され、実践されている。

ル・プレイにおいては、直系家族はたちまち固定観念となった。動乱の時代のフランスにあって反動思想を抱懐していたル・プレイは、直系家族独特の価値観に深く魅せられたのだ。息子に対する父親の権威と兄弟間の不平等という二つの価値の組み合わせは、彼の眼に、秩序とヒエラルキーの原則を具現するものと映った。彼は、直系家族に大きな経済的ダイナミズムが潜在していることを、また、すでに獲得したものを引き継いでいく能力だけでなく、家督を継ぐ長男以外の息子たちを社会空間に解き放って冒険的にする能力、いわば経済領域や文化領域のダルタニャン〔一七世紀フランスに実在した軍人だが、一九世紀中葉にアレクサンドル・デュマの小説『三銃士』などによってヒーロー化されて以来、勇敢奔放な人物の典型とされている〕を輩出する能力も備わっていることを強調した。

しかし、ル・プレイが生まれてもいなかった時代から、自由主義思想が直系家族を唾棄していた。早くも一七世紀末には、ジョン・ロック（一六三二～一七〇四）が、ロバート・フィルマー（一五八八～一六五三）〔イングランド王国の政治思想家で、王権神授説を唱えた〕が一六八〇年に没後出版された『パトリアーカ〔家父長制論〕』（*Patriarcha, or the Natural Power of Kings*）で長子相続と父権を擁護したのを批判した[23]。一八世紀のアメリカとフランスの革命家たちは長子相続権を格別の攻撃目標とした。それ以降、進歩主義思想によって、進歩と直系家族は相容れないものと見なされた。その結果、歴史学者たちは、発展のプロセスの中に長子相続を適切に位置づけるのにいささか困難を味わうこととなった。そして事実、あとに見るように、直系家族はその時々の状況により、ダイナミズムをも、行き詰まりをも生み出すのである。

人類学者はたいがいル・プレイのことを知らず、ロバート・ローウィ（一八八三～一九五七）〔アメリカの人類学者〕が民族学の理論史について著した見事な総論[24]にもル・プレイは引用されていない。私の知るかぎりでは、米国の人類学者エルマン・R・サーヴィス（一九一五～一九九六）が学問の一段階としてのル・プレイの重要性を理解した最初の学者である。彼は著書『国家と文明の起源』（*Origins of the State and Civilization*）の中で、長子相続を首長制の安定化における、また国家の発展におけるひとつの中心的要素と見なしている。

直系家族は、貴族たちのものにせよ、農民たちのそれにせよ、現実の組織の様式としてはもはや存在していない。三世代同居の世帯はドイツ、日本、韓国、フランス南西部において、今日では統計上の残滓《ざんし》にすぎない。しかし、それにもかかわらず、この三〇〇〇年紀の初めにおいて、われわれは次の二つの現象を確認しなければならない。一つは、直系家族が支配的であった国々で科学技術上のダイナミズムが根強いことである。もう一つは、それらの国々に深刻な人口学的危機が訪れていることだ。なにしろ、それらの国々では、出生率が一・四人、またはそれ未満の辺りにとどまっているのである。

第一、「直系」の価値観と「核家族」の価値観の水面下での不変持続性は今や、「西洋世界」の統一性を壊す寸前のところまで来ている。その統一性が一九四五年頃に生まれたのは、何らかの文化的収斂によってというよりも、米国の軍事的征服によってであった。ドイツとその他の地域に権威と不平等を軸とする価値観が再浮上すれば、ヨーロッパには新たな形が与えられる。かくして、抑圧されていた人類学的要素――家族的無意識――の再来という仮説なしには、欧州大陸が硬直した階層序列システムへと徐々に変形していることは理解できない。自由主義・民主主義の巻き返しがイギリスではブレグジットにより、米国では大統領選におけるドナルド・トランプの当選により表現されて、英語圏を昂《たか》ぶらせているが、これもまた、英米の絶対核家族が培ってきた自由主義的価値観、非平等主義的ではあるけれども、けっして不平等主義的ではない価値観の不変持続性という仮説を援用しなければ、説明し難いように私には思われる。

西洋世界の危機はしたがって、二重なのである。その危機は、英語圏と、「直系」の伝統に特徴づけられて来た国々とでは同じ形をとらない。ドイツ、日本、韓国のケースにおいて、極端な個人主義や、母権制へと向かうようなフェミニズムや、集団的行動の欠落を語るのはばかげていると思う。直系家族型ネイションの危機は独特なのだ。また、それ自体、単一ではない。本書の先の方で明らかにするように、日本とドイツは今日、画然と異なる道を歩んでいる。だが、その理由は、家族構造の人類学が捉え得る範囲から大きく外れている。西洋世界の危機という考え方で始めた本書を、われわれはその世界の死亡証明書によって閉じることになるだろう。埋め合わせとしては、ロシアが、現下の紛争が示唆するよりも遥かに西洋的であることを認めるべきであろう。

私の研究の方法論は革新的なものではない。人類史のこの素描は、いくつかの肝要な領域——家族、宗教、教育、イデオロギー——に執着する。これらの領域をできる限りよく観察すれば、われわれが今日体験している事象の性質と規模を推定することが可能になる。この研究で私が取り上げる変数は、家庭を営むグループの構造と発展、女性のステータス、乳幼児死亡率、ある時点での出生率、完結出生児数〔女性一人当たりの最終的な平均出生児数〕、識字率、高等教育を受けた者の比率、神学的概念、宗教実践、政治的投票、性的規範などだ。いずれも、パリとケンブリッジでの修業時代に学び、採用する気になった変数である。フランスの歴史学のアナール学派と、ケンブリッジの歴史人類学派が用いていた変数である。当時、この二つの学派の間にさほどの違いはなかった。まさにその二つの学派の影響下で、私は修業し、そして博士論文の審査を受けた。私は今なお、師匠たちの教えを裏切らない、忠実な一学徒にとどまっている。師匠たちの名を挙げさせていただきたい。エマニュエル・ル＝ロワ＝ラデュリ〔フランスの歴史学者、一九二九年生まれ〕、ピーター・ラスレット〔イギリスの歴史学者、一九一五〜二〇〇一〕、アラン・マクファーレン〔イギリスの人類学者、一九四一年生まれ〕、ピエール・ショーニュ〔フランスの歴史学者、一九二三〜二〇〇九〕、トニー・リグリー〔イギリスの歴史人口学者、一九三一〜二〇二二〕、ピエール・グベール〔フランスの歴史学者、一九一五〜二〇一二〕、ジャック・デュパキエ〔フランスの歴史学者、一九二二〜二〇一〇〕、ミシェル・ヴォヴェル〔フランスの歴史学者、一九三三〜二〇一八〕、ローレンス・ストーン〔イギリスの歴史学者、一九一九〜一九九九〕、フランソワ・フュレ〔フランスの歴史学者、一九二七〜一九九七〕、ジャック・オズーフ〔フランスの歴史学者、一九二八〜二〇〇六〕、速水融《あきら》〔日本の歴史人口学者、一九二九〜二〇一九〕。私の唯一のオリジナリティは、おそらく、一七世紀と一八世紀を理解するために考案された方法論を現代世界の分析に適用するということに尽きる。

▼家族類型の略述

最も先進的な国々、とりわけ最も大きなパワーを有する国々の危機を理解しようと努める本書では、世界の家族システムの類型を単純化して提示しておくにとどめる。

・**純然たる核家族**（ル・プレイによれば、不安定な核家族）に含まれるのは、主として一組のカップルとその子供たち。子供たちは一〇代後半に親から遠ざかり、やがて結婚して自律的な家庭のユニットを築く。この類型は、英米系のすべての国に共通である。遺言の内容が絶対的に自由なので、親は子供たちへの遺産の配分を自分の意のままにできる。こういうわけで、イギリス、米国、オーストラリア、ニュージーランドやカナダの英語圏について、**絶対核家族**という呼び方をする。フランスの広大なパリ盆地では、世帯は絶対核家族と同様に核家族的であるけれども、そこに平等主義的な遺産相続のルールを付け加えるので、これは**平等主義核家族**として概念化できる。この概念を適用できる核家族の地域は、イタリア南部、スペインの中央部と南部、ポルトガルの中央部などである。核家族のヴァリエーションであるこの二つの家族システムは、父方と母方の親子関係を同等と見なすが、いずれにせよ第二義的にしか重視しない。

・**一時的同居を伴う核家族**も、結婚した子供たちの独立を最終的な目標とするが、既婚の子供たちが当初の数年間は旧世代と同居することを見込む。この同居には三つの様態が存在する。まず、同居の場が結婚したカップルのいずれの側の親の家でもいっこうに構わないというケース（**双処居住**）があり、私はこれを**未分化核家族**として概念化する。残るは、結婚した若いカップルが夫の側の親の家に同居するケース（**父方居住**）と、妻の側の親の家に同居するケース（**母方居住**）である。**双処居住の変異体**はフィリピンやベルギーで観察される。**父方居住の変異体**が範型的なのは、ユーラシア大陸のステップで暮らす遊牧民（トルコ人やモンゴル人のグループ）、メキシコ中央高原で暮らし、ナホワ語〔中米インディアン語の一つ〕を話す民族、ペルーのケチュア語〔南米インディアン語の一つで、インカ帝国の公用語であったという〕、およびアイマラ語〔南米インディアン語の一つ〕を話す民族、エクアドル、ボリビア、そしてインド南部においてである。**母方居住の変異体**は、東南アジア、とりわけビルマ、タイ、カンボジア、マレーシア、スマトラ、ジャワで支配的だ。

・**直系家族**は跡継ぎを一人だけに絞る。一般的には長男が跡継ぎとなり、家族の財の大部分を取る。この長男が結婚すると、カップルは、個々の事情によって差があるにしても常にかなりの拘束力をもつルールにしたがって夫の両親と同居する（父方居住）。これによって、カップルに子供ができた場合には三つの世代を包み込む世帯の出現が可能となる。この直系タイプは、**父系制レベル1**に相当する。男子が特権化されるが、息子がいない場合には娘が家督を継ぐこともできる。そして、特に注目すべきことに、跡継ぎでない息子たちが実のところ娘たちと同様に遇される。つまり、男性性の支配という原則があらゆる事柄に適用されるわけではない。この類型に分類できる地域は、日本、ドイツ、韓国、フランス南西部などである。女性のステータスが比較的高く、世代間同居が僅かだという点を考慮に入れた上でなら、スウェーデンの伝統的家族もこの分類に含まれる。今日、世代間同居と遺産相続における不平等は、都市部では、そして公然とした形では、おおむね消滅した。しかし、われわれは見ることになるだろう。権威と不平等を軸とする価値観が、やや不可思議ではあるけれども、そうした価値観を可視化していた農家の大家族が存在しなくなったあとも見事に生き延びるありさまを――。一方で、規模は小さく少数派であるけれども、**双処居住の直系型**も存在する。このタイプの家族システムは、いちばん年長の子供を、息子か娘かという性別の問題とは無関係にという意味で「絶対的」に選んで跡継ぎにする。これが観察されるのは、バスク地方、ボルネオ島西部に住むイバン族、日本の東北地方のいくつかの村においてである。**母方居住の直系型**の場合には長男でなく長女が跡継ぎになる（インド北東部アッサム地方の高地に暮らすガロ族、エーゲ海の島々、ポルトガルの北部）。

・**外婚制共同体家族**（ル・プレイによれば家父長制家族）は、兄弟の対等性と、男性性優位の一般原則を確立する。息子たち全員が理想的には父親に結びつけられ、元のグループの外に配偶者を見つける。娘たちは、父系制の複合的な世帯の間で交換される。父親が死ぬと、遺産が兄弟の間で多かれ少なかれテキパキと平等に分配される。このシステムは、**父系制レベル2**を体現している。ここでは、すべての男たちがすべての女たちよりも上位に位置づけられるからだ。このタイプに分類できる地域は、中国とロシアだが、ロシアの共同体家族には、（直系家族のカテゴリーにおけるスウェーデンの場合に少し似て）残滓としての女性のステータスの高さが濃厚に残っている。ロシアにおけるこのシステムの歴史は浅い。せいぜい一七世紀までしか遡らないのである。直系家族の場合と同様に、共同体家族構造に潜在する価値観は、一九世紀の大家族農家の消失を超えて生き延びる。**母方居住の共同体家族という変異体**もあって、これは米国南西部のインディアン、ホピ族に見出される。**双処居住の共同体家族**は、特にフランスの中央山岳地帯の北西周縁部に存在した。中央山岳地帯について付言すると、このタイプの共同体家族は父系制でないといっても、かつては父方居住の共同体家族に負けず劣らず、共産党への高い投票率の素地を成していた。

インド北部では、外婚制共同体家族の女性蔑視が、アラブ圏のそれと等しいか、あるいはもしかしたらより高いかと思われるレベルに達している。そのことは、女性を家の中に閉じ込める慣習にもまして、女性の胎児や子供の死亡率が過度に高いという事実に表れている。

・最も先進的な国々の危機を理解するには、それらの国々と正反対の極として幻想される対象となったイスラム圏に、より特定的にはアラブ・ペルシャ世界に言及しなければならない。そして、アラブ・ペルシャ世界を人類学的に位置づけるには、**内婚制共同体家族**を定義しなければならない。ロシアや中国の伝統的家族の場合と同様、内婚制共同体家族も、発展してその理想的な形をとっていけば、一人の父親とその息子たちを結合する。とはいえ、婚姻の型が外婚制ではない。内婚制であり、可能な場合には、二人の兄弟の子供同士が結婚することを要請する。もし年頃の理想的なイトコがいなければ、又イトコか、血縁的にさらに遠いイトコが望ましい。アラブ圏の中心部では、実のイトコ同士の結婚の率が三五％前後で揺れている。イラン、エジプト、北アフリカのマグレブ諸国ではそれが二五〜三〇％に落ちるが、パキスタンでは五〇％に達する。二人の兄弟の子供同士の結婚は、兄弟間の情愛の強さと持続性を表す。この水平軸こそアラブ家族の最も基本的な絆であり、それを最も悲劇的なかたちでわれわれに見せつけたのが、例のクアシ兄弟〔二〇一五年一月にパリで起こった『シャルリ・エブド』誌襲撃事件の犯人〕のテロ行為であり、次にはアブデスラム兄弟〔二〇一五年一一月にパリの劇場「バタクラン」等で起こった大テロ事件の犯人〕によるそれだった。この二組の兄弟において病的な発露を見せたとはいえ、西洋の核家族システム社会への同化の途上にあるアラブ移民二世に残っている強い兄弟愛は、九九％のケースではもっぱら暖かな心情と安心感をもたらしている。このタイプの共同体家族とともに、男性中心原理の影響力がさらに一段上がり、**父系制レベル3と最大限の平等主義的価値観**に達する。

・最後に、**インド南部の家族型**は、地図上では限定されているけれども、およそ三億五〇〇〇万〔二〇一五年の数値〕もの人口に関することだから、人口学的には比重が大きい。これについては、**一時的父方同居を伴う核家族型**と先述した。しかし、この父方同居を伴う核家族を補完するものとして、タミル・ナードゥ州、カルナータカ州、アーンドラ・プラデーシュ州、マハーラーシュトラ州の各州にはある独特の内婚メカニズムがある。これは、**兄／弟と妹／姉の子供の間の結婚**（**交叉《こうさ》イトコ**〔父の姉妹の子供と母の兄弟の子供の関係〕の優先婚）を奨励すると同時に、兄弟二人の子供の間や姉妹二人の間の結婚を禁じるメカニズムだ。ドラヴィダ人〔古代からインドに定住していたとされる特定の民族群やドラヴィダ語族に属する言語の母語話者を指す〕たちのインドの中心を成すタミル・ナードゥ州では、ある男性とその姉の娘の間の**異世代間結婚**もかなり多い。異世代間結婚と交叉イトコ婚は、兄／弟と妹／姉の間の情愛が重要であることを表す。兄／弟と妹／姉の絆が、若いカップルの定着における父方居住の原則を和らげるわけで、カップルはいっとき夫の両親と同居し、その後、近隣に居を定める。したがって、男性中心原理が相対化される。ただし、付け加えておきたいのだが、この人類学的タイプにはどんな平等主義的価値観も観察できない。このタイプの構造の主要な軸である兄／弟と妹／姉の関係はあらゆる対称性原則を排除するからである。インド南部は、その親族関係がヨーロッパの外婚的で双系的な視点から見るとかなりエキゾティックに見えるにもかかわらず、平等原則の不在や、女性のステータスのある程度の高さなど、英米世界と充分共存できる要素をいくつか備えている。したがってインド南部に英語圏の準会員もしくはジュニア・パートナーの資格を賦与するのは、さほど不条理ではないだろう。とはいえ私は、あの地域の家族システムを父系制レベル1と見なすことにする。ドイツや日本の直系家族の父系制レベルとほぼ同等というわけだ。

最後に、本書が開陳する歴史記述にしっかりついていってみようとする方々には、ぜひ次のことを忘れないようにしていただきたい。すなわち、家族史の「反転モデル」のお蔭でわれわれに見えるようになる基本的な歴史のシークエンスは、核家族（父系制レベル0）から出発して直系家族（父系制レベル1）へ移り、次に直系家族から外婚制共同体家族（父系制レベル2）へ移り、そしてついには内婚制共同体家族（父系制レベル3）に到るという展開のシークエンスであるということ。

第1章 家族システムの差異化——ユーラシア

今からおよそ二〇〇万年前、アフリカに、ホモ・サピエンスと呼ばれる人類が出現した。主な身体的特徴は、二本脚での直立姿勢と頭蓋のサイズだった。ホモ・サピエンスに先立って今から一八〇万年前に現れたホモ・エレクトゥスは、(一〇万年程度の誤差を見込んで、およそ四〇万年前には)すでに火を扱うことができていた。ヒトの進化史をさらに一段遡ると、その出現が二四〇万年前と認定され得るホモ・ハビリスに行き着くが、この人類は、削った石を道具として使用することができた。

ホモ・サピエンスの歴史は、地球全体への分散というかたちで続いた。狩猟採集民であった彼らの一部は、今から一〇万年前頃にアフリカから抜け出し、中東の南の周縁部に移った。六万年前にインド南部に到達したあと、四万年前にはオーストラリア、中国南部、ヨーロッパ南部に達した。ヨーロッパ西部にホモ・サピエンスが現れたのは今から二万五〇〇〇年前だった。同じ時期に、ベーリング海峡が渡られた。ホモ・サピエンスが南アメリカに入ったのは一万五〇〇〇年前、スカンジナビア半島、シベリア北部、カナダに入ったのは一万年前だ。最後に、今からわずか六〇〇〇年前頃、オーストロネシア語族の人びとが台湾を起点として、フィリピン、ボルネオ、マレーシア、インドネシアに植民し、そしてようやく西暦〇年頃にマダガスカルに、一二五〇年〜一三〇〇年頃にニュージーランドに到達した。オーストロネシア語族は農業を知っていた。なお、ここに挙げた年代づけはおしなべて論議の的になっており、暫定的なものにすぎない。とりわけ中国とアメリカ大陸への移住定着については、そのことを断っておかねばならない(1)。

狩猟採集民は大移動したが、それで人類の移住定着の決定的な地図が確定されたわけではなかった。農業の発明が新たな動きのきっかけとなった。農業は本来的に膨張傾向を持っている。新技術を身に着けた者たちは、たちまちのうちに、新たに耕した土地の生産性の高さが格別のものであることに気づく。かくして、狩猟採集から農業に転じた最初の農民たちもまた、新たな土地の征服へと旅立ち、その過程で出会う狩猟採集民を取り込んだり、同化したり、排除したりする。というわけで、人間はじっとしていないのだ。その上、農業の発明よりあとに遊牧が発明され、これがまた数次にわたり、順々にロバ、馬、フタコブラクダ、ヒトコブラクダを使っての人口移動の動因となった。

思い浮かべてみるときに、狩猟採集民の最初の移住ほど夢をかき立てる事象は珍しい。彼らの歴史を再構成するためにわれわれの手元にあるのは、今日ではもはや、彼らと彼らの生産活動が残した化石だけではない。現代遺伝学のお蔭で、太古の人口移動を跡づけることができる。もしかしたら、ゲノムの分析を通していつの日か、人類分散のメカニズムに関する最終的な地図と年表が手に入るのかもしれない。が、今のところ、考古学者たちの見解と遺伝学者たちのそれはしばしば一致せず、しかも、遺伝学者同士でも本当には見解が一致していない。ある種の詩的な放恣さがこの新しい科学を支配している。その分析によれば、人類が初めてアフリカから中東へと移動した時に、またベーリング海峡やパナマ地峡を渡った時に、全員が行動を共にしたわけではないから、集団の有する遺伝子が隘路の中で絞られるような現象が起きたという。そうした折ごとに、移住に成功したグループの規模が小さかったため、ゲノムの「貧化」による「始祖効果」(2)が生じたそうだ。一方、アフリカのほうには、あの大陸における人類出現までの長く渾沌としたプロセスに由来する最大限の遺伝子学的多様性が保全されたという(3)。

今日、人間存在の最奥部に万古不易の生物学的特徴を捉えられると主張するタイプの遺伝学から、催眠術的効果が立ち上ってきているように感じられる。男性染色体Yと女性のミトコンドリアDNAが、今や血液のA型、B型、AB型、O型に代わり、生物学的な帰属を本質化し、そのグループ分けを格段に洗練し、性にもとづく系族研究に可能性を拓く……。人類のグループごとに安定的で伝達可能な遺伝的特徴があるとしたら、そのことに人びとが魅せられるのは当然で、それは責められない。こうして性に着眼する差異遺伝学は、たとえば、ヨーロッパへユダヤ教を伝達したのが地中海から来た男子だったことを発見した。(4) この新たな父系制要素を踏まえ、われわれは本書で、それを児童教育における父親の役割と女性の改宗についてのユダヤ教律法博士たちの討論に引き比べて検討した上で、ユダヤ人における「母系制」の遅れについて妥当であろう解釈に到る。

しかしながら、社会形態を扱う歴史家は、集団遺伝学の先端的成果を確認する際に慎重さを失ってはならず、さらにいえばしばしば懐疑的でさえあるべきだ。大抵の場合、目に見えないゲノムの分析は、肌の色や顔の特徴といった月並みな表現型〔遺伝子型が形質として表現されたもの〕上の差異の観察と同程度のことしか教えてくれない。たとえば最近の遺伝子分布図を見れば、アフリカ、インド南部、オーストラリアが古くから人類が住んでいた地域で、人口のゲノムから見て相互に近いことが分かる。しかし、われわれは昔から、それらの地域では共通して人びとの肌の色がいちじるしく黒く、緯度が高くて陽光の少ない場所に数世代にわたって居住し続けてもその共通性が変わらなかったのは、遺伝子上の近さのゆえだと知っていたのである。最も伝統的な人類学は、これまたすでに、インド南部に暮らすドラヴィダ人の顔とオーストラリアのアボリジニのそれの類似を指摘し、その事実が疑いもなく両者の類縁関係の近さを示すものであることを明らかにしていた。(5) この点、昨今の遺伝学は誰もがすでに知っていることを再確認するだけであり、年代推定の精密化に貢献するわけでもない。

とはいえ、人類をグループ分けした場合の下位区分の間に存在する第二義的な遺伝学的差異の分析には、いくつもの領域におけるリアルな意義がある。特筆すべきは、生物学的なヴァリエーションが医学的影響を持つ場合である。麻疹《はしか》に対するアフリカの子供たちの、皮膚癌に対するイギリス系オーストラリア人の抵抗力が小さいことに注目しておこう。(6) また、アフリカ系の人口集団に限ってはＨＩＶウイルスが異性間交渉で伝染するという事実があり、この与件の認識はエイズ予防に不可欠である。ただ、それにしても認めなければならないのは、ここ一万年か一万二〇〇〇年の人類史の社会的要素——この内には、定住化、農業の発明、家族構造の多様化、都市の出現、国家の出現が含まれる——に関心を抱く者にとっては、そういった遺伝学的研究が非常にしばしば無用だということだ。なるほど人類は地球上に分散し、グループに分かれたが、それは、その結果生まれる遺伝学的差異が本能や能力や嗜好の分散を発生させるに充分なほどに拡大するには、まだあまりにも近年の事象なのだ。

そのこととは対照的に、歴史がわれわれに示すのは、世界中に分散したさまざまな人間集団のいずれにも、類似の技術と社会形態を創出し、自分たちの間でそれを伝達していく驚異的な能力が具わっていたということである。農業は中東、中国、ニューギニア、アフリカ、中米・南米で発生した。これらの農業の出現はいずれも、それぞれ当該の集団の中で父系制原則の創出につながった。長男による遺産相続という、かくも型の決まった慣習が各地で定まり、継承されたのである。この現象は、人間グループの多様性を消去することなしに、しかしその多様性にもかかわらずあらゆるグループに発生した。われわれはそれを、時代こそさまざまだが、アフリカにも、中東にも、中国にも、日本にも、ポリネシアにも、ヨーロッパにも、そしてアメリカ大陸北西部のインディアンたちの間にも確認する。人類の家族システムの歴史は、細部はともかく全体としては、生物学を参照することなしに書くことができるのである。

新石器革命

したがって、狩猟採集民の分散のあとに起こったのは、定住化と、世界各地に散ったいくつものグループによる農業の発明だった。最初に大きな飛躍を遂げたのは中東だった。紀元前九〇〇〇年頃、肥沃な三日月地帯〔ペルシャ湾からチグリス川・ユーフラテス川を遡り、シリアを経てパレスチナ、エジプトへと到る半円形の地域〕で初めて定住化現象が起こり、初めて農業が出現したのである。次に飛躍したのは、長江と黄河の流域の中国で、それは紀元前八〇〇〇年頃だった。ニューギニアの野菜栽培も紀元前七〇〇〇年から発達した。今日では、サハラ以南のアフリカの自律的な中心が紀元前三〇〇〇年から同二〇〇〇年頃にはアフリカ西部に形成されていたことも認められている。紀元前三〇〇〇年と同一〇〇〇年の間には、メキシコの中央部とアンデス山地の北に二つの中心地が出現した。一部の研究者は、現在の米国東部にあたる地域にも紀元前二〇〇〇年~同一〇〇〇年に革新の一極があったと認定している。農業の発明もまた、あらゆる人間グループに共通だったといえる。

農業の発明から六〇〇〇年が経過した頃、家族類型の差異化が始まった。口火を切ったのは、メソポタミアの南部、シュメールにおける長子相続の出現であった。紀元前三〇〇〇年紀のことだった。私が本書に提示する説では、人類の家族システムの差異化のほとんどは過去五〇〇〇年の間に発生した。ここでは、その歴史の大筋を述べるにとどめるので、詳細や裏づけについては、私が先頃上梓した『家族システムの起源I　ユーラシア』〔石崎晴己監訳、藤原書店、二〇一六年、上下巻〕を参照していただきたい。この著作では、ユーラシア大陸の二一五の人間集団の家族構造を体系的に分析し、地図で示した。全巻を念頭に置いた序章は、アメリカ大陸とアフリカ大陸の諸グループのことも統合した論述になっているが、これは人類全般を語るために不可欠なことだったからだ。『家族システムの起源』（以下、ＯＳＦ）〔ＯＳＦは原題 *L'Origine des systèmes familiaux* の略号〕は、家族の多様化についての本書の記述が依拠する主要データをまとめたデータバンクに相当する。

とはいえ、本書第2章には、アフリカ、アメリカ大陸、オセアニアを研究対象とする『家族システムの起源Ⅱ』〔未刊〕から引き出したいくつかの事実も追加するつもりである。ただし、その際の対象は、農業によって稠密化を果たしていた結果、ヨーロッパ人による植民地化を超えて生き延びた人間集団に限定する。地域的には、中米およびアンデス山地、ニューギニア、そして特にアフリカとなる。そうした集団に属する人びとは今日数百万人に及び、経済的グローバリゼーションに牽引されている。してみれば、彼らを視野の外に置くことはいかようにも正当化され得ない。その上、米国、イギリス、フランスにはアフリカ系の住民が多く、米国にはメキシコ系住民も多い。彼らは、彼ら以外の人びと同様、最も先進的な近代性に引き寄せられている。そうだとすれば、彼らの元々の家族システムを認識することに意味がないわけがない。

ユーラシアにおける核家族から共同体家族への変容

家族システムの歴史の再構成を、われわれは、都市化前夜における家族のさまざまなタイプの地理的位置づけから始める。そして、言語学や、第二次世界大戦前の人類学にとってはかなり月並みなものである解釈理論、すなわち、「周縁地域の保守性原則」（以下、ＰＣＺＰ）〔ＰＣＺＰは原語、le principe du conservatisme des zones périphériques の略号〕を用いる。この強力な説明仮説は、歴史を空間の中に読むことを可能にしてくれる。〔言語上、建築様式上の、料理の、あるいは家族の〕最も旧い形が文化空間の周縁部に生き残る、という原則だからである。ある種の型が先行的な形態であることが地理的に確定したならば、次には、残存している記録資料を用いて変形の過程がどのようであったのかを緻密に解明し、時期を推定していけばよい。

ＰＣＺＰは、一九四七年のクロード・レヴィ＝ストロース（一九〇八〜二〇〇九）と一九四九年のジョ

地図 1-1　周縁地域の保守性

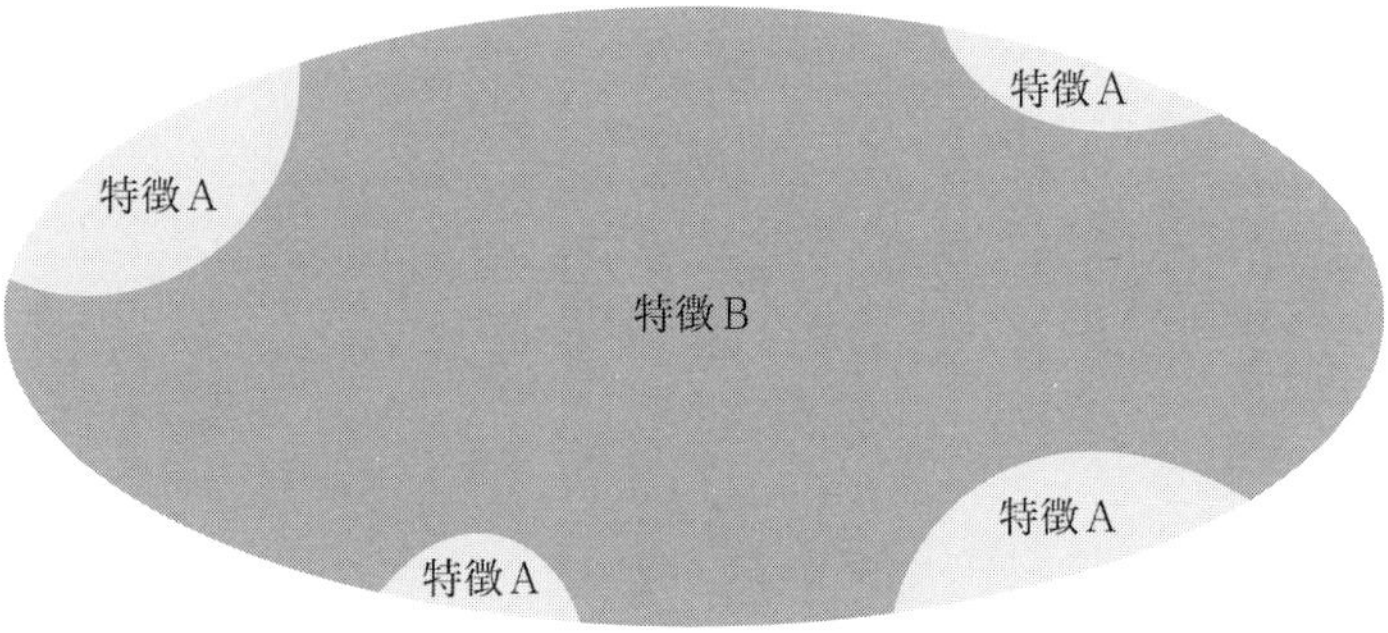

出典：Emmanuel Todd, *L'Origine des systèmes familiaux*, Paris, Gallimard, 2011, p. 24〔エマニュエル・トッド『家族システムの起源Ⅰ』石崎晴己監訳、藤原書店、2016 年、30 頁〕.

ージ・ピーター・マードック（一八九七〜一九八五）の時をほぼ同じくしたイニシアティブで擡頭した構造主義の隆盛によって、一時的に隠されてしまった[7]。この忘却が根本的原因となって、人類学は総合的な説明命題に到達できないのだった。しかしながら、戦前の人類学の成果に立ち帰ってPCZPを拾い上げ、それを地図学と共に駆使して分析を進めることを禁じるものなどありはしない。なお、その際、一九六〇年〜二〇一〇年の数々の個別研究によって格段に豊かになったデータのコーパスを基礎として活かすべきであることはいうまでもない。

　もしAが、中央の空間を切れ目なしにカバーする特徴Bの拡がりの周縁部にいくつも存在する孤立地域を画する特徴であるならば、Aは旧式の特徴で、かつては考察対象空間の全域を占めていたと想定することができる。その場合、Bは中央部で起こった革新で、それが周縁部へ向かって拡がったが、全域を制圧するには到っていないと考えられる。Aの残存する孤立地域が多ければ多いほど、この解釈の確かさは増す。これを踏まえて考えてみると、家族システムの地球地図はいかにも雄弁で、異論の余地を残さない。ユーラシアの周縁部には、たくさんの核家族システムが、母方の親族と父方の親族を同等に扱う未分化（あるいは双系、あるいは同族の〔cognatique〕）の親族構造に組みこまれるかたちで存在している。未分化の親族システムは、身分と財の伝達のために男系を選択する父系システムにも、女系を特権化する母系システムにも対立する。

地図１−２〔上巻口絵一頁〕を見てみよう。ユーラシア大陸を時計の針の方向へぐるりと巡ってみていただきたい。以下の地域に、未分化の親族構造に組みこまれた核家族が見出される。南イタリア、スペインの中央部と南部、ポルトガル、北フランス、イギリス、オランダの沿岸部、アイスランド、デンマーク、ノルウェーの南部、スウェーデンの北部、スカンジナビア半島とロシアのラップ人社会、シベリア北東部のチュクチ人やユカギール語族やエスキモーの社会、日本北辺のアイヌ人社会、さらにフィリピン、インドネシア、カンボジア、タイ、ビルマ、アンダマン諸島〔インド東部のベンガル湾に浮かぶ島々〕やスリランカの先住民社会、インド南西部のケーララ州に暮らすキリスト教徒の社会。これはまさに、前述の理論図式の、保守的で旧式な特徴Aが人類学的構造のリアリティの中に体現された姿である。革新性の特徴Bに相当する父系制については、次に列挙する地域の共同体家族を確認しておこう。イタリア中央部、セルビア、ロシア、中国、ベトナム、北インド、パキスタン、イラン、トルコ東部、アラブ圏。中央アジア草原地帯の遊牧民――モンゴル人、カザフ人、トルクメン人――の家族型は、柔軟な父系制による組織化を特徴とし、移動キャンプの中で核家族同士を父方の縁続きという形で結びつける（一時的父方同居を伴う核家族）。父系制共同体家族と父方同居を伴う核家族という二つの家族型が一体となり、ユーラシア大陸の中央部を、そして実のところ、この大陸の最大部分を切れ目なしにカバーする、一つの見事な巨大ブロックを成している。

この地図上で、直系家族の中間的ポジションを観察しよう。直系家族はドイツ、スウェーデン、日本、韓国で画然としており、南フランスのオック地方とスペイン半島北部では平等主義的核家族と混ざり合い、ノルウェー西部とスコットランドでは絶対核家族と混ざり合っている。チベットの直系家族はというと、標高による境界の上に存立している。

父系制ブロックの周縁に位置するケーララ州（インド南西部）や、中国南部のいくつかの孤立地域に、母系制のいくつかの形態が見出される。東南アジアでは、若いカップルの核家族が母方居住で、母方の家族と近い関係にある。この現象はビルマ、カンボジア、マレーシアで頻繁に見られ、タイ、スマトラ、ジャワではさらに一層明確だ。しかしながら人類学者の間では、東南アジアの親族システムは、スマトラ島のミナンカバウ人の母系制だけを例外として、大半のケースにおいて「未分化」と記述される。宗教はここでは家族網のあり方から明瞭に切り離されている。なにしろ、これらの国々は仏教であったり、イスラム教であったりするのである。

私はOSFの中で、東南アジアの母方居住を、インドから、中国から、そしてアラブ圏から押し寄せてアジアを変化させた父系制の波に対する反動の効果として解釈した。フランスの社会学者ガブリエル・ド・タルド（一八四三〜一九〇四）の言葉を借りるならば、この反動は「反・模倣」であり、民族精神医学者ジョルジュ・ドゥヴルー（一九〇八〜一九八五）〔ハンガリー出身、フランスと米国の二重国籍〕の用語のほうを好むなら、「異文化への統合失調症的拒否適応」を語ることになるだろう。父系制という革新とは、いいかえれば系族の確定における男性優位の原則の導入であるが、それが拒否される。女性の役割を改めて肯定することで、もともとの未分化のシステムは特段それを要求していなかったのだけれども、女性をアイデンティティと財の継承装置の中でカギの要素とし、その結果、母系制という反・革新に到ると考えられる。母系制方式は、父系制原則と同じように確実に親族システムの未分化を廃止するのだが、しかし、女性が兄弟の権威と夫の権威の間で絶え間なく揺れ動くパラドクシカルな人類学的構築物へと通じていく。

母系制の家族型は、直系家族と同様にしばしば、父系制原則の地理的伝搬の最前線に見出される。だからこそ、両者は地図の上でしばしば隣り合い、ときに一体化さえしている。長子相続は、インド北東部、アッサム地方の高地に住むガロ族に見られるように、母系的であることさえ可能だ。その場合は長女が跡取りとなる。カシ族〔インド北東部のメーガーラヤ州に居住する民族〕は皆近い場所に居住するが、最年少の娘が相続人に指名される（末子相続制）。母系制家族システムのメカニズムにおいては、たいてい最年長者が特別な役割を演じる。

ここでは地理がわれわれに歴史のカギを与えてくれる。空間の中に直接、年月の働きを読み取ることができるのだ。父系的変容の運動が周辺の家族の形を変え、未到の周縁部へ向かって波状的に進んでいく。父系的変容の運動は、完遂されると、その地域に人類学的家族型として最も重いタイプの、父親と既婚の息子たちを結合させる共同体家族を発生させる。その運動が端緒についただけの地域では、男子長子相続制と直系家族しか生み出さない。

そうは言うものの、ユーラシアの空間の中で父系制のさまざまな家族システムを注意深く検討すると、すでに述べたとおり、中東、中国、北インド、ロシア、セルビア、あるいはイタリア中央部といった、共同体家族が完全に定着したいくつかの極の間に、たしかに父系制ではあるけれども、複数の核家族を結びつけるだけに甘んじていて、共同体的な大家族の発生は確認できない、そういった親族システムの占める広大な空間の存在がはっきりと見えてくる。まず、モンゴルからウクライナまでの草原地帯が、複数の核家族が父系的絆で結びつけられている地域として、他のどこよりも遥かに大きな地理的ブロックを成している。けれども、アルバニアや北イタリア（ヴェネト州を除く）もまた、「父方居住を伴う核家族」のカテゴリーに属している。人類の家族システムに関して完全な伝搬モデルを目指す以上は、ユーラシアにおける父系制が同質的でないことも説明しなければならない。それには、資料に立ち帰ってみる必要がある。

今日まで失われずに残った資料により、農業が発生し、発展した多様な地域に父系制革新の極が一つならず存在したことが分かっている。どの極においても、男子長子相続が変容の第一段階である。それが紀元前三〇〇〇年紀にシュメールで、紀元前二〇〇〇年紀から同一〇〇〇年紀にさしかかる頃に中国で発生した。この二つのケースにおいて、革新は内発的であったようだ。それに対し、インド北部やヨーロッパでより遅い時期に現れた長子相続には、メソポタミアの影響が感じられる。長子の相続分を二倍にするというまさにシュメール的な原則が、インドのマヌ法典にも、旧約聖書にも見出せるのだ。ちなみにマヌ法典と旧約聖書を読むと、まさにかつてこの二つのテクストが読まれた地点に身を置くようにして長子相続制を考えてみることができる(8)。

男子長子相続は不動産を、それが微少であると巨大であるとにかかわらず、分割せずに譲り渡すことを可能にする。地域全体を支配する政治的システムを備えた十全な農村社会の出現が、農民の間であれ、貴族階級においてであれ、長子相続が発生するための基礎的条件だ。征服する土地がある限り、貴族でも庶民でも、子供たちは成人に達するにしたがって他の場所へ移り住むから、長子の特権は無用のものでしかない。土地が稀少化するときに、その特権が特権となる。その後、直系家族が長子相続のひとつの論理的帰結として発展する。農民階層では、跡継ぎを一人に絞るという選択に引っ張られて少しずつ、硬直化傾向をもつメカニズムにしたがい、大人の二世代同居が始まる。ここに、家族の特徴とシステムが時とともに強まっていく現象の最初の表れが確認できる。

歴史的・人類学的データは、直系家族が七五％の確率で長男を跡継ぎに指定したがることを明らかにしている。しかし、もしユーラシアで観察される直系家族を数えるだけに満足せず、家族システムごとの人口の多寡を計算に入れて数値を加重すると、男子長子相続が「直系」型で暮らす人類の九五％の原則になっていることが判明する。したがって、このタイプの家族は紛れもなく父系制の擡頭を表している。ただ、父系制はこの段階ではまだ不完全だ。もし家族に息子がいなければ、娘の一人が家族の財を継承していくための媒介者となる。この現象は中東、古代インド、日本、一四世紀から一九世紀までのヨーロッパに観察できる。その上、男子長子相続はア・プリオリに、次男以下の息子たちを「跡取りでない者」という、娘たちと同じカテゴリーに入れてしまう。これらの理由により、直系家族が体現するのは父系制擡頭の第一段階でしかない。直系の家族的・家庭的ユニットを包含する親族システムを、人類学者はたいてい「双系」または「未分化」のカテゴリーに分類する(9)。

男子の長子相続によって確定される垂直軸の周りで、父方の親族と母方の親族が同等の重要性を保全している。それでも、直系家族の持つ不完全な父系制原則の伝搬は、段階的に、その体系化と強化へとつながっていく。

シュメールと古代中国の北方で、父系制は隣接地帯の遊牧民に伝搬した。この牧畜者たちの親族システムは未分化であったが、定住民の文明の技術的・社会的革新を眼前にしては、彼らはそれを讃嘆し、羨望し、模倣するほかなかった。ただし、遊牧方式で牧畜をおこなう彼らにとって、農場や封地といった不動産の譲渡を第一の機能とする長子相続は、それ自体としては用のない制度だった。それでも彼らは、男性優位の原則の革新的な適用方法を見つけた。その原則を用いて、グループの生活における息子たちのポジションに対称性を与えたのだ。息子たちの世帯は、核家族にとどまりつつも、その後は父系制原則によって互いに結びつけられることになった。中東では氏族の系譜重視が、シリア砂漠のアモリ人〔アムル人ともいう。セム族の遊牧民で、特に紀元前二〇〇〇年紀前半に中東で栄えた〕に、次にアラム人〔セム族の遊牧民。主に紀元前一〇〇〇年紀に中東で栄えた〕に、そしてアラブ人に社会的・軍事的構造をもたらした。その結果、歴史上の異なる時代に、これらの民族はメソポタミアと北アフリカを征服するだけの力を持ったのだった。中央アジアでは、父系制氏族の成立が、トルコ・モンゴル草原のフン族、およびその後継のすべての民族に、中国、北インド、東ヨーロッパの隣接地域に暮らす定住民に対する軍事的優位を保証するだけの組織を与えた。

父系制原則は、すべての戦士たちをまとめる一つの秩序を、全員を網羅する序列を確定する。氏族は民間の軍隊である。否、そのような定義ではまだ不充分だ。さらに、戦争のための民間組織だといわなければならない。征服に乗り出すのがその運命なのだから。捕食性がその使命であることは、一九六一年にマーシャル・サーリンズ〔米国の文化人類学者。一九三〇〜二〇二一〕によって理論化された。しかし、それに先立つ一九五四年、フランク・ロリマー〔米国の人口学者・社会学者、一八九四〜一九八五〕は、アフリカに関するデータに基づき、単系制システム（つまり、父系または母系制）の傾向として、出生率の向上を促し、集団を人口学的膨張へ導くこと、そしてその人口学的膨張が今度は食料資源の支配へと当該集団を導くことを指摘していた[10]。もっとも、父系制の氏族による捕食と征服の世界を記述するのなら、かのローマのことを忘れるのは公平を欠くというものだろう。

対称化された父系制の組織編成によって軍事的に無敵の集団となった砂漠や草原の遊牧民たちは、彼らを教育したメソポタミアや中国の定住民たちを隷従させることができた。そのとき、こう言ってよければ、彼らは、彼らが負っていた父系制という負債の返済をすることとなる。奇しくも、政治的な支配を通して定住民たちの直系家族を共同体家族に変えるというかたちで、である（OSF, p. 146–154, p. 555–558『家族システムの起源Ⅰ』二〇〇～二一〇頁、七四五頁～七四九頁〕）。共同体家族は、直系家族の権威主義に、遊牧民氏族における兄弟の対称性を付け加える。このシークエンスは北インドで繰り返される（OSF, p. 227–232〔『家族システムの起源Ⅰ』二九七～三〇二頁〕）が、そこでは直系家族という革新自体も、他からの影響に依存しないものではなかった。また、もしかしたら、ロシアの北西部でも、時代的にはずっと遅れてだが、同じ展開が繰り返されたのかもしれない。なぜなら、その地域には、一三世紀以降、ドイツの直系家族の影響とモンゴルの父系制氏族の影響が重なり合っていたからである。

いまや農場の中で結びつけられた息子たちの対称性が、父系制原則を絶対的なものにする。男子の跡継ぎがいなければ、家族は生き延びられない。女性のステータスはさらに一段低下する。かくして確定するのが、父系制レベル2である。しかし、システムの特徴は時の経過につれて自動的に強化されていくため、進化は続く。中東で、また北インドで、女性の状況が驚くべき抑圧ともいえるレベルまで低下し、徐々に父系制レベル3が達成される。

ユーラシア大陸上の父系制と共同体家族の地図がこうして出来上がった。一九世紀と二〇世紀の社会学者と人類学者が、これを民族ごとに、地域ごとに丹念に書き記している。中国、インド、アラブ圏、ロシアの農民集団の人口学的な重みが圧倒的なので、ユーラシア大陸の草原地帯や中東に暮らす遊牧民の父系制的核家族システムの重要性は、相対的に注目されにくくなった。とはいえ、まずソ連軍が、次にアメリカ軍が、アフガニスタンに住むパシュトゥーン人たちの父系制氏族が戦争に対して有する適性をテストしてみた結果がいかなるものであったかは、今なお人びとの記憶に新しい。氏族というものが有する捕食者としての効率性は、西洋諸国がなぜソマリアをコントロールできないかを説明してくれるし、また部分的には、イラクとシリアの間でダーイシュ（IS）が急激に勢力を拡大したことの説明要因でもあろう。

ヨーロッパ、日本、朝鮮における直系家族の発生は遅かった

ユーラシア大陸の中央を占める共同体家族の巨大ブロックの両端を見ると、一方には西ヨーロッパの直系家族地域が、他方には日本と朝鮮半島のそれが存在し、きれいに対称を成している。アントワネット・フォーヴ＝シャムー〔フランスの歴史学者、一九四五年生まれ〕と落合恵美子の共同編集で出版された『ユーラシア全体の中の直系家族』[11]が示してくれているとおりだ。西方でも、東方でも、男子長子相続制は中世に現れた。

ヨーロッパでは、フランス系ノルマン人貴族が革新的で、一一世紀に長子相続制を採用した（OSF, p. 439–440〔『家族システムの起源Ｉ』五九七〜五九八頁〕）。直系型はたしかに一三世紀以降、農民層にも影響を与えたが、その層に深く定着した地域は限られていた。すなわち、ゲルマン圏、フランス南部のオック語地域、カタロニア、バスク地方、スウェーデン、ノルウェー西部である。本書の中でもやがて確認するように、脱工業化時代の今日も、これらの地域では「直系文化」が相変わらず活性化状態にある。広大なパリ盆地では、人びとが長子相続に抵抗した。アンチ長子相続制というかたちで自己定義したといっても過言ではない。平民の平等主義が貴族階級の長子相続制に対立したのであった（OSF, p. 439–440〔『家族システムの起源Ｉ』六一一六頁〕）。ドイツでは、奇妙ではあるが論理的なことに、正反対のことが起こった。農民層の実践する長子相続がついには隷属の概念に同一化した結果、貴族階級はその自由を主張するために、一四世紀以降、平等と財の分与という原則へ回帰し、それが貴族アイデンティティのしるしになった

のである。ダヴィッド・ル・ブリ〔フランスの経済史研究者、トゥールーズ・ビジネススクール教授〕は、エリート層における類似の平等主義現象を中世のトゥールーズ地域に観察した。[12] 私は本書第９章で、フランス系ノルマン人の長子相続制がイギリスの家族システムに与えた衝撃を検討する。

日本で支配階層が男子長子相続を実践し始めたのは、鎌倉時代の一三世紀のことである（OSF, p. 179–180『家族システムの起源Ⅰ』二四〇～二四二頁）。その後一九世紀まで継続的に、長子相続権が農民層に浸透していった。朝鮮半島における家族の直系型への変容はさらに遅かった。ようやくその端緒の見られたのが一五世紀中葉であったのだから（OSF, p. 192『家族システムの起源Ⅰ』二五六頁）。

文化的分岐の現象に注意を払って人類の未来を展望しようとするこの本の枠組みにおいて、男子長子相続の発生がヨーロッパでも、アジアの東側の周縁部でも遅かったという事実を把握しておくことは非常に重要だ。さらにいっそう重要なのは、直系家族システムの浸透がどれほど漸進的で緩慢であったかを理解しておくことである。われわれはそのプロセスの明確なビジョンを、日本に関しては速水融に、アルプス山脈地帯に関してはディオニジ・アルベラ〔フランス国立学術研究センターに所属する人類学者〕に負っている。日本では、長子相続制は数世紀かかってようやく国の津々浦々に普及したのであり、完成したといえるのは、一九世紀末、明治維新後の決定でそれが国の民法典に明記され、ほかでもない皇室に適用されることになったときであった。[13] 一方、ディオニジ・アルベラは、フランスのアルプス山地で一九世紀まで続いた直系家族のきわめて緩慢な浸透過程を突き止めた。[14] アイルランドでも、直系家族システムが導入されたのはさほど古い時代のことではない。なにしろ財の不分割は、かつて長い間イングランド人によって禁じられていたのであり、それがアイルランド島で行われるようになったのは、一八四四年から一八四七年にかけての大飢饉を経たのちだったのである（OSF, p. 396–397, p. 453『家族システムの起源Ⅰ』五三九

～五四〇頁、六一四頁〕)。家族システムの人類学がもたらしてくれる重要な教えの一つは、西洋と日本の歴史がごく短い歴史だということだ。

第2章　家族システムの差異化——先住民たちのアメリカとアフリカ

家族システムがもともとは差異化されていなかったという仮説は、ユーラシアの外にも適用できる。ユーラシア以外に関して、ここでは、アメリカ大陸、ニューギニア、アフリカでヨーロッパ人による征服を被ったあとも生き残り、今日では経済的グローバリゼーションの一角を占めている諸集団のことを検証するにとどめる。

先住民たちのアメリカ

アメリカ大陸では、人口学的・人類学的集団として紀元後一五世紀に定住型農業を営んでいた民族だけが、ヨーロッパ人による植民地化の衝撃に抵抗した。たしかに当時、採集、狩猟、漁撈、さらに焼き畑農法による移動農耕も含めて、定住型農業以外の手段で生きていた人びと——彼らは主に北米、アマゾン川流域一帯、大陸の南部沿岸地域で暮らしていた——の人類学的システムの分析もまた、家族型の差異化プロセスの全体的理解のために必要ではある。私はそれを『家族システムの起源Ⅱ』〔未刊〕でおこなうつもりだ。しかしその分析は、ここではあまり有用でない。本書の目的が、今日の世界の根底で働いている社会的ダイナミズムを特定することにあるからだ。狩猟採集民と移動農耕民は、ヨーロッパ人による征服で周縁へ追い払われたり、打ち砕かれたりした。それに対し、メキシコのナホワ語を話していた諸集団や、ペルー、エクアドル、ボリビアでアイマラ語、ケチュア語を話していた集団のことは、おおまかな調べで判明することに限っても、本書のテーマに直結している。それらの言語はかつてアステカ帝国やインカ帝国の言語であったのだし、今日でもなお多くの農民によって使用され、依然としてそれぞれの国の人口学的基盤を構成している。カスティーリャ語〔スペイン本国の標準語〕が優位となった地域でも、旧い家族システムが生き延びたり、新たな環境に適応したりした。

メキシコの中央高地とアンデス山脈の高地に注目すれば、内発的な農業の発達と父系制への変容の組み合わせが事実であったことが確認できる。これらの地域に暮らしていて、民族誌作成の対象となった集団には、強度の父方居住が看て取れる。若いカップルで一時的に親と同居するカップルの八〇%以上が夫の方の親と同居する。(1)一時的同居後の世代の分離もごく相対的なものでしかない。若いカップルが自律的な世帯として居を構えるのも、親の住まいから遠くない場所だからである。末の息子がとどまって、年老いた両親の世話をする。かくしてわれわれは、アメリカ大陸の農業発祥の地域に、古代のメソポタミアや中国、インドで見たのと同じ組み合わせ、すなわち父系制と国家的構造物の組み合わせを再び見出すのである。三つの変数——農業、父系制、国家——の組み合わせは偶発的なものではない。その証拠に、これらの中心地の周りを見ると、ヨーロッパ人による征服の後も生き残ったインディオの諸集団が、メキシコの周縁部、コロンビア、あるいはベネズエラにおいて、厳格度が低くあやふやで、ときに双処居住で、しばしば母方居住のほうが優勢な居住規則を実践していることが観察できる。

とはいえ、ユーラシアと異なる点が二つあるので、留意する必要がある。すなわち、父系制が出現したこれらの地域における男子長子相続制の不在と、充分に発達した共同体家族の不在だ。長男による相続を定めるどんなルールも、アステカ帝国やインカ帝国には存在していなかった。アメリカ大陸のインディオ人口全体を見渡しても、しっかり明確化された男子長子相続制が確認されるのは、北米の北西海岸地域で主にサケ漁を営んでいたいくつかの集団においてだけだ。それらの集団は農業を知らなかったが、定住していて、高度に組織化されていた。総称でクワキウトル族と呼ばれる諸民族がその典型である。

農耕集団に関して、その中に長子相続制を見出せないという事実には、二通りの説明があり得る。当該諸地域にそれが存在したことがないから、というのが一つの説明で、もう一つは、当該諸地域ではそれは消滅してしまったからだという説明だ。

　ヨーロッパ人による征服の時期とその後の時期に長子の特権が観察できないからといって、より遠い過去にアンデス山地やメキシコの高地にその特権が存在していなかったとは言いきれない。考えてみれば、メソポタミア、中国、北インドで、二〇世紀に人類学者たちに観察された家族は共同体家族であったが、その家族形態は、現在から見てより遠い過去に支配的だった直系家族が消えた跡を覆い隠した。そうして覆い隠されても、ユーラシアのそれらの地域の場合には例外なく、古い法典の中に旧い長子相続制の痕跡が残っている。それにユーラシアでは、文字の発明が常に直系家族の出現と結びついている。この点、マヤ文明やアステカ帝国の文字資料の精確な検討が必要だ。しかし、今われわれの手の届く所に、別の種類の痕跡があるといえるのかもしれない。ダヴィッド・ロビショー〔社会人類学者、メキシコのイベロアメリカーナ大学教授〕が指摘したように、一番あとに生まれた子供による相続、末子相続制がメキシコの高地でかなり高いレベルの定式化に到っているのだ。ダヴィッド・ロビショーは、「中米の直系家族」（meso-american stem family）という言い方さえしている。[2] 翻って私は、ＯＳＦ（p. 140–142〔『家族システムの起源Ｉ』一九三頁〜一九五頁〕）で、中央アジア草原地帯の遊牧民の末子相続制は中国の長子相続制の後を受けたもので、長子相続制の痕跡が反転した形で残ったものだとの結論に達したのだった。してみると、かつて存在した直系家族が消えたのだという仮説は、中米の場合にも排除できない。そして、アンデス山地のケースもかなりそれに似ていることがあり得る。ジャン＝ルイ・クリスティナ〔スイスの民族学者、一九三三〜二〇〇二〕は、ペルーのアイマラ族の共同体にしっかり定式化された末子相続のメカニズムを見出し、報告している。ただし、そのメカニズムには、他の末子相続制と僅かながら異なる点がある。すなわち、最後に生まれた子供が女子の場合には、家の所有権と両親の面倒を見る役割がその末の娘に帰着するという点だ[3]。

アンデス山地やメキシコの高地でも、一六世紀から二〇世紀までを通して、充分に発達した共同体家族は見当たらない。この点に関し、実施された個別研究の全体を見渡すと、家族形態の分類の仕方にある種の混乱が見られるのは事実だ。しかし、父方居住の実態が、複数の核家族が集まって互いに近接しているという状態を超えるところまで行っている例は一つもない（OSF, p. 68–71〔『家族システムの起源Ｉ』九〇頁〜九四頁〕）。これはある意味で当然のことだ。ユーラシアやアフリカ大陸には、過去のある時期に定住民から父系制原則を学び取り、自分たちの間で対称化された氏族組織を発達させ、その後、定住民を征服した際に定住民の直系家族を共同体家族システムに変形させた遊牧民がいたが、コロンブスによる大陸発見以前のアメリカ大陸の歴史には、そんな役割を果たす遊牧民がいたためしはないのだから。

したがって、実際に観察され得た与件から、父方居住と父系制へ向かうプロセスの中に共同体家族を含まない、アメリカ・インディアン社会に独特の推移があったことが示唆される。その代わり、農業の発明はたしかに、父方居住と父系制が到来するための必要条件の一つであったようだ。

ここで、われわれはまだ仮説の段階にしかいない。中米と南米における父系制への進化が非常に古い時代のものだと断定するに足る根拠はいっさい存在しない。それはスペインによる征服より後の現象であったと考えてみることもできる。一六世紀にナホワ族の住民に関して実施された地域調査の結果を見ると、複合的な家族集住の中に義兄弟や婿たちが大勢いたことが分かる。これは親族システムに、父方だけが重視されて母方が軽視ないし無視されるといった偏りのない双系性が根強く残っていたことを証す決定的な指標である[4]。

反面、確かなことは、メキシコ中央高地とアンデス山地の父方居住地域が出現したのは、未分化の核家族型が支配的であるような家族システムの集合体との差異化を通してだったということだ。したがって、逆にいうとその核家族型は、アメリカ先住民における農業発展のいくつかの中心地との関係では周縁的な地域のものだということになる。『家族システムの起源I』の序論で私は、周縁的な核家族性および未分化性の例として、北極海へと拡がるカナダ楯状地に居住して総称でディネと呼ばれる諸民族、カナディアン・ロッキー内陸部盆地のショショーニ族、南米アマゾン川流域のナンビクワラ族、パタゴニア南部のヤーガン人を挙げた（OSF, p. 19〔『家族システムの起源I』二五頁〕）。父方居住の中心地に隣接する周辺地域、とりわけアマゾン川流域や現在の米国の南部では、ちょうど現代の都市をぐるりと取り巻く第一次近郊に固有の現象が見られるのに似て、一時的母方同居を伴うたくさんの家族システムが見られた。研究の現状では、第二義的な問題が数多く未解明のまま残っている。たとえば、アメリカ大陸北西部の諸民族——居住地がクワキウトル族のそれと隣り合っていたハイダ族など——における自律的な母系制の出現も解明の俟たれる課題で、そこにおいては改めて母系制と長子相続制の近しさが観察されるのである。ともあれ、明白なことは、アメリカ先住の諸民族を対象とする調査を徹底的に実施していくなら、それによって、未分化の親族網に包み込まれた核家族こそ人類の原初的な家族システムだという仮説が特別な困難なしに確認されるだろうということだ。ちなみに、この明白さは、ロバート・ローウィやジョージ・マードックのような米国の人類学者がなぜあのように易々と、人類の経験において原初的なのは核家族だと気づくことができたのかをも説明する(5)。

ニューギニア

ニューギニアのパプア人の場合もまた、集団としての人口を保ち、生き延びることができたのは農業

――このケースに限っては野菜栽培――のお蔭であった。世界で三番目に大きいこの島の人口は約一〇〇〇万人で、そのうちの四分の三がパプア人である（二〇一五年の数値）。農業発祥の中心地の一つであったこの島は、父系制へと向かう革新の場でもあったが、本書ではその事実を書き留める以上のことはできない。この島では息子たちの間での相続の平等性が支配的であるけれども、過去に長子相続制が存在したことの非常に明確な痕跡が見出されている[6]。

サハラ以南のアフリカ――方法とイデオロギーの問題

まずもって、ここから先に記すアフリカの家族システムの歴史がまだまだ萌芽的な研究の知見であることを認めなくてはならない。これはいわば、私からのお詫びである。ここからの記述は、完遂された研究というよりも研究計画に似ている。それでもこの記述は、本書が企てている人類史の素描に不可欠だ。

なぜ不可欠かというと、いうまでもないことだが、アフリカはそれ自体として存在しており、世界全体の中でその人口の比重が増しつつある発展途上の大陸であるからだ。さらに、そして特に、本書が近現代史における英米圏の先導的役割を認める内容を持っているだけに、その文脈において、アフリカの元々の社会について正確なビジョンを得ておくことが格別必要なのである。三〇〇〇年紀初頭の今日でも、米国は依然として、「黒人」だけを人類の中で別扱いのカテゴリーとする、あの国元来の人種主義的組織編成から脱却できずにいるように見える。だからこそ、ユーラシアと先住民のアメリカ大陸について確定できた家族発展の法則がアフリカ大陸にも当て嵌まることの確認がきわめて重要なのだ。それを真実と確認することで、われわれは一気に、見せかけだけの手がかりとその囮《おとり》から、すなわち、米国の現況を黒人に固有な何らかの要因の結果のように語る説から解放される。アメリカは自前で「アフリカ系アメリカ人」を製造しているのである。

米国の人種主義的な考え方が内発的性格のものであることが理解できても、だからといってわれわれは、米国だけを特定して断罪する方向へ導かれてはなるまい。本書の人類史素描は、ホモ・アメリカヌスを、その習俗から見てホモ・サピエンスの原初の型にすこぶる近い存在として提示する。「黒人」に関するホモ・アメリカヌスの固定観念が明らかにするのは、もっぱら、どんな人間グループも自分たちを定義するときには、他の人間グループと対立するかたちでそれをする傾向にあるということだ。人種による、民族(エトニー)による、国民(ネイション)による組織編成という問題の解決に努めなければならないのは、アメリカというよりも、人類全体なのである。次章で原初のホモ・サピエンスの人類学的システムの再構成を試みる際、私は改めてこの点に言及するだろう。

マードックの民族学地図

アフリカにおける家族型の地理を知ると、核家族が先行していたという仮説を広範囲にわたって確認できる。(7)その上、アフリカ大陸はそれ自体、科学技術や経済の発展と家族形態の進化が別々のものであって、両者の間にはどんな歴史的連動関係もないということの申し分のない実例でもある。

サハラ以南のアフリカは、普遍的識字化の段階に達するのが世界中でいちばん最後となる地域である。また、人口学的移行期にも、近年辛うじて入り始めているといえる程度にすぎない。というのも、二〇〇五年から二〇一〇年にかけて、女性一人の産む子供が世界平均では二・六人であるのに対し、サハラ以南のアフリカでは五・四人だったのだ。(8)しかし、この地域の家族システムは、原初的な核家族型からどれほど遠ざかったかという観点から見れば、世界で最も進化した型の内に数えることができる。ヨーロッパ人による征服の前夜、アフリカ大陸にいた諸民族は一般に文字を用いていなかったが、それでいて、きわめて複合的な家族システムによって組織編成されていた。

まずは、最も単純な形態、そして最も決定的な形態に注目しよう。アフリカの諸民族のうちでも最も「未開」だと見なされている民族、すなわち、赤道付近の熱帯雨林で暮らすピグミー諸民族と、南アフリカに住むブッシュマン〔サン人と呼ばれることが多くなってきている〕のクン族の核家族性である。[9] なかでもクン族は、民族誌がしっかり作成されている民族で、ピーター・グラックマン〔ニュージーランドの小児科学者、一九四九年生まれ〕とその共著者の『進化医学の諸原理』によって、人類の古い生物学的基盤に最も近い人間集団と見なされている。[10] その特徴は、核家族と女性のステータスの高さだ。ただし、クン族の女性たちはステータスにおいて男性たちに劣らないだけで、男性たちと同じような存在と見なされているわけではない。生殖、労働、そして社会活動一般における性別による分業は、人類の原初的な共通基盤の一部分を成している。

しかし、われわれはもっと前進することができる。マードックの『民族学地図』を参照すれば、アフリカの諸民族に関して家族的稠密性と長子相続の規則の分布図を作成することができるし、そのようにして大陸全体に関して家族類型の差異化モデルを粗く作成してみることもできる。[11] なお、アフリカでは一夫多妻制が重要で、これにより、通常の複合化と分岐のプロセスにさらに一つ別の次元が加わる。

しかしながら、文字資料が存在しないため、歴史展開のほとんどすべての要素について、確かな年代推定はア・プリオリに除外してかからなければならない。農業の出現、牧畜の出現、大陸南部へのバントゥー系〔バントゥー語群に属す諸言語を話す民族の総称〕の農耕民の移住などはいずれも、年代推定をめぐって専門家たちの見解が真っ向からぶつかり合う場となっている。私にしても、特別な解決策は持ち合わせていない。父系制への革新を、それが直系家族へ向かうものであれ、共同体家族を形成するものであれ、歴史的時間の中にどう精確に位置づけるのか、母系的反動はいつ起こったのか、父系原則が時の経過とともにどんなリズムで伝搬し、強化されたのか、一夫多妻の率はいつ、どのように推移したのかなど、大雑把に見当をつけるだけに甘んじざるを得ない点が多い。

マードックの『民族学地図』は、諸民族を、それぞれの家族が共同体家族（拡がりの大小によってタイプFとタイプE）か、直系家族（親のカップル一組と子供のカップル一組だけを結合するタイプG）か、あるいは独立家族（一夫多妻が頻繁ならタイプP、Q、R、S、限定的ならばタイプN、一夫一妻ならタイプM）かによって分類している。アフリカでは一夫多妻が支配的なので、われわれも、核家族という用語を用いるわけにいかない。なにしろ、既婚の兄弟の複合的な結合や、親のカップル一組と子供のカップル一組の同居がおこなわれていない場合でも、独立している既婚男性一名が数名の妻の間を行き来するし、ときには、その妻たちがそれぞれ別の住居に住んでいる、という具合だからである。独立家族の場合には、母＋子供たちのグループと、なんとかやりくりして家族グループの安定性を保つ役割の男性一名から成る、「核」ならぬ「半核」が存在することを忘れないようにしよう。

『民族学地図』はまた、遺産相続の規則によって民族を区別することも可能にしてくれる。コード化の中で、Ppが男子長子相続制を示すのだ。このデータについては、マードックが自ら、彼の一覧表の中で最も信頼度の低いものの一つだと述べているのだが、地図の作成が非常に意味深く、彼の慎重さを打ち消すに足りている。フィールドワークをおこなう人類学者たちによってばらばらに実施された個別研究の合成である以上、標本に数多くの判断ミスやコード化の誤りが含まれるのはやむを得ない。ある一つの民族のカテゴリー分類は、まず人類学者の、たいていは定量的でない一瞥に、次に予め用意された記述プログラムによる評価に依存していると考えてまず間違いない。とはいえ、アフリカの場合、個別研究の集積によってもたらされたデータが地図の上に投影されているのを見てみると、われわれが関心を持っている変数に関して、非常に明確な結果が得られる。サイズの異なる円形によって人口の規模が表されている（一〇〇万人以上、一〇万～一〇〇万人、一万～一〇万人、一万人未満）から、各家族型の地域分布に加えて、一九五〇年代以降の人口爆発の前夜におけるそれらの稠密性も捕捉している。

アフリカの家族システム地図のお蔭で、父系制へと向かう革新に二つの中心地があったこと、そしてその二つがそれぞれ、農業が出現した二つの主要地域に位置していたことが分かる。その二つの地域とはまさに、植民地化前夜に、人口密度が格別に高かった二地域である。当時のアフリカで人口の多かった三つ目の地域は、より北方のキリスト教エチオピアだが、そこはＯＳＦでもユーラシア圏の拡張部分として扱ったくらいなので、ここでは当面触れないことにする。ただ、それにしても、次のことだけは再確認しておこう。エチオピア高地に居住するアムハラ族が核家族システムで暮らしている事実からも、核家族という太古の形態が地理的周縁性によって保全されるという説の真実性が申し分なく確認できる。

西アフリカの共同体家族

西アフリカは農業が発祥した地域の一つだった。そこでの農業発祥は、早くも一九五八年にはジョージ・マードックによって特定され、確認された現象である。マードックは、農業を生み出した革新の舞台を、大西洋から一六〇〇キロメートル離れたニジェール川の水源の辺りとした[12]。この地に農業が起こったのが完全に内発的な動きだったかどうかは、なお議論されている[13]。けれども、われわれは、その変化に続く時期の西アフリカに、農業への革新＋父系制＋共同体家族という、すでにメソポタミアでも、中国でも、北インドでも観察された組み合わせを見出す。**地図2─1**〔上巻口絵二頁〕に『民族学地図』のデータが投影されている。これを見れば一目瞭然、共同体的な形態を持つ家族は西アフリカに集中しており、大陸のそれ以外の部分で明らかに支配的なのは、さまざまなタイプの独立家族である。西アフリカの共同体家族に関する最良の個別研究的記述は、おそらくは今なお、ガーナ北部とコートジボワールのタレンシ族を対象としたマイヤー・フォーテス（一九〇六～一九八三）〔南アフリカ出身のイギリスの人類学者〕のものであろう[14]。

西アフリカにおける共同体家族と父系制の中心地の周りに目を配ると、そこにはわれわれの見慣れた囲い地が散在して、家族構造の複合化における前段階の残存を表している。たとえば、ギニア湾の海岸地帯ではナイジェリアのヨルバ人やイボ人に、また高原地域ではカメルーンのバミレケ族〔カメルーン中部のバミレケ地方に住む約九〇の集団の総称〕に、長子相続の規則が見られる[15]。長子相続制が共同体家族構造に接ぎ木されていることもあるが、その場合は、兄弟全員を結合させるまでによく発達した父系システム──ヨルバ人とイボ人のケース──における長子権の残滓にすぎない。一方、バミレケ族は、直系の系譜が反復して線状に続いていくシステムを持っており、父親が跡継ぎを選択する。他の息子たちは外への移住へと追いやられる。いずれにせよ、周縁地域に残るこうした痕跡が示しているように、西アフリカでは、ホモ・サピエンスの原初的な核家族の時代のあとに直系システムの段階が続き、そののちに家族グループの共同体的対称化が起こったのである。

直系的段階から共同体的段階への家族の移行を説明するには、西アフリカの場合にも、メソポタミアや中国の場合のように、ひとつの決定的な役割が遊牧民に認められるべきであろう。改めて想像してみよう。まず、定住民の直系的な家族形態の特徴である父系制が、より北に位置するサハラ砂漠一帯の遊牧民に伝えられた。そののち、定住民地域への遊牧民の侵入をとおして、今度は逆方向の影響により、対称化された父系制が定住民の直系家族に貼り付けられた……。アフリカで遊牧が始まったのは、マードックによればせいぜい紀元後一〇〇〇年以降だから、このようなプロセスで移行が現実化したとすれば、それは相当遅い時期のことだったはずだ。(16) 将来、研究がおこなわれる際には、当該地域における国家構築の歴史との相互作用が検証されなければなるまい。しかし、ここでは、年代確定に関して疑問が湧いてきて、拭いがたい。というわけで、農業、牧畜、異民族侵入、諸国家の歴史、イスラム教の最終的闖入《ちんにゅう》などを年譜の中に編むという巨大な研究の必要が痛感される。

共同体家族は、父系制浮上の第二段階を体現する。それゆえ、西アフリカでは、共同体家族の震源に当たる地域から遠ざかり、海岸に近づくや否や、親族システムに未分化性にともなうさまざまなニュアンス、とりわけ女性のステータスが高いという要素が現れてくる。しかも、それがしばしば、従来ただ一つの民族誌学的単位を構成していると見なされてきた諸民族の中で観察される。この段階性のせいで、たとえばセネガルのウォロフ族やナイジェリアのヨルバ人の場合に、父系制か否かといった親族システムの性質に関する認識が不確かになったり、論争が発生したりする。(17)

また、沿岸地方に近づくと、父系制へと向かう革新に対するお馴染みの反動としての母系制も観察できる。ガーナとコートジボワールの南部に居住するアシャンティ族は、これまたマイヤー・フォーテスによる民族誌作成の対象となった民族だが、父系制共同体家族ブロックの周縁的現象に属する習俗を持っている。人類学の教科書では、アシャンティ族は、夫と兄弟の間で引き裂かれる女性たちの例を提供し、母系制に関する構造的研究の古典的なサンプルとなっている。(18)

東アフリカの高地に見られる不完全な直系家族

エチオピアの南に位置する東アフリカの高地は、農業が発展した二つ目の地域である。エジプトという中心地が近いため、この地域の農業を自律的と見なすことはア・プリオリに除外される。しかし、注目すべきことに、この一帯には長子相続制が濃厚に存在し、遺産を分割して息子たちに平等に分け与える規則との間で地域空間を二分するかたちになっている。その点から見ても、ここは明らかに父系制が出現したエリアであり、ここでもまた、長子相続がそのプロセスの中で核心的役割を担ったように思われる。主要な地理的中心がどこにあったかは見易い。東アフリカを南北に縦断する大地溝帯と、そこに散在するアフリカ大湖沼の辺りだ。マードックの『民族学地図』のデータによれば、東アフリカの高地における長子相続は、稀な例外を除いて、独立家族の構造と組み合わされている。男とその妻たちは上の世代と同居しない。したがってデータからは、まだ明確な形を成していない、現れてくる途中の直系家族しか見えてこない。もっとも、住居が小屋程度の簡易なもので、その集結度も所によりさまざまであるような地域では、同居の概念自体が曖昧かもしれない。判断を下すには、個別のフィールドワークによる事実の直接的検証を俟たなければならない。とりあえず現時点で注目しておくべきは、ルワンダとブルンジのフツ族およびツチ族に見られる権威主義と不平等主義の力強さが想定させるのはよく発達した直系家族だということだろう。

大地溝帯と大湖沼のアフリカに見られる長子相続制は内発的だといえるだろうか。農業知識の大部分と違って、それが北から伝搬して来たのでないことは分かっている。なにしろ、エチオピアが長子相続制を知らなかったのだから。その代わり、カメルーンから来たバントゥー語を話す一群の民族がそれを東アフリカのこの地域に導入した可能性は否定できない。彼らは、鉄の冶金技術を持っていたがゆえに征服的だ

地図 2-2　アフリカにおける男子長子相続による土地相続

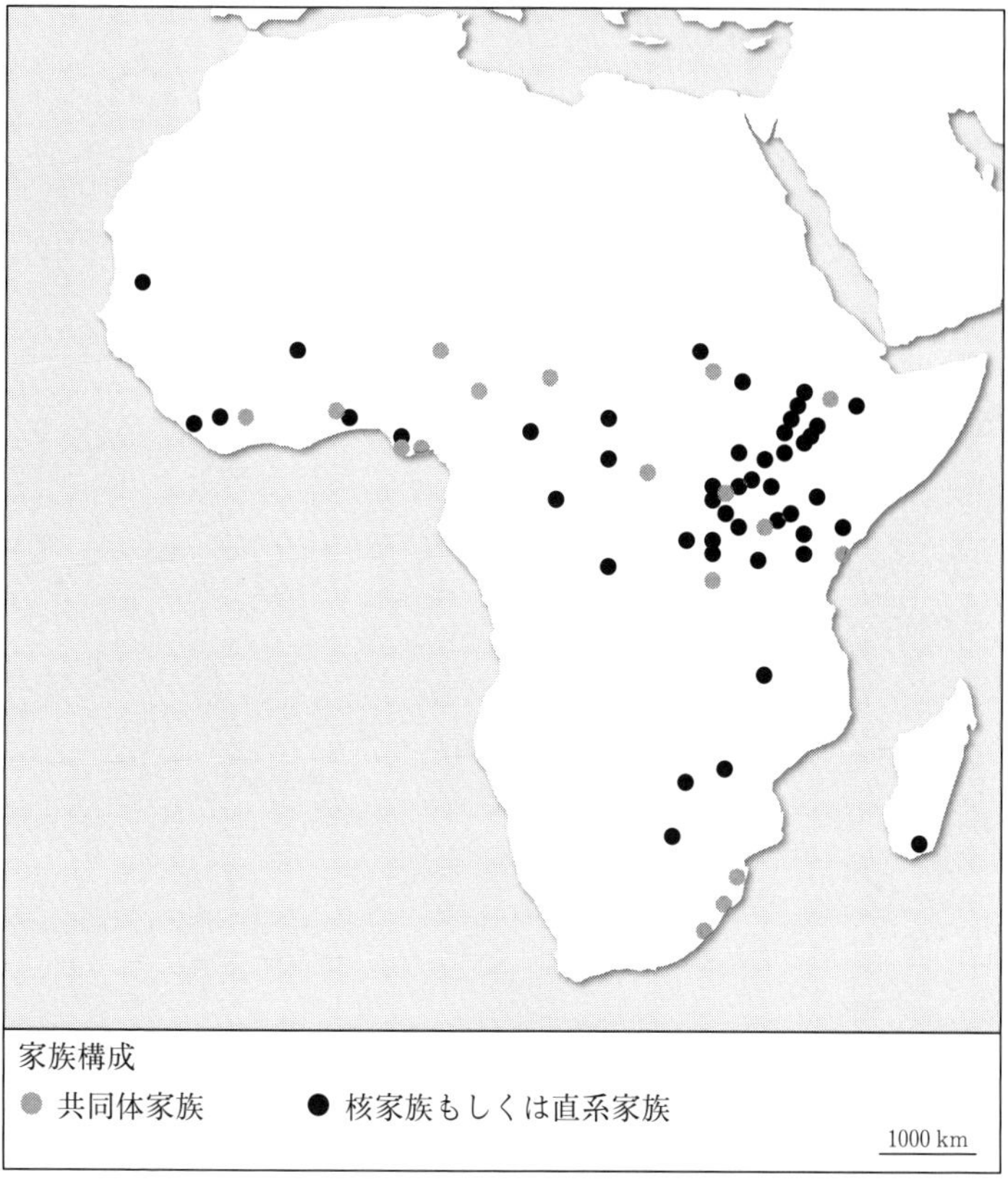

ったのだ。バントゥー系民族は、歴史上のある時期に——この年代もまた、今後の研究で確定していく必要がある——大湖沼地域の農耕民族と一体化した。そして、彼らは西アフリカの東端から離れる時に、すでに長子相続制採用の段階に達していた可能性が高い。

アフリカ南部の旧い形態——「母系制ベルト」と女性のステータスの高さ

アフリカの南部、赤道の熱帯雨林より南の一帯は、長い間、狩猟採集民の居住地域であった。「核家族」構造で暮らすブッシュマンのクン族はそうした民族の生き残りの一グループにすぎない。今日、この地域の人口の大半は、ガボンからタンザニアまでをつなぐ斜めのラインの南側に関していうと、かなり遅い時期に現在のカメルーンからやって来たバントゥー系民族の膨張をルーツとしている。それゆえ、バントゥー語群が今日ひとつの広大な空間の輪郭を定めるに到っており、言語学者たちが考古学者たちと一致したり対立したりしながら、差異化プロセスを正確に跡づけようと努力している。あまり数字を真に受けないようにしながら当面、事柄のスケール感を得るために、件の膨張を紀元前五〇〇年から紀元後五〇〇年くらいの間に位置づけておこう。紀元前一〇〇〇年から紀元後一〇〇〇年までの期間を考えるべきだと主張する研究者もいる。

カメルーンから出発したその膨張的な先駆者たちの家族形態は、先述のように父系制レベル1の直系型であったか、さもなければ父系制レベル0の核家族型だったにちがいなく、したがって女性のステータスが相対的に高い構造だったといえる。父系制レベル2の共同体家族型の父系制は、彼らが立ち去った頃の西アフリカにはまだ存在していなかった。移住者たちの習俗ももちろん進化するけれども、同じ大陸の西部や北東部の古くからの農耕定住型エリアの住民たちの場合に比べれば、その進化の仕方は異なり、特にそのスピードにおいて劣る。地図を作成すれば、こうした仮説の的確さが確認できる。熱帯雨林と人口密度の高いアフリカ大湖沼近辺よりも南に下ると、家族構造において父系制が支配的であることがなくなる。人類学者が常用する表現を用いると、「母系制ベルト地帯」（matrilineal belt）が、ガボン南部からタンザニア南部までの広大な空間を占有しているのである。

この母系制ベルト地帯を構成しているのは流動性の高い家族システムであり、このシステムの特徴は財と身分の継承を母系優位でおこなうところにある。この母系制は、大抵の場合、高密度で安定した大家族の形成につながらない。実際、『民族学地図』のデータを基に世帯の稠密性を表示した**地図2−1**〔上巻口絵二頁〕は、母系制地域における独立家族の優勢を如実に示している。

オードリー・リチャーズ〔イギリスの人類学者、一八九九〜一九八四〕は、この地域の家族構造に存在し得た変異体の数々を記述したが、そのいずれにも共通して不安定性と可変性が認められた[19]。コンゴ西部のマヨンベ族においては、財と身分の継承における母系制が、婚姻関係を形成する父方居住と組み合わされることがあり得る。妻は夫の村へ暮らしに来るが、その子供たちは思春期になると母方のオジ〔伯父または叔父〕の村へと引っ越すのである。母系制ベルト地帯よりも東を見ると、ベンバ族において、結婚初期は母方居住である。モザンビーク、マラウイ、タンザニアに住むバントゥー系民族のヤオ族の場合も同様だ[20]。結婚はヤオ族においては不安定で、男性のステータスがより高いベンバ族の場合にはより持続的である。母方のオジの娘との結婚はしばしばシステムの安定性を増大させる。結婚はたいてい、兄弟姉妹のうちの年長の者にとって重圧となる。しかし、どんな解決策を採るにせよ、母系システムは緊張状態の下で生きることになる。つまり、女性が夫への忠誠と兄弟へのそれとの間で躊躇するのである。

地図 2-3　バントゥー系民族の移住推測図

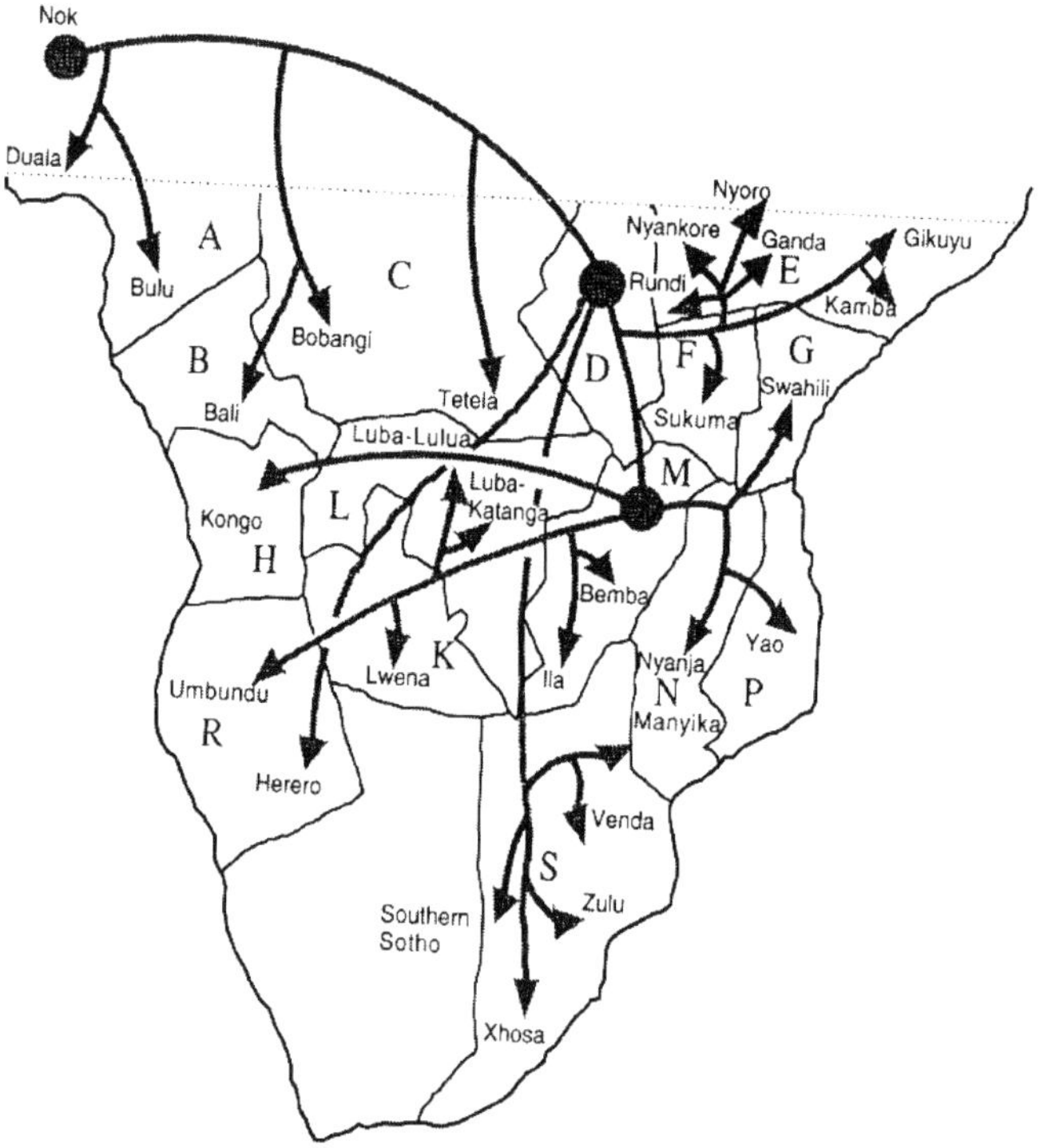

注：この図は、バントゥー系言語に関する地理的系譜学のすでに古い試みの一つであり、多くの言語学者はこれを時代遅れと見做している。しかし私には、家族構造の専門家にとってはより有用であるように思われる。
出典：以下の文献に提示されている統合的地図。Luigi Luca Cavalli-Sforza, Paolo Menozzi et Alberto Piazza, *The History and Geography of Human Genes*, Princeton, Princeton University Press, 1994, p. 166.

地図2-4　アフリカにおける母系制と双系制

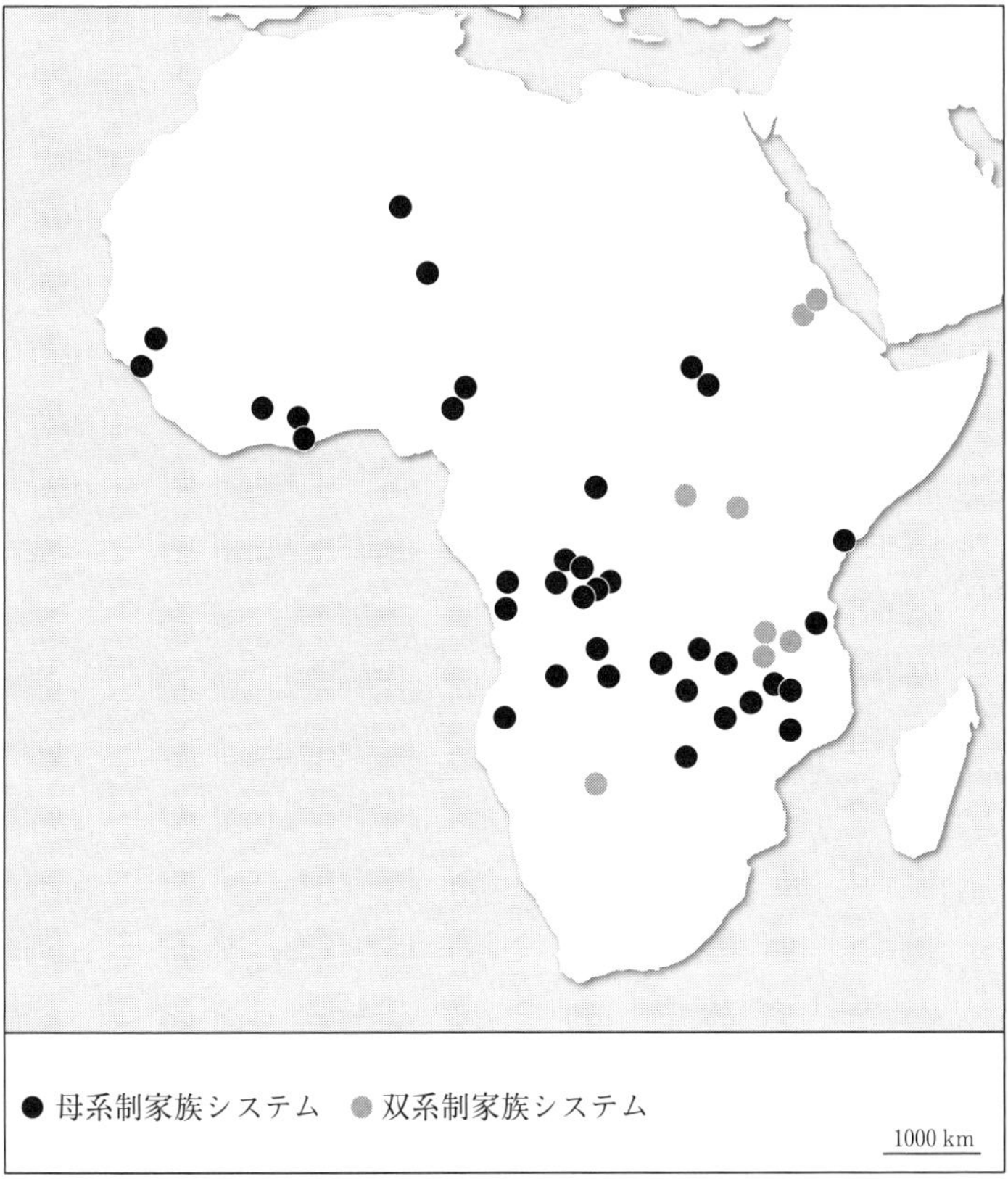

母系制による家族編成の諸形態は、たいてい長兄に特別な役割を委ねる[21]。アフリカで、兄から弟への水平の相続は、非常にしばしば母系システムの特徴を成す。この相続は西アフリカの父系制の共同体家族システムの特徴でもあるが、東アフリカの長子相続制にはもちろん馴染まない。長子相続を過去・現在を問わず重要なポイントとする父系制世界の南側を縁取るような形の母系制ベルト地帯の存在は、レベル1の父系原則の伝搬と、さまざまな形の長子相続に対する反動の結果でしかあり得ない。

しかしながら、この段階でわれわれは、学識の証しでもある事象の複合性がもたらす眩暈に抵抗し、人類学的形態の進化の度合いを最もよく表すシンプルな変数を優先的に扱わなければならない。家族形態がきわめて旧いものであることを示す周知の特徴は女性のステータスが高いことであるが、統計上の二つの指標に注目すると、それをアフリカ大陸の南部に位置づけることができる。第一の指標である一夫多妻の比率は、アフリカをフィールドとする人類学者には馴染み深い。二つ目の指標はＨＩＶウイルス感染率で、これを使用するのは、悲劇的な人口学的変数の人類学的転用である。

一夫多妻制と北西部から南部にかけてのその段階性

一名の男性と二名以上の女性の結婚は、人間の行動としては月並みなものにすぎないが、たいていは統計的に数が限定されており、少数の男性エリートの特権の様相を呈している。かの『社会構造』を繙き、著者マードックの統計標本を参照すると、一夫多妻を受容する社会の数は一九三、一妻多夫を受容する社会の数は僅かに二、厳格な単婚制を敷く社会は、マイノリティではあるが少ないとはいえない四三となっている[22]。しかしながらアフリカでは、一夫多妻制が、父系制、家族的共同体主義、夫婦間の大きな年齢差、女性の農業労働をつなぐ複合的メカニズムの中心に存在している。男性一人に二人以上の女性を割り当てる行為は、たとえそれが妻たちの経済的自立性が大きいことを前提としているとしても、疑問の余地なしに女性のステータスの低下を表象する。私はここで、このシステムの完全な検討は試みない。それは『家族システムの起源Ⅱ』〔未刊〕のためにとっておき、統計の数値を国別に反映したアフリカ大陸の地図を考察するにとどめる。国別のおおまかな表示とはいえ、この地図は、大きな人口集団における一夫多妻制について、それが持っている革新的性格と、父系制共同体家族との関係を明示するには足りる。

　アフリカにおいて、一夫多妻で生活している女性の比率は国によって異なるが、いずれの国でもおよそ一〇％から五〇％の間で推移している。一夫多妻の現象がいっさい見られないのは、きわめて少数派だといえるいくつかの民族においてだけである。このような比率が技術的に可能となるのは、夫婦間の年齢差が大きいからだ。男たちが遅く結婚し、女たちが早く結婚する場合、結婚市場のバランスは、結婚している年月の短い男性一人と、より長い年月を既婚者として生きることになる女性数人の縁組みが成立することで保たれる。このメカニズムは、平均して妻よりも遥かに年長の夫の死後、寡婦が夫の弟や従弟の妻の立場に移ることを前提にしている。夫婦間の年齢差が大きければ大きいほど、一夫多妻の比率も高い。

　人口保健調査（DHS、Demographic and Health Survey）に依拠すれば、二〇〇〇年紀初頭における一夫多妻の頻度を国ごとに示す地図が作成できる。西アフリカにひとつの極のあることがただちに看て取れる。セネガル、ギニア、マリ、ブルキナファソ、そしてトーゴで、三五歳〜四四歳の年齢層で一夫多妻結婚をしている女性の割合が五〇％を超えている。地図の他の部分は、冠のような形の分布を浮かび上がらせている。一夫多妻の比率は、大陸の西から東へ移るにつれて低くなり、そしていったん東端に達すると、今度は北から南に下るにつれて低下している。最も南に位置する国々では、その比率が一〇％にまで落ち、それらの国々の内部のいくつかの地域では一〇％にも達しない水準になっている。比率の低下の規

地図 2-5　アフリカにおける一夫多妻制

則性が伝搬のメカニズムを物語っている。ロン・レスタウが『サハラ以南のアフリカの再生産と社会組織』に発表したより古い地図は、各国内の地域のレベルまで降りていっており、いくつもの変数によって、ここに概略を述べている地理的現実を確認してくれる。その地図が教えてくれることの一つに、一夫多妻の比率が最大の地域では夫婦間の年齢差の平均値が七年を超えているという事実もある[23]。

アフリカにおける一夫多妻の地図の考察は、女性のステータスに関する一つ目の総合的アプローチである。これによって、女性のステータスは南部で比較的高く、そこから北西部にかけて低下していくことが判明した。通常の人類学の用語では、父系原理の強度は北西部から南部へ向かって減少している、と表現される。

エイズの防壁としての父系制

ＨＩＶウイルスによる感染の拡大が、より間接的ながら、女性のステータスを計る二つ目の尺度をもたらす。実際、女性たちの性的自由は、男性支配と父系制のレベルに反比例する。女性たちに対する監視とコントロールが弱い所では、不幸なことに日常の生活態度の自由がウイルスの広い伝搬を許した。その監視とコントロールがより強い所では、エイズの拡大がよりよく抑制された。それゆえ、人びとの集団ごとのエイズウイルス抗体検査陽性率を介して、家族システムの父系制レベルを評価することができる。勿論いろいろなアクシデントや例外はあるけれども、最も高い陽性率が、父系制の最も弱い地域を指し示すのである。ここでもまた、改めて東アフリカ、特にその南部で父系制の浸透度が最も弱いと判明する。大陸の西部では、より強い父系制がウイルスの拡散に対するブレーキとして働いた。もっとも、国のレベルから国内の地域のレベルまで降りていってデータを見ると、コートジボワールからカメルーンまで、海岸に

地図2-6　アフリカにおけるエイズの拡散

沿って、ＨＩＶウイルス抗体検査陽性率の高い数値が出ている。沿岸地域では女性のステータスが相対的に高く、ときには母系制でさえあるのだ。

最南東部で最近起こった父系制への革新

大陸の南部における女性のステータスの相対的な高さが、一夫多妻の比率が低いことと、エイズウイルス抗体検査陽性率が高いことから割り出された今、大陸最南東部に孤立するかたちで存在している父系的で共同体家族的な小さな極がいったいどういう経緯で形成されたのかを、正しく問うことができる。その最南東部とは、南へ下るように移住してきたバントゥー系の諸グループが、北へと上っていくオランダ人やイギリス人の植民地開拓者らと対決するに到った地域にほかならない。実際、この地域の人口集団――ここにはヴェンダ人、トンガ族、スワジ人、ズールー人、ポンドー族などのグループが含まれる――は女性のステータスを高く保全しており、その点、ちょうどロシアの共同体家族社会のように、かなり最近に父系制への変容を経験したケースに相当する。植民地化の歴史は、ヨーロッパ人たちと、家族構造上も軍事上も変容のただ中にあったアフリカ人集団の正面衝突を語っている。ズールー人が有名になったのは、その組織編成と軍事的効率性の高さによってだった。この地域に関しては、われわれの手元にあるさまざまな物語が、アフリカ人の間での戦士の数の急増や、征服から逃れようとした人びとの移住を語っている。この二つの事象は、内発的な父系制への変容を示す非常に確かな指標である。その変容は一九世紀に最高潮に達したにちがいない(24)。

結論にかえて――原初ホモ・サピエンスの核家族と柔軟性

アフリカの西部、北東部、そして南部で起こったこれらの変容の詳細な分析を俟ちつつ、いくらかのデータと地図の助けにより、遥かに遠い過去にサハラ以南のアフリカに存在した最もシンプルな構造の家族と、女性の比較的高いステータスこそが原初的なのだ、ということを明らかにできた。改めて、核家族と親族システムこそが太古にも遡るほど旧く、原初的なのだということが確かめられた。「核家族、次に直系家族、次に共同体家族」という、単純性から複合性へと移っていく歴史的展開が確認された。この展開が、アフリカでは、家族構造に重要な複合的要素を一つ付け加える一夫多妻制の擡頭によって先鋭化した。実際、兄弟各人に二人以上の妻がいれば、一夫多妻制の共同体家族はすこぶる大規模な構築物となる。兄から弟への寡婦の譲渡は、世代間相続の垂直の動きに水平の次元を加味する。

時代とともに進行する父系制の強化は、アフリカでは一夫多妻の比率の上昇によって表現される。複婚が西アフリカの内陸部で最多で、大陸の南部で最少なので、その分布は冠状の地理的様相を呈しているわけだが、私見によれば、これが表しているのは一夫多妻原則の直接的な伝搬ではない。そうではなくて、当初五％から一〇％のレベルで複婚を実践していたにちがいない集団において、時の経過とともに父系制の強度が高まり、その結果、父系制に結びつけられている一夫多妻の実践率も高まったのであろう。

この仮説を採るならば、ここでもまたわれわれは、もともと強力に規範化された核家族があったというビジョンから脱却しなければならない。単婚が支配的であったことには異論の余地がない。しかしながらそれは、ヨーロッパのキリスト教社会でのように絶対的な義務だったわけではないのだ。統計的に支配的であったけれども、道徳的に支配的であったわけではない単婚、それがおそらく、元来のホモ・サピエンスという種の典型だったのである。

周縁的な家族形態の数々をリストアップすると、より一般的に、原初的な核家族の世界においてはどんな規則も絶対的でなかったことが分かる。これまで一度も民族誌作成の対象になったことのない、最も周縁的で、最も旧いタイプの集団の一つを例にとろう。ロッキー山脈のグレートプレーンズ〔北米、ロッキー山脈の東側に南北に広がる台地状の大平原〕を居住地としていたインディアンがよいだろう。彼らのうちの主要グループの一つがショショーニ族であった。ショショーニ族の「後進性」は作家マーク・トウェインを戦慄させていた。ふだんユーモアがあって進歩主義的なトウェインが、ショショーニ族のこととなると月並みなレイシストになってしまい、彼らをアフリカのブッシュマンに比較して憚らなかったのだ[25]。さて、格別に未開なあのインディアンたちは、中米に存在した農業と父権制の発展の中心地から北へ大きく離れた山塊の果てに住んでいた。一九三〇年代末頃、ジュリアン・スチュワード〔米国の人類学者、一九〇二～一九七二〕が、彼らに関する認識を総合的にまとめた[26]。

スチュワードはもちろん、彼らが未分化の親族システムに拠っていることに注目している。明確に組織化されていない社会環境の中で、核家族が狩猟採集のユニットなのだ。しかしそれは、こうでなければいけないという縛りのきわめて少ない核家族である。若いカップルは最初の子供が生まれるまで妻の両親の家族に加わって暮らし、その後、夫の方の元のグループに戻るか、余所へ行くか、選んだり、選ばなかったりする。結婚したカップルが中心的であるが、一夫多妻もけっして珍しくない。ただし、その発生率は、今日西アフリカに見られるそれよりも、さらには東アフリカのそれよりもずっと低く、おそらくはアフリカ南部で観察できる最も低い水準に近い。一妻多夫——女性一名と二名以上の男性——も同様に普及している。これをスチュワードは、いみじくも、当該の社会における男女平等のしるしの一つと解釈している。離婚も頻繁に起こる。その場合、幼い子供の養育は母親に任される。高齢の両親がすでに成人している子供と同居することもある。すべてが流動的で、選択可能で、可逆的である。

世界の別方向の辺境に目を転じ、フィリピンを観察しよう。ユーラシアの歴史的中心であったシュメールとの関係において、およそイギリスと対称的な位置に存在する島々の集合体である。ルソン島で南インドのドラヴィダ語族の文字から派生した文字の断片が見つかったけれども、あの地域が本当に歴史の中に入ったのは一六世紀のスペインによる征服以降である。狩猟採集民のアイタ族を対象とした民族誌からも、農耕民のタガログ族に関するそれからも、彼らの親族システムが未分化であったことが分かる。いずれの民族も家族類型は核家族だが、この核家族は、若いカップルが夫か妻の両親と一時的に同居することを認める。アイタ族の場合は、結婚したカップルはローカルな移動グループの一員となる。タガログ族の場合は、兄弟姉妹の連帯がきわめて重要だ。一九八〇年頃、アイタ族の結婚時の平均年齢は女性で一八・四歳、男性で二一・七歳であった。[27] タガログ族はフィリピンの多数派民族なので、彼らの結婚時の平均年齢をフィリピン人一般のものと見なしてもよいだろう。一九四八年には、それは女性で二二・一歳、男性で二五歳だった。[28] ここでわれわれが手にしているのは、すこぶる一般的な法則だ。つまり、核家族システムでは、結婚年齢が非常に低くなることはけっしてあり得ないのである。なぜなら、まだ子供でしかない女性と、まだ子供でしかないその夫は、独立した生活に入る能力に欠けるだろうからだ。唯一、共同体家族システムだけが、一六歳という女性の結婚年齢（一九世紀のロシアのいくつかの農民共同体で見られたケース）を作り出すことができる。一五歳という場合さえもある（一九七〇年代に北インドで見られたケース[29]）。女性の結婚年齢が一八歳から二二歳までの間に収まるのが、世界の周縁部に散在する核家族システムの特徴のようだ。

こうして家族形態の差異化プロセスを単純化しながら再構成してみた果てに、われわれは今や、家族の原型を定義することができる。その原型の痕跡は地球上のあらゆる周縁部に、そこに暮らす人びとの内に——彼らが未開であると先進的であるとにかかわらず——見出せる。ある意味でわれわれは、動物種としてのホモ・サピエンスの特徴の確定に近づいている。しかし、それを適切に把握するために二つの次元を組み合わせなければならない。すなわち、中心的な標準と、その標準を中心とした高い変動係数である。

中心的な標準は、核家族で単婚である。つまり、初めに夫婦ありき。しかし、手元にこの分析要素しかないとしたら、われわれは、原初的な狩猟採集民と、たとえば第二次世界大戦直後のイギリス人ないしアメリカ人を区別することができない。

したがって、核家族システムの二つ目の原初的要素、すなわち柔軟性をも考慮に入れることが欠かせない。この柔軟性には、若いカップルが彼らの両親と一時的に同居する可能性のみならず、独りになった老人たちを彼らの子供たちが引き取ること、あるいは、食糧が不足する場合にはその老人たちを切り捨てることも含まれる。柔軟性は、同じ理由で子殺しも可能にする。一夫多妻、一妻多夫、離婚、そして本書のさらに先の方で見るように同性愛をも許容する。ホモ・サピエンスはきわめて自由だったのだ。西洋的人間は、ユダヤ教とキリスト教によって部分的に加工された結果、その自由のうちの多くを失った。狩猟採集民の諸グループが生き延びるためにおそらく必要だった自由なのだけれども——。

原初におけるホモ・サピエンスという種は、考え得るさまざまな形を生み出す正真正銘の道具箱で、前もってその箱の中に実験的な素材がたくさん詰め込まれていたのであろう。そう考えれば、のちに時間の経過につれ、さまざまな規範や差異化された家族類型が浮上したことの説明がつく。つまり、父系制・母系制の複合的で硬直した共同体的家族のタイプであれ、世代間の同居を絶対的に禁じたり、きわめて厳格な単婚を要求したりする、結局のところ硬直性において共同体家族に劣らない純化型核家族のタイプであれ、究極的には元々の原型の内に潜在していたと考えてよいのかもしれない。とはいえ、家族を成す世帯は、単純型であれ、複合型であれ、真空の中に存在するのではない。ホモ・サピエンスの原初の人類学的システムの完全な再構成を手中にするために、われわれは次章で、配偶者交換によるテリトリー集団の構造化を記述しなければならない。

第3章　ホモ・サピエンス

「周縁地域の保守性原則」に助けられて、ユーラシア大陸の海岸に近い地域、アフリカ南部、そしてアメリカ大陸のかなりの部分に、人類の原初的家族システムの残存を識別することができた。それは、夫婦中心の核家族システムであった。これだけですでに、人類ときわめて近い遺伝コード（遺伝形質の九九・六％が共通）を持ち、進化において人類に隣り合っているチンパンジーとの断絶をはっきりさせるのに充分である。実際、チンパンジーは夫婦関係を知らない。チンパンジーの群れにおいては、メスを庇護するオスが次々に替わる。オスとメスのあいだに安定的な関係が見られない。父親とその子供のあいだも同様で、実のところ、父子関係が確定できない。社会人類学の重要な教えの一つは、異なる種を隔てる遺伝学上の距離と、それらの種の社会編成における距離とのあいだに単純な関係はないということだ。人間と、ほとんどの鳥においては一夫一妻婚が優勢だが、チンパンジーにあっては、共同体内では相手を限定しない性愛（pansexualité communautaire）が優勢なのである。(1)

ホモ・サピエンスとパン・トログロダイト（チンパンジー一般）のあいだに、家族に関してかくも明確なコントラストが存在する以上、容易に理解できるのは、ヒトという動物が、自然選択の理論が言うところの適応戦略に成功したということだ。実際、カップルが安定していれば、子供たちを長い期間にわたって養育することができる。この場合の養育には、生体機能を母体の外で完成させることも含まれる。人間の場合、頭脳のサイズが大きいので、そうする必要があるのだ。頭蓋が母体内で充分に生育してしまったら、出産のときに「通り抜ける」ことができないだろう。両親はまた、大人の集団が蓄積した知識を子世代へ伝達する営みのうちの大部分を担う。その面では、個体の生存年数が決定的に重要となる。

実際、長寿は文化的伝達を容易にするもう一つの要素であるが、ホモ・サピエンスは寿命の長さによってもチンパンジーから区別される。人間の生命サイクルには「祖父母」という段階があり、したがって祖父母・父母・子の三世代を包み込む教育プロセスの可能性がある。最近、進化主義人類学者のマイケル・ガーヴェンとヒラード・カプランが、今日なお残存している狩猟採集民に関するすべての人口学的データを組み合わせることで、元々のホモ・サピエンスの標準的な寿命がどの程度のものであり得たかを推測した。彼らは、死亡年齢の最頻値を七〇歳と算定した。全体として見ると平均余命は非常に短いのだけれども、それでも、子供のうちに死なずに生き延びた人間たちはかなりの高齢にまで達したらしい。(2) もちろん、推算には慎重を期す必要がある。現存する狩猟採集民の状況をそのまま過去の狩猟採集民のそれと同一視するわけにはいかない。狩猟採集民が残存した地域は世界の周縁部に限られており、たいていは農業に適さない土地柄だ。それに対し、過去の狩猟採集民が生きていた地域には、より穏やかな気候風土と、動植物がより豊かに繁殖する環境があったはずである。しかし、まさにその点を考慮すれば、原初の狩猟採集民の生存条件のほうが遥かに有利だったと考えられるわけで、そうだとすれば、ガーヴェンとカプランが得た検討結果はなおさら堅固なものと見なすことができる。彼らの結論、すなわち、狩猟採集民が死亡率の非常に高い幼少年期をいったん過ぎてしまったあとは七〇歳までよく機能する身体に恵まれていたという説は、信頼に値する。

死亡年齢の最頻値に注目しよう。野生チンパンジーのそれは一五歳だ。飼育されて、より快適な環境にいるチンパンジーの場合でも四二歳である。一方、アフリカのクン族では七四歳、一七五一年〜一七五九年のスウェーデン人では七二歳、二〇〇二年の米国人では八五歳である。(3) 科学技術や社会の発展の程度とは関係なしに、ヒトはヒトなのである。

原初的カップル

原初的な親族システムにおいて父方親族と母方親族が同等だったからといって、原始社会で男たちと女たちのあいだに対称性があったという幻想に導かれてはいけない。夫婦を単位とする家族は、子育てに効果的な装置だったわけだが、それを成り立たせる原則の一つに性別による分業があった。女たちが子供をつくる一方で、男たちは母と子供とグループを護る、というわけである。ヒトの体格と体つきの男女二形性は、他の生物種に比べればさほど目立たないにしても、まぎれもない現実ではあり、男女それぞれの専門化を表している。男たちはパワーにおいて女たちに優るので、つねに支配的である。狩猟採集民においては農耕民におけるほど体格の二形性が明確でないにしても、このことに変わりはない[4]。

現存する狩猟採集民の研究が、原初的カップルについてわれわれの抱くイメージをより緻密なものにしてくれる。とはいえ、太古から生き延びた狩猟採集民が近隣の農耕民から頻繁に文化的影響を受けたのは事実だ。この事実は、アフリカの赤道付近の熱帯雨林に住むピグミー族と、アフリカ南部のブッシュマンにおいて著しい。この二つの集団は、周辺環境に存在した父系制に影響された。

そのような影響関係についての留保の上で、一般的傾向が確認できる。狩猟は、飛び道具を武器にし、獲物に血を流させる場合、男たちの仕事である。例外のきわめて少ないこの規則がすべての物質的ないし経済的条件を超えて存在していたことを示したのは、アラン・テスタール〔フランスの人類学者、一九四五～二〇二三〕である[5]。女たちは採集の主力だ。採集した食物が一般に核家族の内輪で消費される一方、獲物の肉はローカルな集団全体で分かち合われる。集団生活の骨組みを支えるのは男性原理である。

アラン・テスタールは、性別によるこの分業に自然主義的な説明を与えることを拒否した。狩猟からの女性の排除に、子供の出産とその直後の育児の必要性から女性が外で活動できないことの結果を見ようとした人類学者たちの解釈をはね除けたのである。テスタールは性別分業を、何よりもまず月経の血に関するタブーに結びついたイデオロギーの表示と見なした。この問題は、われわれの研究にとってはあまり重要でない。イデオロギーに起因するものであっても、現象が普遍的であるならば、それは原初における人類の特徴の一つを明示するからである。ただ、近年いくつかの社会で女性が軍隊や警察に組み入れられた事実、つまり、女性が出血をともなう暴力への権利を獲得したという事実から推論すれば、自然とイデオロギーを区別したテスタールの説がおそらく正しかったのだろうとは思われる。

父方親族と母方親族の同等性と性別分業を確認したことで、われわれは、原初の女性のステータスをより精確に捕捉できるようになった。女性のステータスは高かったが、異なっていたのだ。男女平等を語るのは躊躇する。なぜなら、身体的な力に基づく男性支配の原則がつねに観察されるからである。この力は、強制力として発揮されるとは限らない。ローナ・マーシャル〔米国の人類学者、一八九八〜二〇〇二〕は、クン族についての研究論文の中で、男性による女性の抑圧よりも、むしろ男性による女性の保護に注目するよう促している。彼女は、男女カップルの間にある種の調和と、さらにいえば均衡が存在することを示唆している。なにしろ彼女の論文は、カンカンに腹を立てて耕作棒で夫の頭を叩くクン族の一女性への言及で締めくくられている。そこで語られているのは、妻が彼女自身の両親のもとを訪れたがっているのに、夫が彼女を無理に同伴させようとして妻の怒りを買ったというエピソードだ(6)。マーシャルは、クン族の共同体の中で、男が自分の妻を殴っているのは一度も見たことがないと付言している。人類のカップルを構成する二人のあり方は、実は元々、同等性と差異から成る補完関係なのだといって間違いなさそうである。

集住地、群棲、村、民族

ホモ・サピエンスの家族は核家族だったが、けっして孤立してはいなかった。狩猟または採集の特定の時期にはばらばらに行動することもあったが、そうした時期が過ぎると必ず再集合していた。われわれは今や、単一の核家族のレベルを超え、ホモ・サピエンスの人類学的システムの完全な再構成を試みなければならない。人類の居住する世界の周縁部で、農耕民の集団にも、狩猟採集民の集団にも見られるのは、家族の集住である。

群棲、小集落、村が、集住の第一レベルを構成する。地域の個別研究の数々から、諸グループの構成と助け合いにおける兄弟姉妹（兄と弟、兄／弟と姉／妹、姉と妹）の水平の絆の重要性が明らかになる。このことが当て嵌まる民族の名を挙げておくと、アフリカのブッシュマン、クン族、北米のディネ諸民族やショショーニ族、フィリピンのアイタ族、スカンジナビア半島北部に住む遊牧のラップ人、フィリピンの農耕民タガログ族などである。これらの集団は、双系親族網の破壊プロセスによる変化を被らなかった。この双系親族網の破壊プロセスは私が次章以降で検討するものであり、それらの章は、ユダヤ教、初期キリスト教、そしてプロテスタンティズムによる宗教改革がもたらした習俗の変化をテーマとする。

件の水平性は、部分的には、初期人類の人口学的条件によって説明される。たしかに、全体としては短い平均余命にもかかわらず、すでに言及したとおり、子供のうちに死なずに生き延びた人間たちはしばしば七〇歳にも到達していたし、その年齢まで、資源の消費者であるよりもむしろ明確に生産者であり続けた。しかしながら、彼らの死亡率は四〇歳以降、最初はゆっくりと、その後、加速的なリズムで上昇する。生存競争の世界ではまず身体的抵抗力が重要である以上、男であれ女であれ、若い個体間の水平の関係が優先されたことに不思議はない。

高齢の個体が、固有の資源を活かして何らかの役割を演じることができるのは、収益を生み得るような資本の蓄積が可能な場においてだけだ。一般に、蓄積と老人の権力に道を拓くのは農業である。ただし、人間精神の創意工夫性を忘れるような機械的説明には要注意だ。たとえば、オーストラリアの先住民アボリジニーはかつて農業を知らなかったが、女性たちによる採集が収益を生んでいて、まさにその収益が、一夫多妻システムの中ですこぶる高齢の夫たちの支配的立場を維持するのに役立っていた。

ローカル集団の柔軟性

柔軟性こそ、リチャード・リー〔カナダの人類学者、一九三七年生まれ〕とアーヴェン・デヴォア〔米国の人類学者・進化生物学者、一九三四〜二〇一四〕の編纂により一九六八年に出版された古典的な著作、『狩人としての人間』[7]に記述された狩猟採集民集団の生活を最もよく喚起する言葉である。それらの集団は移動を常態とし、可変的ないくつかの基準にもとづいて構成されていたが、それらの基準にはつねに選択の余地、とりわけ父方親族と母方親族のあいだでの選択の余地があった。もはや人は、かつてアルフレッド・ラドクリフ＝ブラウン〔イギリスの人類学者、一八八一〜一九五五〕が語った、原初から父方居住で父系制であるような、あの遊牧民の集団のイメージを信じはしない。もっとも、集団によっては、父方居住への傾き、つまり一人の父親と息子たちとの結合への選好を垣間見せている場合がある。マードックはすでに、未分化の多くのシステムによって構成された全体を視野に入れて、父方居住と母方居住のあいだで相当に大きな揺れ幅・増減があることに気づいていた。未分化のシステムといっても、若いカップルが親の住居の近隣に居を構える場合に、父方の選択五〇％、母方の選択五〇％で、統計的に文字どおり双処居住が実践されている、というケースは僅かしかない。

狩猟の格別の重要性が、いくつかのケースでは父方居住への傾斜を説明する。エスキモーの集団のほとんどはこれに相当する。その非対称性にもかかわらず、彼らは間違いなく双系性の宇宙に所属している。エスキモーの親族名称は、兄弟を従兄弟から区別するけれども父方と母方を差異化しない。典型的に双系的かつ核家族的な体系になっている。その点、精確にわれわれの西欧社会と同じだ。だからこそ、人類学者の慣用によれば、ヨーロッパの親族名称リストは「エスキモー」型なのである。

ただし、父方居住と母方居住のあいだにもともと存在するこの揺れ幅・増減が端緒となって、後の時代に父系制または母系制への推移が進み、元来は程々のものでしかなかった傾向を急進化し、硬直させるということはある。双系制親族システムは、父方居住の選択を七〇%まで許容すると言ってよいだろう。父系制親族システムはというと、こちらは父方居住率七五%〜九九・九%を実現する。(8)

家族は外婚、民族は内婚

もちろん、群棲、あるいは小集落といった、二〇人、三〇人から一〇〇人程度の集合体を超え、あるテリトリーを占有し、ある共通語を用いる、もっと規模の大きな人口集団に注目することも可能だ。一定の人口の中で配偶者を見つけてカップルを組む「配偶者交換」が実現するのは、そのような集団の内部においてである。この意味で、そのような集団がとりもなおさず内婚の空間となる。ローナ・マーシャルが一九五二年から五三年にかけて研究したクン族の場合、そこには一〇〇〇人ばかりの個人が含まれていた。(9)この集団は、周辺の農耕民や牧畜民の父系制からの影響を被ってはいたものの、いかようにも構造化されず、どんな明確な政治的編成の対象にもなっていなかった。婚姻は、堅固な構造を持たない社会の内部で成立していたが、母方か父方かを問わず、近いイトコとの縁組みは避けられていた。政治的に編成されていなくても、この集団の人間たちは自分たちを他の類似集団の人間たち――「彼ら」――と区別し、「われわれ」と意識していた。

歴史を通して、いくつかの村をグループ化する小郡から地域へ、地域からネイションへと、一定の人口の中で異性配偶者を見つけてカップルを形成する「配偶者交換」の枠組みとなる基礎人口集団〔内婚の空間〕の拡張を見ていくことができるだろう。信仰を持つ人びとの世界では、カトリシズム、プロテスタンティズム、東方正教、ユダヤ教、イスラム教、仏教等々への宗教的帰属もまた、非常にしばしば内婚空間の輪郭を定め、テリトリーおよび言語の共通性を枠組みとする内婚を複雑化してきた。それだけにと言うべきか、信仰の消失が明らかになるのは大抵、宗教的内婚の途絶と異教間結婚の増加によってである。今日、西ヨーロッパ、米国、ロシア、中国、日本では、グローバリゼーションについてのさまざまな言説にもかかわらず、配偶者交換の統計から見て明らかにネイションが、これまでの歴史のどの時期にもまして標準的な内婚空間になっている。小郡、地域、宗教は、第一義的な統合ファクターとしてはすっかり影が薄くなった。

しかしながら、ある時代に、ある場所に、完全に閉じられた内婚空間を想像するとしたら、それは間違いだ。ある種の多孔性が、ホモ・サピエンスのシステムには固有のものとしてある。周縁部での外との接触や個人的な移住が、いたるところで微少な、あるいは大規模な例外をなす。テリトリーと言語は内婚の統計上の枠組みにすぎない。これはなぜか。原初的な家族システムが外婚制で、後述のとおり、その機能が人口集団の絶対的閉鎖をア・プリオリに除外するからである。根本的にいって、一つの家族システムは、過去から未来へと下っていく一本の系族（人が自分の家族を考えるときに好んでイメージするのがこれだ……）ではなく、あるテリトリーにおいて互いに配偶者を交換する家族群の全体なのである。さて、交換の数が夥しければ、集団の内婚規範が偶発的に破られる確率も当然かなり高くなる。

実際、親族関係の面で、ホモ・サピエンスはもともと外婚的である。自分に直結している家族グループの外に配偶者を見つける。『家族システムの起源I』で私は、ある種の穏健な外婚制が原初の婚姻システムであったという結論に到達した（OSF, p. 595–597〔『家族システムの起源I』七九九頁～八〇二頁〕）。兄弟姉妹間の結合や、子供と親の結合を禁じる狭義の近親相姦のタブーとは別に、世界の周縁に居住している旧いタイプの人口集団は、できるかぎりイトコ婚を、とりわけ本イトコとの結婚を避ける。そしてこの現象は文明の発展のレベルにはまったく依存せず、それとは無関係に確認できる。この外婚制を、私は「穏健な」と形容する。というのは、この外婚制は絶対的でなく、本イトコ同士の結婚がときに一〇％にも達することを許容するからである。

交叉イトコ婚、すなわち父の姉妹の子供や、母の兄弟の子供との婚姻は、低い率でしか行われていないことが多いけれども、大概許されている。ジェームズ・フレイザー〔イギリスの社会人類学者、『金枝篇』の著者、一八五四～一九四一〕が、二〇世紀初頭にこのタイプの婚礼を実践している民族をリストアップした[10]。したがって、外婚の要請が重くのしかかるのは、平行イトコ、すなわち父の兄弟の子供や、母の姉妹の子供に対してである。この区別の意味は明白だ。原初の人間にとって、二人の兄弟の子供たちや、二人の姉妹の子供たちは、兄弟同士の、もしくは姉妹同士の同質性を特に明確に再生産していた。交叉イトコ婚のほうは、基礎的グループの編成における兄と妹、または弟と姉という軸の重要性を窺わせる。彼らの子供たちの結合は、彼らの補完性を永続させるのだ。結局、許されていた縁組みのほとんどは、太古の人口集団の構造化における水平の家族軸を浮き彫りにする。たとえば、男たちがそれぞれの姉や妹を互いの配偶者として交換するケース、兄弟が同じ妻の夫になる一妻多夫、姉妹が同じ夫の妻になる一夫多妻など……。こうした水平性のすべてのタイプの実例が、ジュリアン・スチュワードによって分類整理された北米・大湖沼地帯のインディアン諸族のうちには見出される。

家族レベルの穏健な外婚

アメリカ大陸、アフリカ、オセアニアの人口集団においては、G・P・マードックの『民族学地図』も確認しているように、四方外婚——四種類の本イトコとの婚姻の禁忌——が圧倒的に優勢である。一方、現実に機能している選好婚システム——本イトコとの婚姻が当該集団の婚姻総数の二五％～五〇％となる——は歴史的に進化した人口集団に典型的である。アラブ・ペルシャ世界は四方内婚の比率が高く、南インドでは交叉イトコ婚が多い。しかし、アマゾン川流域の北西部に暮らすマクナ族など、同流域のいくつかの人口集団では内婚率がかなり高く、交叉イトコ婚の率は、調査の標本によって揺れがあるが、三〇％～五〇％となっている。[11] 一人の男性とその母親の兄弟の娘とのあいだの非対称の婚姻〔母方交叉イトコ婚〕はというと、これはレヴィ＝ストロースが彼のシステムの中心に据えた形態〔彼の言う「親族基本構造」タイプ〕であるが、ローラン・バリー〔フランスの民族学者〕が著作『親族関係』[12]で示したとおり、実際には地球上に例が少ない。そして、それが現存している場合には、父系制への変容によって生み出された非対称性の結果の一つであるように思われる（OSF, p. 595〔『家族システムの起源Ⅰ』七九九頁～八〇〇頁〕）。構造主義思想の言う基本的交換は、自然状態を反映しているどころか、歴史の所産なのである。

中東から放射状に四方八方へ拡がるイスラム教徒たちの内婚が旧大陸の中心的部分を占めている事実は、内婚が革新的な性格のものだったことを示している。メソポタミアの過去に遡っても、そこに内婚は見つからない。そのことからも、内婚が人類史の中ではかなり遅く現れたものだということが確認できる

（OSF, p. 580–582〔『家族システムの起源Ⅰ』七七九頁〜七八一頁〕）。

原初的外婚制は、核家族よりもよく生き延びた。残存した狩猟採集民であるアフリカ南部のブッシュマン、ロッキー山脈のグレートプレーンズに居住するショショーニ族、フィリピン・ルソン島のアイダ族、あるいは亜北極地域のエスキモーの習俗においては、四方外婚が相変わらず支配的である。そしてそれは、西ヨーロッパでも、英米と南米の全域でも同じであり、未分化の核家族構造をもつ東南アジアの大部分（イスラム教のマレーシアを除く）でも同様だ。唯一、旧シベリア諸語を用いる北東の諸民族だけが、未分化の親族システムを持つ核家族型であるにもかかわらず、一見、内婚を受け容れたように見える。が、データを批判的に検討してみると、一〇％すら超えない程度の本イトコ婚に寛容というだけのことだという示唆が得られる（OSF, P. 163–164〔『家族システムの起源Ⅰ』二二六頁〜二二八頁〕）。日本では、本イトコ同士の婚姻が第二次世界大戦の直後には七〜一〇％に達しており、この特徴は何らかの歴史的産物だったようだが、以来、すっかり消失してしまった（OSF, p. 187–190〔『家族システムの起源Ⅰ』二五一頁〜二五四頁〕）。父系制共同体家族の世界においてさえ、四方外婚が優位であり続けている。ロシアでも、セルビアでも、中国でも、ベトナムでも、北インドでも然り。また、サハラ以南のアフリカでも、マードックの標本から情報の得られる民族集団の人口の六〇％が今日なお四方外婚である。父系制、共同体主義、一夫多妻制のいずれをもってしても、四方外婚の原則をその程度しか妨げることができないわけである。交叉イトコ婚がアフリカで相当数に上るのは「母系性ベルト地帯」〔第2章を参照のこと〕においてだけだ。しかもおそらく、実際の比率はさほど高くない。アフリカの最南端で、ツワナ人が四方内婚を実践している。しかしこれは確実に、父系制共同体社会へ向かっての革新が遅まきながら起こった地域での最近の革新である[13]。

まったくもって外婚制は、ホモ・サピエンスの原初的な人類学的システムの内で最も抵抗力のある要素の一つだ。ただし、南インドとアラブ・ペルシャ世界における内婚制の強さを考慮すれば、外婚制の抵抗力を何か絶対的なもののように見なすことは論外である。

近親相姦のタブーは原初的だ――ウェスターマーク効果

イトコ婚に関連する領域で、ホモ・サピエンスが自発的に外婚制だったということの記述は、エドワード・ウェスターマーク〔フィンランドの哲学者・人類学者、一八六二～一九三九〕が兄弟と姉妹の結合について早くも一八九一年に到達していた結論を補完し、拡大する。ロンドン・スクール・オブ・エコノミクスで教鞭をとったこのスウェーデン系フィンランド人、ウェスターマークは、その著作『人類婚姻史』の中で、彼に先行した人類学者たちが原始習俗におけるモラルの欠如について抱いていた幻想にケリをつけた。その先行研究者たちとは、もちろん、イギリス人も、ドイツ人も、フランス人も、米国人も引っくるめての話である。実際、ウェスターマークは、彼の時代に一般的だった仮説、すなわち、太古の家族共同体では人びとがひしめき合うように雑居し、性的にも混乱していて、原初的な近親相姦も頻繁だったというような仮説を破壊したのである。その際、彼に一蹴された学者たちのリストは長い。《ヨハン・ヤーコプ・バッハオーフェン〔スイスの人類学者、法学者、一八一五～一八八七〕、ジョン・ファーガソン・マクレナン〔イギリスの弁護士、社会人類学者、一八二七～一八八一〕、ルイス・ヘンリー・モーガン〔米国の人類学者、一八一八～一八八一〕、ジョン・ラボック〔イギリスの先史学者、一八三四～一九一三〕、アドルフ・バスティアン〔ドイツの人類学者、一八二六～一九〇五〕、アレクシ・ジロー・トゥロン〔フランスの歴史家、一八三九～一九一六〕、ヘルマン・ヴォルドマー・リパート〔ドイツの歴史家、一八三八～一九〇三〕、ウルリッヒ・レオポルト・コーラー〔ドイツの歴史家、一八三八〜一九〇三〕、ポスト〔アルベルト・ヘルマン・ポスト、ドイツの法学者、一八三九〜一八九五〕、フリードリッヒ・ウィルケン〔ドイツの歴史学者、一七七七〜一八四〇〕、他数名……[14]》。

ウェスターマーク効果と呼ばれているものが示唆するのは、近親相姦のタブーが文化事象ではなく、自然選択のプロセスに由来する無意識の行動だということである。このタブーは《正真正銘の強い本能が持つすべての特徴を備えており、いうまでもなく、他の種に属する個体との性的関係に対する嫌悪に非常によく似ている[15]》。この禁忌は、生存競争上の有利さをもたらすものとして自然選択されたのだ。なぜなら、内婚——ここでは核家族の内部での婚姻という狭義の内婚——による退化は当該集団の社会的効率を削ぎ、結局その集団の淘汰に行き着くからである。

ウェスターマークは普遍主義的ダーウィン主義者である。彼が自然選択という仮説を用いるのは、あらゆる人類に共通のものを明確化し、説明するためであって、今日の社会生物学にはびこる「退化した」ダーウィニズムがしばしばそうしているように、人種間の競争と、人類の中での自然選択について想像をたくましくするためではない[16]。明らかに、ウェスターマークが正しい。彼よりもあとに登場したフロイトや、レヴィ＝ストロースその他、あんなにも大勢の学者たちが近親相姦の回避の内にひとつの文化事象を見ようとしたが、それは誤りだった。悲しいかな、人文科学の歴史はこうした知的後退に満ち満ちている。家族構造をまじめに捉える本研究の文脈においてすぐ思い浮かぶのは、ル・プレイの明察が一九〇〇年から一九七〇年まで無視され続けたことである。

三〇〇〇年紀初頭の西洋で生きているわれわれは、ウェスターマーク効果を有効と認めるのに最適の立場にいる。今日ではほとんどすべての性的タブーが消滅しているが、それでも例外が二つある。小児性愛に関するタブーと、近親相姦に関するタブーだ。たしかに一九七〇年代の一時期には、幾人かの変わり者の社交界人士が、性的解放の究極の前進として、小児性愛を公然と主張したことがあった。しかし、それは束の間のことで、小児性愛はたちまちのうちに元の禁忌領域に戻った。子孫の保護という絶対的要請が、ヒトの自然の基底の内にしっかりと定着しているようだ。近親相姦のタブーはというと、世は性革命のまっただ中だというのに、すでに無意識の域に達し、絶対的効力を発揮する段階に入った。キリスト教教会によるイトコ婚の禁止が世俗の民法からは消えたというのに、その数値はかつてなかったほどに無限小だ。第一、核家族内部での性的実験を習俗の進化のために必要だとして公然と主張する者は一人もいない。

　今日、人がウェスターマークのことを思い出すのは、もっぱら、近親相姦のタブーを自然由来とする彼の考え方に絡んでのことだ。しかし、ウェスターマークは実際に、太古の人間の家族生活の本質を理解していた。彼は著書の中で、未開人の一夫一妻カップルを描写し、家族生活の複合的形態が歴史の流れの中で生まれてきたものであることを示唆している。近親相姦のタブーと同様、原初的な一夫一妻制と、その制度の相対的安定性もまた、文化事象ではない。

《子供の誕生後も結婚状態が継続し、父親が父親としての任務を果たすのを確認するとき、われわれは、両性間の結合の延長が何らかの意味で親たる者の義務と関連していると確信できる。私がなるほどそうに違いないと絶対的に確信するのは、雄と雌の絆が自然選択のメカニズムによって発達した本能の一つだということだ。父親が子孫の保護に手を貸すケースのほうが、その義務が母親だけに帰せられる場合に比べ、生存を賭けた闘いの中で種が成功裡に生き延びる可能性が高くなることは明白だ(17)》

彼は幾度も繰り返して、未開人の家族と、彼の時代の近代人のそれの類似に注目している。

《したがって未開部族の家族制度と、最も先進的な諸国民のそれのあいだには、どこか似たところがある。両方の場合に、成人した息子が、そして成人した娘もかなり高い頻度で、文明の中間的段階では知られていない自由を享受するのだ[18]》

さらに先には、こういう記述もある。

《人類の婚姻の諸形態の歴史に関しては、一夫一妻制と一夫多妻制に関して二つの結論が絶対的な確信をもって認められ得るであろう。一夫一妻制は、依然として婚姻の支配的形態であるが、文明の低い段階においても広く普及しており、文明が少し高度化した段階ではその普及度が下がる。ところが、文明がさらに一層高度化すると一夫多妻制が後退し、改めて一夫一妻制が一般的となる[19]》

私もまた、習俗の面で西洋人と未開人が近いというあまりにも意外な結論に達している。その私にとって、今から一世紀余も遡る時代にひとりの研究者が、彼の時代に利用可能だった限りのデータと研究メソッドに依拠しておよそ同じ結論に到達していたと確認できるのは、安心をもたらしてくれる事実である。しかし、ウェスターマークの結論を受け容れ得るには、一つの条件を満たさなければならない。それは、人類固有の特徴の内に、私が前章で言及したとおりの、諸形態の進化を許すだけのあの柔軟性・可塑性の次元を含める、という条件である。

さて、今やわれわれは、規範と可塑性の組み合わせを、ホモ・サピエンスの人類学的原型を記述する公式にまとめて提示できる。核家族性（nucléarité）をNとする。そして、単婚制（monogamie）をM、外婚制（exogamie）をE、親族システムの未分化性（indifférenciation）をIとする。五つ目の要素V、すなわち変異（variations）の可能性を付け加えよう。これは他のすべての要素に影響を及ぼす（この作用を＊で示す）場合がある。すると、次の公式が得られる。

原型ホモ・サピエンス＝（N＋M＋E＋I）＊V

変異性Vを考慮しなければ、人類が技術面で狩猟と採集しか知らなかった段階で地球上に散らばって遍在するだけの能力を持っていたことが理解できない。ホモ・サピエンスの経済的適応性を理解するには、家族システムをめぐる、とりわけ男性と女性のあいだの関係をめぐる変異性についての理解が欠かせない。たとえば、労働の性別分業が原則であって、それにしたがって女たちに採集が、男たちに狩猟が割り振られていたけれども、その原則は絶対ではなく、主に狩猟民で構成されている集団もあれば、第一義的に採集民である集団も存在していたわけである。

一般概念としての未分化性

ここまで来れば、人類の原初的な人類学的システムを単純化し、理念型として記述することができる。家族は核家族である。けれども核家族型に教条的にこだわるわけではなく、若いカップルと年配の両親が一時的に同居することもあり得る。女性のステータスは高い。親族システムは双系的、あるいは未分化と呼ばれ得るシステムで、母方の親族と父方の親族に、子供から見た世界の輪郭の中で同等のステータスを与える。婚姻は外婚制で、本イトコよりも遠い関係の人びとのうちに配偶者を求める。しかし、このルールにも教条的に固執するわけではない。離婚は可能。一夫多妻も可能で、ときには、より珍しいけれども、一妻多夫さえも可能。兄弟たちや姉妹たちの家族同士の相互影響関係は強く、それがローカルな集団を構造化する。どんな関係も完全に安定的ではない。家族も、個人も、分かれたり、再び結集したりする。家族を超える集合には二つのレベルが存在する。

（a）複数の核家族が、大抵は親族関係にある核家族だが、一つの移動グループを構成する。

（b）それらのグループがいくつもあり、おそらく一〇〇〇人程度の人口が暮らすテリトリーにおいて、相互に配偶者を交換する。この配偶者交換に外枠の限界が存在することにより、テリトリーを共有する内婚集団が確定する。しかし、その境界線は多孔的で、かなり自由に出入りできる。

人類学者が用いる概念の一つに未分化性というものがあり、これは一般に、家族システムが父系制とも母系制とも決まっておらず、個人が父系と母系の親族関係をそのときどきの必要に応じて臨機応変に活用するような、そういう家族システムを記述するのに用いられる。現段階でわれわれは、この概念の使用をさらに一般化し、これまでの歴史上、安定した二元対立の中での選択によって一方の極へ傾くということのなかった家族構造のすべての要素に適用することができる。

複数世代の同居を例にとろう。これは、ドイツの直系家族やロシアの共同体家族にとってはポジティブな価値だが、フランスの平等主義的核家族やイギリスの絶対核家族にとってはネガティブな価値だ。これに対して、核家族システムのうち、若い大人のカップルと年配の親たちの一時的同居を可能と見なすすべてのシステムは、同居の次元で未分化と称され得る。狩猟採集民のほとんど、アイスランド人、ワロン人、ポーランド人、フィリピンのタガログ人、あるいはインドネシアのジャワ人などはこのケースに相当する。

遺産相続の場合、不平等主義にも平等主義にも偏っていない家族システムが未分化ということになるだろう。直系家族は不平等を選択する。共同体家族は平等を選ぶ。平等主義核家族も平等を選ぶ。イギリスの絶対核家族はこの点で未分化として現れ、タガログ人やジャワ人の家族形態と同列に並ぶ。

婚姻のモデルもまた、家族システムが差異化されているか、未分化にとどまっているかを明らかにする。結婚の解消不可能性は差異化を、離婚可能性は未分化性を指し示す。一夫多妻の現象は、その比率が一〇%未満ならば、未分化の、穏健な一夫一妻制を想起させる。それが一五%から五〇%の間となると、一夫多妻がひとつの規範になっていると考えられ、差異化の概念に当てはまる。厳格な一夫一妻制と、頻度の高いアフリカ型の一夫多妻は、同じひとつの差異化の両極を具現している。

穏健な外婚制は、元の家族グループから外に出ることを選好するけれども、交叉イトコ婚と散発的な平行イトコ婚の可能性を認めるので、未分化と言ってよい。キリスト教世界の強迫観念的な外婚制は差異化の結果だ。そして、それと対立する方向への差異化を示すのが、イトコ婚を高比率で実施するアラブ・ペルシャ世界や南インドの内婚制である。

また、性生活の記述にも、「差異化した」とか、「穏健な」(「未分化の」という表現は、ここでは意味上の混乱を招きかねないので、「穏健な」のほうが適切だろう……)とかいった形容詞を用いることができる。マードックの標本に由来する最初のいくつかの総括によれば、いずれの普遍主義的な大宗教による変容も被っていない未開人集団においては、男女間の性行動が支配的である——これは生殖のために必要だ——ものの、同性愛選好へのある種の無頓着が大勢を占めている。そして女性同性愛に関しては、その無頓着が完全なものであるらしい。肛門性交は、キリスト教的な恐怖症においては嫌悪の中心的対象となるが、原初のホモ・サピエンスをさほどの恐怖には陥れていなかったようだ[20]。したがって、原初のホモ・サピエンスにぴったり当てはまるのは穏健な異性愛という概念であり、それは穏健な一夫一妻制という概念と高度に両立的なのである。

実のところ、ホモ・サピエンスの基本的行動のほとんどは「穏健」タイプだったのだ。アレクサンダー・カー＝ソーンダズ〔イギリスの人口学者、社会学者、一八八六〜一九六六〕も一九二二年の著書『人口問題——人類の進化についての一研究』の中で、狩猟採集民の集団の中で子供や老人などの弱者がどう扱われているかに言及し、規範と可変性との共存に注目したのだった[21]。子供たちは愛によって産み出され、育てられている——人類という種が生き延びてきた以上、そうでないことがどうしてあり得ようか——が、集団が水や食糧の欠乏に直面するときには、堕胎、嬰児《えいじ》殺し、遺棄が、集団としての生き残りのために可能な手段として浮かび上がる。老人にしても同じだ。ふだんはよく遇されているが、人口状況が限界に達した場合、ときには見捨てられるし、殺されることさえもある。あらゆる事柄において、原初のホモ・サピエンスは、道徳的でもあり、かつ同時にプラグマティックでもあったように思われる。かのチャールズ・ダーウィン〔一八〇九〜一八八二〕は、彼の二つ目の大著『人間の由来』で、集団道徳が基礎的人間集団に生存競争上の有利さをもたらすということを完璧に捉えていた[22]。彼の後継者たちが、集団としての生き残りを妨げるはずのない道徳性、人類の持つそうした道徳性のプラグマティックな性質を明らかにしている。

私が再構築したホモ・サピエンス像は、そのすべての次元において未分化性を示している。その親族システムは、言葉の最も古典的な意味、すなわち父系と母系が差異化されておらず、したがっていずれの出自も差別しないという意味で未分化だ。しかし、穏健な外婚、穏健な一夫一妻制、二世代の一時的同居の許容、平等な、あるいは不平等な遺産相続規則の不在など、ホモ・サピエンスの家族システムの特徴はどれをとっても、未分化性という概念の拡大された定義に当てはまる。一般化さ﹅れ﹅た﹅未﹅分﹅化﹅性﹅という概念を踏まえることで、人類史を差異化のプロセスとして、つまり人類学的諸形態の分極化や諸類型の特殊化の長いプロセスとして思い描き、その中である種の形態が他の形態を上回る生存力や発展力を示したのだ、というふうに考えることができる。私はこのあと本書で、一般化された未分化性という概念の持つ破壊力をヨーロッパ史上の二、三の大きな幻想に適用することで、それが秘めている潜在的解放力を明らかにしていくつもりだ。

原初のケルト人、ゲルマン人、スラブ人

西洋古代史に影響を与えている宿命的な不幸の一つは、意味のない民族名の夥しさである。ヨーロッパ地図の上にケルト人、ゲルマン人、そしてスラブ人の諸集団を位置づけることはできるし、しかも、文字の獲得に先立ったさまざまな時代についてそうすることができる。また、たしかに、われわれの手元には、農業、牧畜、金属加工、陶器製造や、その他物質生活の諸要素に関する彼らの知識についてのデータがある。ところが、多くのエスニック集団を指す名詞や形容詞に誘われて、われわれはしばしば諸民族をそれぞれ本質化して捉える方向へと逸脱し、各民族に、精確に言い表すこともできない社会的特性やメンタリティの特性を想定する。すると、現在のフランス人気質、ドイツ人気質、ロシア人気質——その存在には疑いの余地がない——が、原初のケルト人、ゲルマン人、スラブ人へと過去遡及的に投影されてしまう。そうした方向へ走ることなく、ホモ・サピエンスの原初における未分化という仮説を念頭に置くと、今日まで失われずに残った文献も正しく読むことが可能になる。資料的価値の高い文献を少し列挙するなら、紀元前後の二世紀については、ストラボン〔古代ローマ時代のギリシア系の地理学者、前六三年頃～後二三年頃〕の『ギリシア・ローマ世界地誌』、カエサルの『ガリア戦記』、タキトゥスの『ゲルマニア』、紀元

後六世紀から七世紀の頃については、グレゴワール・ド・トゥール〔この名は「トゥールのグレゴリウス」の意。フランスの歴史家、聖職者、五三八～五九四〕の『フランク史』、あるいはフランク王国、ブルグンド王国、西ゴート王国の法典がある。また、一二世紀初頭に関しては、ロシアの『ネストル年代記』〔別名『原初年代記』。東スラブ人の修道士がキエフ大公国の歴史を記した年代記で、初版は一一一三年編纂〕、一二世紀と一三世紀についてはアイスランド・サガ〔サガは古北欧語の散文物語群で、多く史実を描いている。アイスランド・サガは特に名高い〕の数々がある。

得られたデータははなはだ不完全ではあるが、女性のステータスの高さ、双系親族システムの柔軟性、（おそらく穏健な）外婚、単婚制でありつつ一夫多妻にも寛容だということ等々、すべてが原初における未分化性を示唆している。古代のゲルマン法は、核家族と双系親族網の連関までも捕捉させてくれる。贖《しょく》罪《ざい》金〔別名「人命金」〕は、殺人を犯した者が被害者の家族グループに支払うことになっていた賠償金であるが、これに関してゲルマン法は、核家族を優先しつつも、より遠い親族関係も考慮していたのであって、その場合、双系性にもとづいて、父方の親族と母方の親族に同等の額の賠償金が配られるように定めていた（OSF, p. 340–346, p. 427–438〔『家族システムの起源Ⅰ』四六六頁～四七四頁、五八〇頁～五九六頁〕）。

してみると、ケルト人、ゲルマン人、スラブ人は、ホモ・サピエンスのさまざまな変種にすぎず、互いに非常によく似ていたわけだ。彼らの使用言語は違っていたが、いずれもインド＝ヨーロッパ語族ではあり、まだ社会的類型やメンタリティにおける相違を導いてはいなかった。

ピエール・ギシャール〔フランスの歴史家。一九三九～二〇二一〕は、その著作『イスラム教時代のスペインにおける「東洋的」社会構造と「西洋的」社会構造』[23]の中で、カロリング朝時代の貴族階級における親族関係の水平性と流動性に注目している。カロリング朝〔七五一年～九八七年〕時代といえば、一一世紀以降に直系家族が擡頭するよりも前である。ドイツ人やイギリス人の著作を引用しつつ彼が用いている用語は、さほどの調整もなしに、未分化の親族システムで暮らしていた原初の狩猟採集民たちの集団を記述するのにも適用できるだろう。

ゲルマン民族以外でヨーロッパ史の主要アクターといえば、もちろんローマ人とギリシア人だが、彼らを原初の未分化性のカテゴリーに収めることはできない。彼らの親族システムには、一方の極への偏りという特徴が含まれている。メソポタミアで創出された父系制と、ギリシア人・ローマ人の親族システムの接触はかりそめのものではなく、実質をともなっていた。ただし、次章で見るとおり、前者は後者を圧倒してしまいはしなかった。それが事実なので、ギリシア人・ローマ人のケースでは、差異化プロセスにある種の可逆性があり得たことを認めなければならないほどだ。また一方で、ユダヤ教とキリスト教の出現は、われわれにとって、歴史のある時期以降の家族構造と宗教システムの共同進化がいかなるものであったかという問いを提示する契機となる。

諸民族への分割——相対的アイデンティティという概念

ホモ・サピエンスのことを、生物の進化プロセスの中で自然選択された、他のすべての生物と異なる唯一無二の動物種として語るのはよいが、だからといって、この種が自然に細分化されていることを見落としてはならない。具体的な男たちと女たちはつねに、より高い次元の一つの実体、すなわち民族に属している。ケルト人、ゲルマン人、スラブ人の原初的な人類学的構造が一般的に未分化だったからといって、それらさまざまな集団が、平和的な、あるいは暴力的な相互作用をともないながら歴史上に存在していたことが否定されるわけではない。動物行動学によれば、人類は内的攻撃性、同一種内での攻撃性のポテンシャルが大きいことを特徴とする種だという。[24] しかし、この特徴を明確に捉えるのに、必ずしもコンラート・ローレンツ〔一九〇三～一九八九〕を援用する必要はない。アダム・ファーガソン〔一七二三～一八一六〕が、早くも一七六七年に、その著作『市民社会史論』(*An Essay on the History of Civil Society*) の中でそれを捉えていたのだから。スコットランド啓蒙主義(デイヴィッド・ヒューム、アダム・スミス、ジェームズ・ワット等)を代表するこの人物は、おそらく思想史上初めて、民族学的に収集された具体的データを人間についての思索に組み込んだ。それはとりわけ、北米インディアンに関して収集されたデータだった。[25]

《最新の発見のおかげで、人びとが置かれ得るほとんどすべての地理的状況を知ることができるようになった。一方を見れば、人びとが広大な大地のいたるところに住み、そこでは互いの連絡が簡単で、さまざまなネイションをつなぐ連合体も容易に形成され得るような状況がある。別の方向に目をやれば、人びとはより狭い空間に密集し、山脈によって、大河によって、入り江によって、居住空間を限定されている。そういう状況は大陸から離れた小さな島々にも見出された。そうした所には、住民たちが集合しやすく、集合から有利さを引き出しやすい状況が存在していた。さて、分かったのは、それらすべての状況において等しく人びとが小郡ごとに分かれて暮らし、異なる名称を用い、共同体を別々にすることで、大いに好んで自分たちのあいだに区別を設けていることだった。同国人、同郷人(fellow-citizen and countryman)といった諸身分は、それらの参照対象となる異邦人(alien and foreigner)という身分との対立なしには、意味を失い、廃《すた》れてしまうだろう[26]》

ファーガソンは、「われわれ」と「彼ら」の弁証法を、集団の発展レベルに依存しないものとして経験主義的に確認している。彼は、この断片化を、人間集団のあいだの本質や性質の差異に帰してしまう誤りを犯さない。ファーガソンの記述には、人種や肌の色といった概念への言及がない。複数の人間集団がいつも紛争状態にあるのはなぜか。いずれの集団も等しく人間で構成されているからだ[27]。

リアリストであるファーガソンは、集団内部の道徳性を外の集団に対する敵意に結びつける。これはシンプルで、強力な確認である。

《これらの観察はわれわれ人類を告発し、人間というものについて好ましくないイメージを生み出すように思われる。（……）戦士たちを自国の防衛に立ち上がらせるのは、高潔寛大な無私の感情である。人間性から見て最も好ましい心の傾向が、人びとのあいだの明白な敵対関係の原則になるのだ（……）。ネイション同士のあいだに対抗関係がなければ、戦争に訴えるということがなければ、市民社会は目的を持つことも、ひとつの形を成すことも、ほとんどできない[28]》

この捉え方がいかに生々しく現代に通じているか、われわれは、ヨーロッパのネイション間の平和が持つ社会解体的効果を確認することをとおして痛感する。ファーガソンを読んだあとでよりよく理解できるのは、現代の先進諸国の社会が、自らのバランスを取り戻すために、国内でイスラム教徒たちを独特の集団として意識したり、対外的にはロシアを悪魔化したりする必要に駆られているということだ。突き詰めれば、そのバランスは諸国家の和解によって脅かされているのである。米国で黒人たちがひとつの集団として切り離される状況が永く続くのも、人類固有の同じ論理に起因している。

もちろん、人類史をとおして、戦争がなかった時代はない。しかし、ここでおこなっている確認は見かけほど陳腐ではない。ファーガソンよりずっと遅れてフロイトが提示した死の欲動に関する一般論よりははるかに確実に、人類の抱える根本的問題の一つに対してシンプルで有効な定式を与えることにつながるからである。集団の一体性は、他の集団への敵意に依存する。内部での道徳性と外部への暴力性は機能的に結合している。したがって、外部への暴力性のあらゆる低下は、最終的には、集団内で道徳性と一体性を脅かす。平和は、社会的に問題なのである。

私は本書のこのあとの記述の中で、人間集団のあいだの相互的定義を公理のように自明なものと見なすだろう。最も重要なことは、外部との戦争や社会の内部でのレイシズムを、人類を人類であらしめる諸特徴に照らして残念ながら病的ではない、正常な人間的現象であると認めることではない。肝腎なのは、どの集団にも、他の諸集団との関係に依存しない絶対的なアイデンティティなど存在しない、ということを理解することなのである。フランスがフランスとして本当に存在し始めたのは、一四世紀におけるイギリスとの紛争によってだった。米国の白人が白人として存在しているのは、黒人との関係においてだけだ。古代ギリシア人がギリシア人だったのは、現在の「野蛮人」に通じる「バルバロイ」〔訳の分からぬ言葉を話す者〕という呼称で呼ばれた他民族との区別においてだけだった。アテナイ人のアイデンティティはスパルタ人との対抗関係に、キリスト教徒の集団としてのそれは異教徒およびユダヤ教徒との違いに依存していた。たしかに人間社会はさまざまで、経済システム、家族構造、宗教的信仰、政治組織のいずれを見ても、それぞれに固有の性格がある。しかし、どの社会も、外部の指示対象（レフェラン）〔言葉や記号の指示する事象や事物。構造言語学の用語であり、英語では「レファレント」〕なしには考えられないし、記述され得ない。外部の指示対象が、相互影響や拒否の長年にわたる絡み合いの中でそれぞれの社会の性格の定着に寄与するだけでなく、各社会の内的一体感の醸成や、外部もしくは内部の「他者」に対する集団の連帯感の活性化を可能にするのだ。いかなる絶対的アイデンティティも存在しない。ホモ・サピエンスという種において、集団のアイデンティティはつねに相対的である。

第4章 ユダヤ教と初期キリスト教——家族と識字化

ユダヤ教も、キリスト教も、家族システムが複合的で、稠密で、明確に父系制もしくは母系制であるような社会に出現したのではなかった。しかし、そのことを理解するために、われわれはまず、旧約聖書が提示する家族の表象への囚われから脱却しないといけない。この点については、実はこれまで私自身も、他の非常に多くの研究者と同様に、旧約聖書の系譜記述によって催眠術をかけられた結果、たくさんの誤謬を犯してきた。

旧約聖書のテクストでは、アダムとエバから始まる唯一の人類を起点とする諸民族の分離とイスラエルの建国が、長子相続を軸として語られている。『出エジプト記』に記載された十《とお》の災い〔奴隷状態にあったイスラエル人を救出するため、神が古代エジプトにもたらしたとされる十種類の災難〕と出エジプトの物語には、初子《ういご》のテーマが付きまとっている。『申命記』においては、長子には他の子の二倍の分け前を与えるのが相続の規則とされている。したがって、旧約聖書は父系制長子相続を描いているように見える。私はかつて、こうした文献上の直系家族に一神教の人類学的基盤を見たのだった。旧約聖書に出てくる父親たちのイメージが強く、それが人間に厳しい要求を課す唯一神のイメージを支えていたのだ。歴史を大きく下って紀元後の一六世紀からは、ドイツと、南フランスのオック地方で、プロテスタンティズムが、これは神の子の宗教というよりも父なる神の宗教であるが、長子相続の出現によって好条件に恵まれたように見えた。日本では、一二世紀から一六世紀にかけて、あの国で仏教の主流になった浄土真宗の一神教的側面が、これまた直系家族の発生と連動した(1)。しかし、長子相続と唯一神の結びつきが普遍的だというのは、あまりにも単純すぎる理論である。早い話、そんな理論は、初期キリスト教にも、イスラム教にも適用できない。この二つは代表的な一神教だが、いずれもその成功を直系家族制度に負っていない。では、ユダヤ教はどうか。ユダヤ教がその聖典において直系家族を強く夢見たのは事実だが、ユダヤの民は、彼らの歴史のどの段階でも、直系家族制度を本格的に実践したことなどありはしない。

古代のユダヤ人家族の表象はたいてい戯画的だ。旧約聖書の読まれ方は、実際、古代のユダヤ人たちの家族構造をあるがままに捉えることを妨げてしまうような二つの予断に条件づけられている。まず、家族史の「標準モデル」があり、これは過去に複合的構造を求め、いたるところにその後の核家族の出現を見出して飽きない。その上、「ベドウィン・モデル」も存在する。こちらは、中東のアラブ系遊牧民（ベドウィン）が営んでいる父系制の内婚制共同体家族に注目し、それをイスラエル人の始祖アブラハムの移動家族の形態の現代版のように見なす。さらに、アブラハムの子イサクの息子であるヤコブが、自分の母方の兄ラバンの娘であるリサおよびラケル、つまり母方の交叉イトコと結婚したことを考慮しよう。すると、どんな結論が導き出されるかは明白だ。古代ユダヤ人の家族は父系制で、共同体家族で、内婚制だった、ということになるのである。

このステレオタイプの通俗バージョンは、たとえばフランスでは、アンドレ・シュラキ〔イスラエル人の弁護士・文筆家で、旧約聖書の仏語訳などで知られる。一九一七～二〇〇七〕の『旧約聖書の人びとの日常生活』[2]〔『……の日常生活』はアシェット社の名高い教養書シリーズ〕に開陳されている。しかし、この幻想には多種多様な学問的体裁も与えられてきた。バルーク・ハルパーン〔米国の考古学者、一九五三生まれ〕は一九九一年に、父系制で内婚制の氏族組織というフルメニューをわれわれに提供した。その組織が崩壊して初めて、古代ユダ王国で、ヒゼキヤ王（在位前七二七年～前六九八年）の治世からヨシア王（在位前六三九年～前六〇九年）〔敬虔な王で、『申命記』の精神に呼応する宗教改革をおこなったとされる〕の治世にかけて、核家族と、そしてそれに当然ともなうものとしての個人主義および道徳的責任の観念が現れたというのだ[3]。ハルパーンは、その物語を従来の「標準モデル」に合致させるための諸条件を入念にすべて満たしている。古代のユダヤ人家族と現在のイスラエル国家のアラブ人村落の家族との比較も忘れていない。こうして、紀元前七世紀のユダヤ教宗教革命――唯一の王、唯一の聖都、唯一の神殿、唯一の神――は、いうまでもなく当時の個人主義擡頭の反映だということになる。

家族形態をめぐるこの先入観に、古代ユダヤに関するあらゆる文献が毒されている。ここ一五年のあいだに、偉大な考古学者や歴史学者が、旧約聖書に記されている事跡のうち、まずウルから出立した族長たちの長い旅路について、次に出エジプトについて、そして最後には、北の王国イスラエルと南の王国ユダに分裂する前に存在したとされる強大な王国についても、それらが文学的な神話にすぎないことを明らかにして、われわれを旧約聖書の物語からある意味で解放してくれたわけだが、件の先入観は、そんな考古学者や歴史学者の仕事にまで及んでいる。イスラエル・フィンケルシュタイン〔イスラエルの考古学者、一九四九年生まれ〕とニール・アッシャー・シルバーマン〔米国の考古学者、一九五〇年生まれ〕の『発掘された聖書――最新の考古学が明かす聖書の真実』〔越後屋朗訳、教文館、二〇〇九年〕や、マリオ・リヴラーニ〔イタリアの古代史家、一九三九年生まれ〕の『旧約聖書と歴史の発明』は、たしかに、聖典に依存しない現実、具体的には鉄器時代（つまり紀元前一二世紀以後）にパレスチナで暮らしていた人びとのことを出発点とする探究の驚くべき成果である。ところが、それらの著作でさえ、古い社会考古学から引っ張り出されてきた氏族（クラン）、系族（リニジ）といった概念に影響されている。それらの概念は、歴史学者たちによって過去へ投影されているわけだが、彼らの脳裡にあるのは、彼らが明示的にそうと言っていなくても、やはり父系制の氏族である。どうやら彼らは、流動的で未分化の家族形態の存在を知らないらしいのだ。(4)

長子相続は、長男に恩恵をもたらすにせよ、研究者がこぞって間違いを犯す事態を食い止める警告になり得たはずだ。なぜなら、家族的・家庭的編成のこの要素は大抵の場合、かつてドイツや日本やその他の地域でそうだったように、人類学者が「双系的な」、ないし「未分化の」と記述する親族システムに対応するのだから。たしかに旧約聖書には系譜が記されており、それは旧約聖書の中では主として父系的である。しかし旧約聖書は、たとえばケンブリッジ大学のある研究者が粘り強いフィールドワークを経て仕上げた個別研究論文、というようなものではない。そうではなく、歴史上の長い期間にわたって書き継がれた、ひとつの宗教的・家族的・民族的プロジェクトなのだ。旧約聖書のそのプロジェクトが、神によってイスラエル人に約束されたというカナンの地〔旧約聖書『創世記』一二・七〕で、あるいはディアスポラの世界で、果たして一度でも実現したことがあっただろうか。この問いに答えを与えるためには、鉄器時代から、われわれのこの紀元後三〇〇〇年紀初頭にいたる歴史を視野に入れ、旧約聖書に拠る以外の方法で、他の情報源を頼りに、古代イスラエル王国・古代ユダ王国の民や、現実のユダヤ人をじかに観察することが必要で、それ以外に手立てはない。

原初ユダヤ人の核家族

クリストフ・ルマルドレ〔フランスの古代宗教史研究者〕は、いわば、鏡の向こう側へ行って来た研究者である。画期的な学術論文において、彼は家族史の「反転モデル」を認め、考古学と文字資料から得られるデータを精査した。そしてそこから、古代のユダヤ人家族が核家族的形態から複合的形態へと進化したという仮説を引き出した[5]。実際、家族史の反転モデルを適用するためのすべての条件が揃っている。とりわけ、カナンの地は近東地域の周縁部に属し、したがって例の保守性原則の当てはまる土地柄である。父系原則はメソポタミアで紀元前三〇〇〇年紀に出現し、西方へと伝搬したが、古代イスラエルの高地まで伝わるのはきわめて困難だった。イスラエルの考古学者たちによって発掘された鉄器時代初期、紀元前一〇〇〇年頃の小さな家屋はいずれも、核家族しか収容できないサイズだった[6]。そうであってみれば、肥沃な三日月地帯の周縁の高地に暮らしていた「遅れた」集団は長子相続という父系制の最初の原則の獲得においても遅れていたのだ、と推理するほかはあるまい。二五〇〇年ほど時代を下ってみると、カナンの地のすぐ北の高地にイスラム教徒のアラウィー派やドゥルーズ派、またキリスト教徒のマロン派が居住しているが、周辺の低地一帯に拡がる父系制で内婚制の共同体家族の世界との比較において彼らを特徴づけるのは「太古的な」諸特徴、すなわち、残存した核家族性、比較的高い女性のステータス、比較的低い内婚率、非平等主義的な性格を残している相続システム、なのである（OSF, p. 484, p. 500–501〔『家族システムの起源Ⅰ』六五三頁、六七四頁〜六七六頁〕）。

かつてジェームズ・ジョージ・フレイザーは、旧約聖書の物語に関して、強迫的なまでのこだわりの対象となっている長子相続の規則と、その規則に違反する相続をおこなう人物が続々登場しているということの間の矛盾を指摘した。そのような文学的表象の原型は『創世記』に見出せる。ヤコブが母に助けられて、兄エサウの長子権を横取りするエピソードがそれである〔精確には、ヤコブはエサウの油断に乗じて長子権を譲り受ける。母の助言と手助けで横取りするのは父イサクの祝福である〕。長男でない跡継ぎや、男たちよりも強い女たちの例は、他にも多く挙げることができる。末子に特定の役割が与えられるケースもあり、これは原初的な（フレイザーは「自然な」と言っていた）核家族に典型的なことであった。息子たちのうち年長の者がそれぞれ自分の家族を作るために次々に新しい土地へと去っていったあと、末子が親の面倒を見るというシステムであった[7]。なにしろ、ホモ・サピエンスは移動しながら暮らしていたのであり、初期の農業は膨張的だったのだ。件の矛盾を説明するために、フレイザーはもともと古い核家族が存在していたと前提し、その仕組みと機能を、後の世に現れた旧約聖書の編纂者たちがもはや理解していなかったのだと考えた。その考えにしたがえば、旧約聖書のテクストを執筆した律法学者らは、伝説を創ることで、彼らには長子相続という正しいシステムの機能不全のように見えていた、長子以外の息子たちの役割を説明したのだろう。この説明はもしかすると王族の系譜に適用できる。ソロモン王については、考古学者らの最近の研究により、その王国が現実にはさほど大きくもなく、さほど栄華に満ちてもいなかったことが判明したが、彼は実際、ダビデ王の長男ではなかった。旧約聖書に出てくる族長たちはといえば、文献上の人物たちであり、実在のモデルもなしに発明されたと考えられる。しかし、フレイザーの推測よりさらに一層シンプルに、旧約聖書が書かれた時代にも依然として一つの矛盾が存在し続けていたと想像してみることを阻むものは何もない。つまり、当時、長子相続は新しい概念で、先進的なものとして社会の上層部から律法学者らの文化の中には浸透していたが、ユダヤ地方の一般住民たちの習俗であった未分化の核家族がそれに抵抗していたのではないだろうか。そしてその両者のあいだの緊張関係が宗教的神話の形をとって、旧約聖書のあちらこちらに表れたのではないだろうか。

新アッシリアおよび新バビロニアの時代――長子相続と父系制

年代の推定を試みよう。「長子には二倍の分け前を」という、『申命記』の定める相続の規則を中心的な指標とするのが適切だろう。この規則はすこぶる独特なので、われわれをすこぶる単純な起源へと導いてくれそうだ。この規則は、シュメールを起点として到るところに伝搬し、紀元前一〇〇〇年紀の近東ではきわめて広く一般化していた。新アッシリア帝国の法典にも書き込まれた。したがって、イスラエルの民がそれを獲得した経緯として想像できるのは、一つには、紀元前七二〇年頃、北の王国イスラエルを新アッシリア（前一〇世紀末〜前六〇九年、メソポタミア北部を中心に全オリエントを支配した大帝国）に滅ぼされた折、征服者アッシリア人との接触をとおして長子権の規則を学んだという経緯だ。あるいはまた、もっと時代を下って、ユダ王国の人びとが紀元前五九八年と同五八七年に新バビロニア（前六二五年〜前五三九年、メソポタミア南部のバビロニアから地中海沿岸までを支配した大帝国）の王ネブカドネザルによって強制移住させられた事件、いわゆる「バビロン捕囚」ののちに、バビロニアでの捕囚生活の中で件の規則を採用するようになったというストーリーも考えられよう。亡命からの帰還はもっとあとで、マリオ・リヴェラーニによれば、紀元前五三九年から同四四五年にかけてであった。さて、旧約聖書の専門家たちは一致して、「長子には二倍の分け前を」という規則を含む『申命記』の書かれた時期を紀元前七世紀〜同六世紀としている。[8] ところがその時期には、バビロニアにおける相続の規則は、すでに平等主義的になって久しかった（OSF, p. 525–531〔『家族システムの起源Ⅰ』七〇六頁〜七一四頁〕）。紀元前八五九年から同六二七年まで続いたアッシリア人との接触や関わり合いを由来とする長子相続制の獲得という説のほうが、はるかに信憑性が高い。

しかし、もう一つ、明らかなことがある。さらに後年、ペルシャが新バビロニアを征服したことで捕囚状態から解放され、約束の地に帰還したユダヤ人たちは、明らかに系族（リニジ）と純血性に取り憑かれていた。彼らはエルサレムとユダヤ地方の支配権を取り戻し、エルサレムの神殿を再建した（神に捧げられたのは前五一六年であった）。系譜への彼らのこだわりがあれほど強いものであった以上、彼らはバビロニアから、長子相続制とは別に、力を増した父系制を持ち帰ったにちがいない。したがってわれわれは、新アッシリア時代と新バビロニア時代を引っくるめ、それを全体として、父系制イデオロギーがまずパレスチナへ、次にはより明確に南へ、ユダヤ地方へと伝搬していった時代、というようにイメージすべきであろう。それでも、長子相続が依然として中心的なファクターであった結果、当該地域の父系制はレベル1にとどまった。つまり、一般に、親族システム全般の双系性を問い直すまでにはいたらないレベルである。結局、紀元前七世紀〜同四世紀のイスラエルに関して前提命題とすべきは、そこで進行したのが、未分化の親族・家族システムに長子相続制を接ぎ木する試みだったということである。

ユダヤ地方の農民たちは、数世代が同じ世帯内に同居するような、充分に発達した直系家族の段階に達しただろうか。これは疑わしい。新アッシリアによる北の王国イスラエルの征服も、新バビロニアによる南の王国ユダの征服も、農村生活を積極的に構造化するものではなかった。アッシリア人による農民の強制移住や、その後のバビロニア人によるエリート層の強制移住も、イスラエルおよびユダの都市と田舎の組織を解体しただけだった。それゆえ、長子相続の考え方が影響を与えた範囲はおそらく、宗教やイデオロギーの次元に限られていたのだろう。それは、それ自体として重要ではある。しかし、ユダヤ人の農村社会がある時期に直系家族システムによって編成されたという仮説は排除される。

ヘレニズム時代、次いでローマ時代――双系性への逆行

紀元前三三四年から同三二八年にかけて、マケドニアのアレクサンドロス大王によってペルシャ帝国が征服されると、政治や文化の風向きが変わった。アッシリア人の覇権の時代からペルシャ人の覇権の時代まで、その風は東から西へと吹いて父系制を伝搬したのだったが、ギリシア風文化、すなわちヘレニズムの時代になると、西から東への風が吹き、双系性が伝搬した。実際、ヘレニズムの時代と、それに続いたローマ時代には、地中海周辺の地域一帯で、親族システムが双系性へと一斉に逆行する現象を呈した。このことは、充分には説明できないとしても、事実として確認しておかなければならない。父系制へと変容

しつつあった親族システムが、男女の相対的同等性に立ち帰る方向へ急転回したのである。

最盛期の古代ギリシアと共和政ローマは父系制の家族システムを持っていた。紀元前五世紀、ペリクレスが政治的リーダーであった頃のアテナイでは、なんと女性たちを婦人部屋に隔離していたのである。それに比べれば、たしかにローマ人たちは彼らの妻たちをより尊重していた。しかし、ローマの人びとは一種の仲間で、父系制の（ラテン語起源の用語でagnatique〔内戚の〕）氏族であったので、先述のように氏族の常として、捕食者的活動を通じて制度を広く伝搬するポテンシャルが大きかった。その結果、歴史上つねに女性のステータスを相対的に高く保っていたエジプトにおいても、その上層階級には、何度も繰り返して、父系制の萌芽が発生したのであった。

ところが、ヘレニズムの時代になると、サラ・ポメロイ〔米国の古代史家、一九三八年生まれ〕が指摘するように、女性たちの状況が改善する。[9] ウィリアム・ハリス〔イギリス出身の古代史家、一九三八生まれ〕によれば、娘の教育が家族の関心を惹き始める。[10] 両性の平等の進展は、プトレマイオス朝〔アレクサンドロス三世の部下であったマケドニア人のプトレマイオスが紀元前三〇四年に創始した王朝で、前三〇年に滅亡〕が栄えたギリシア風エジプトで特にいちじるしかった（OSF, p. 571–575〔『家族システムの起源Ⅰ』七六六頁〜七七三頁〕）。私は『家族システムの起源Ⅰ』において、帝政期のローマで家族システムと親族網のあり方が核家族性および双系性の方向へと逆行した経緯を詳しく検討した（OSF, p. 346–357〔『家族システムの起源Ⅰ』四七五頁〜四八八頁〕）。最後には、紀元後五三三年にあのユスティニアヌス法典〔ローマ法大全の一部を成す法典〕が、遺産相続における男子と女子の平等を記載する。この法典は当初ラテン語で起草されたにもかかわらず、発布されたのは、すでにギリシア語を公用語としていた東ローマ帝国の首都コンスタンチノープルにおいてであった。

ユダヤ地方も、すでにヘレニズム王国――プトレマイオス朝、あるいはセレウコス朝〔現在のイラク、シリア等の広大な領域を前三一二年から前六三年まで支配した王国〕――の支配圏に入り、その後ローマ帝国の支配圏に入ったのであった以上、双系性へのこの逆行の影響を受けずにはいられなかったはずだ。少なくとも、父系制への進化がブロックされたことは認めるべきだろう。実際、われわれが確認できるのはそのことだ。律法学者たちによるユダヤ教の教義の整備が、エルサレムの市街と神殿が紀元後七〇年にローマ人によって破壊されたのちにどう進展したかを見ると、なるほど、ユダヤ人のテクストの中で父系制の要素と母系制の要素が共存し始めているのである。とはいえ、次の事実を意識しておく必要がある。すなわち、この時期にはすでに、ユダヤ人人口の内で、エジプト、シリア、小アジアに、そして若干はローマにまで散らばったディアスポラのほうが、ユダヤ地方の人口よりも大きな比重を占めるに到っていたという事実だ[11]。ディアスポラの大半は都市住民である。都市住民には、実のところ長子相続の規則は採用できない。なぜなら、農村部に土地や家屋等があっても、それを分割することなしにまるごと相続することは不可能だからである。都市文明は、それだけが決定的な要因ではないにせよ、家族システムが核家族性と双系性へと逆行するために好都合な環境を提供する要因ではある。

ユダヤ民族の母系制という騙し絵

紀元後二〇〇年頃のことである。『ミシュナー』〔ユダヤ教の口伝律法をヘブライ語で編纂した文献。のちに「タルムード」の基礎を成す本文となった〕に定着するかたちで、ユダヤ民族への帰属は母親から継承するという、たいへんよく知られた規則が現れた[12]。これを根拠として、ユダヤ教が母系制へと推移したと想像するのは容易であろう。そして、その推移は、中東でどんどん拡がっていた父系制に対する反動だったと考えていけないことがあろうか。シェイ・J・D・コーエン〔ヘブライ文学・思想の専門家、一九四八生まれ〕は、比較的遅くに出現したこの規則の年代を疑問の余地を残さず確定した研究者だが、その出現の歴史的経緯については合点のいく説明を見出し得ず、博識な律法学者の気まぐれから始まったことなのだろうと結論した。たまたま、物事を創設する効果をもつ気まぐれだったというわけである。しかし、謎の解明を諦める前に、彼は真実のすぐ手前まで行っていた。「混合結婚は」と彼は書いている。「律法学者らの仕切る社会で深刻な問題とは思われていなかった。仮に深刻な問題だったとしても、よい答えは、双系システムを確立し、子供が出生時からユダヤ人と認められるためには父母ともにユダヤ人であることを要す、とすることだっただろう[13]」。ここに「父母ともに」とあるが、ディアスポラでは父親たちは皆ユダヤ人だったのだから、父方は初めから問題ではなかったのだ。

集団は、自らのアイデンティティを守ろうとするときには決まって、その集団に属する女性が文化的にオーソドックスであることを、つまりその集団の伝統に忠実もしくは順応的であることを求める。その傾向がいっそう強まるのは、男たちの主導でしばしば異邦へ移住する集団の場合だ。そうしたグループは、移住地で女たちを仲間内に吸収していく。というのも、それがユダヤ人にとって、民族分散のメカニズムだったからだ。ちなみに、紀元前八世紀と同七世紀に地中海周辺の西部一帯に植民したギリシア人にとっても、メカニズムは同じだった。出身地の外へ移住していく男たちの大半は、居を定めた地で見つけた女性と結婚する。第1章で確認したように、アシュケナージ系ユダヤ人の遺伝子構成の分析により、母親から伝わるミトコンドリアのDNAにおいてはヨーロッパ系の要素の優勢が判明している。してみると、母系制が現れたのは、おそらく単に、ユダヤ人の男たちがそれぞれの妻に改宗を要求せざるを得ないようにするためだったのだろう。その規則は、もともとは母系制へのどんな願望も表現していなかったと思われる。むしろ、父親の宗教こそが子の世代へ伝えられなければならなかった。この要請が肝腎だからこそ、律法主義のユダヤ教は子供の宗教教育における父親の責任をしきりに強調するのである[14]。

われわれはまた、異教徒の女性たちが、ユダヤ教の持つ家族重視の価値観に惹かれた可能性も想定しておくべきだろう。その後の歴史の中でも、異教徒女性がキリスト教の家族的価値重視に惹きつけられるということがあったのだから。シェイ・J・D・コーエンの著作に次のようなくだりがある。「ダマスカスの住民たちは、町に住むユダヤ人たちを大勢殺戮しようと企てていたが、そのプランを秘密にしておかなければならなかった。彼らの妻たちが、ほんの数人を除いて皆、すでにユダヤ教に改宗してしまっていたからである[15]」。

現代にまで伝わっている最古の改宗典礼定式書は「バビロニア・タルムード」に記載されており、シェイ・コーエンが紹介してくれている。その定式は驚くほど単純だった。男であれ、女であれ、改宗者が答えなければならない問いはただ一つ。迫害された集団の一員になろうと望んでいる意識はあるかと問われ、ほんの僅かな語しか返すことを許されない。すなわち、「そのことを承知しています。そして私はそうすることに値しません[16]」と答えることになっている。教義上の細かい知識の有無などはいっさいチェックされない。妻は宗教の伝達において中心的な役割を担わないので、確認すべきはもっぱら、彼女がユダヤ人共同体に入り、非ユダヤ人の世界から離脱することなのである。

ユダヤ教の教育における父系制

紀元後六三年〜六五年頃、エルサレムの第二神殿が破壊される少し前、ユダヤ教・パリサイ派の大祭司ジョシュア・ベン・ガムラが、ユダヤ人で子を持つ父親全員に対し、六歳または七歳の息子を小学校に通わせて旧約聖書冒頭の『トーラー』〔教え、律法〕、すなわち『モーセ五書』を読むことを学ばせよと指令した。ルターとプロテスタンティズムより約一五〇〇年も早く、ひとつの宗教が神学的な理由により大衆の識字化を求めていたわけだ。おそらくジョシュア・ベン・ガムラのこの行為こそが、今日われわれのよく知っているユダヤ教およびユダヤ教文化を創始したのである。以来、ユダヤ教は特定の領土への定着を失っても生き延び、非常に識字率の高いディアスポラを形成した。この人びとの世界を対象とし、紀元後七〇年から一四九二年までの長期間を共同で研究したのが、マリステラ・ボッティチーニ〔イタリアの経済学者、ボッコーニ大学教授〕とツヴィ・エクスタイン〔イスラエルの経済学者、一九四九年生まれ〕である。この二人の研究者によれば、この点で彼らはおそらくカトリーヌ・ヘッツァー〔ドイツ生まれの宗教史家、ユダヤ研究者、一九六〇年生まれ〕の説を踏襲していたのだが、第二神殿が破壊された当時、ユダ王国のユダヤ人たちの識字率はギリシア人やローマ人のそれよりもむしろ低かったという[17]。

ウィリアム・V・ハリスは、ギリシア・ローマ帝国の文化的最盛期における識字率の見積もりを試みた[18]。イタリアでは、男子の識字率が二〇%を、女子のそれが一〇%を、それぞれ明確に下回っていたようだ[19]。ハリスが帝国全般に与えている数値を見ると、その値は一般に西方でより低く、東方ではより高く、全体の平均では最大で一〇%程度となっている。この数値は、まったくとるに足らないわけではない。しかし、ハリスも指摘しているように、一五八〇年〜一七〇〇年の頃のイギリスの識字率には明らかに及ばない。

ボッティチーニとエクスタインは、逆説的なことに、彼らの研究対象の一五〇〇年間について識字率を提示していない[20]。どうやら彼らは、律法主義ユダヤ教の有する教育の能力や実績を過大評価しているようだ。とはいえ、律法主義ユダヤ教の教育上のパフォーマンスはやはり特筆に値する。それがどれほどのものだったか、およその見当をつけるために具体的なデータを挙げてみよう。一八九七年、ちょうど大衆識字化の端緒についたところだったロシアで、全国人口調査が実施された。その結果のうち、ユダヤ人と非ユダヤ人のそれぞれの識字率を比較してみよう。ロシア帝国の全人口中での一〇歳以上の男子の識字率は二八％だったが、それをユダヤ民族に限定し、読むのはイディッシュ語のヘブライ文字でもロシア語の文字でも構わないとすると、数値が六五％まで上昇する。(21) 一八三七年以前に生まれた、当時六〇歳以上の人口に注目すると、原初的なユダヤ文化にもう少し近づくことができ、その不完全さや父系的な教育の偏りをも垣間見ることができる。男性の識字率は五四％だったのに対し、女性のそれはわずか一五％にとどまっていた。このデータが示唆する世界は、紀元後一世紀に大祭司ジョシュア・ベン・ガムラが夢見た世界に近いのではないだろうか。次章の主なテーマはドイツとプロテスタンティズムの宗教改革だが、私はそれに加えて、人類を全体として見たときの識字化プロセスにも言及するだろう。

双系システム

教育における父系制と宗教的帰属における母系制を組み合わせると、律法主義ユダヤ教が擡頭した頃のユダヤ人家族をある程度精確にイメージすることができる。そこでは父系的要請と母系的要請が共存しているので、そのことを根拠に、ユダヤ民族の家族システムは人類学で「双系の」と形容されるシステムだといえる。このシステムは、父系制の影響を被ったけれども、おおむねその影響に抵抗し、父系制の特徴を吸収したにもかかわらず比較的高い女性のステータスを保全したというタイプの文化に典型的である。加えて認めるべきは、ディアスポラが主に都市に定着したことによってユダヤ民族の人びとの居住形態が都市型に変容し、その結果、本格的に複合的な家族が形成される可能性が消えたということだ。同時にわれわれは、ユダヤ人たちが、イランからモロッコまで、スペインからロシアまで、いたるところに散在し、多種多様な環境に自分たちの生活様式を適応させてきたことを承知している。その事実がわれわれに想起させるのは、未分化核家族の持ち前のプラグマティズムである。つまり、両親との一時的同居、年老いた親の引き取り、地理上の移動性と定住性の間での選択、兄弟姉妹の絆の強さ、遺産の配分は平等でなければいけないという厳格な原則の不在……といった臨機応変な柔軟さである。たしかに、教育に父系制のバイアスがかかっていることは明白だ。また、『トーラー』（『モーセ五書』）の読みによって、長子相続の象徴的価値付けが行われ続けている。しかしながら全体として、家族のタイプは未分化核家族にとどまっている。

かくして、一七世紀のドイツにおけるユダヤ人ゲットーの人口調査から見えてくるのも、双系親族の絆で構造化された家に住む複数の核家族世帯である。そうした若いカップルの集住は母方居住とも父方居住とも決まっておらず、二つの選択が混ざり合っている[22]。より東方では、これはロシアという環境の効果であろうが、父方居住の傾向がより顕著だ[23]。同様に、アラブ・ペルシャ世界にいるユダヤ人たちには、環境に起因する父系制の影響を推測しなければならない。それでも、婚姻モデルが明らかにするのは、ユダヤ人の家族文化における原初的な未分化性の抵抗力の強さである。

ユダヤ教の穏健な外婚制

ユダヤ人の民族枠での内婚からの連想で、人はしばしば、ユダヤ人家族について内婚制のイメージを抱くという誤りへと導かれてきた。ユダヤ人のあいだでイトコ婚が禁忌の対象になっていないことや、オジと姪の結婚（異世代間の結婚）が可能であることが、今日、家族形成において内婚を実践しているアラブ人集団との地理な近さとも相俟って、そうした類型化を助長してきたのだ。しかしこれは、ひとつの神話にすぎない。多様なユダヤ人が多数、近代国家イスラエルに移住した結果、ヨーロッパ出身の、あるいはアラブ・ペルシャ世界出身の諸集団について、家族枠内婚の比率を精密に計ることができるようになった。一九五五年頃のイスラエルでは、本イトコ同士の結婚はアシュケナージ系ユダヤ人ではわずか一・四％しか確認されず、その他のユダヤ人——そのほとんどはアラブ世界出身だった——においても七・九％だった。[24]

　この数値は、ヨーロッパのキリスト教人口の一％未満というイトコ婚率に比べて高いにはちがいないが、しかし、異論の余地なく穏健な外婚制モデルに当てはまる。それはまず、ヨーロッパ出自のアシュケナージ系ユダヤ人の場合に明白だ。しかし、アラブ・ペルシャ世界出身のユダヤ人のケースで八％未満というのも、彼らが、平均で三五％という高い内婚率の世界に包み込まれてその影響下にあったことを思えば、実際にはたいへん低いといえる。第一、アラブ勢力に征服される以前は明示的に外婚制であったキリスト教徒たちも、近東においては、同じ地域のユダヤ人と同様に内婚制の文化的圧力の下に置かれた結果、ある程度の内婚率を記録するに到ったのだ。一九八六年に、ミリアム・クラ〔フランスの人口学者、フランス国立人口問題研究所所属〕がベイルートのキリスト教徒における本イトコ同士の結婚率を計測したところ、その率は奇しくもぴったり七・九％であった。[25]

　ユダヤ人文化は、ローマ人やその他多くの人びとの文化がそうであったように、事実上の外婚制だったといえそうだ。つまり、イトコ婚を禁止することはせずに、一般的にそれを避けていたのである。聖アウグスティヌスは、『神の国』の中で、この無意識の外婚制を理論化した。

《わたしたちの時代においても、従兄妹間の結婚は、従兄妹が兄弟姉妹にもっとも近い血縁関係であるということのゆえに、法によってそれが許されていたけれども——じっさい、神の法はそれを禁じはしなかったし、また、人間の法律もまだ禁じていなかった——習俗の力でまったくまれにしかおこらなかったということは、わたしたちの経験してきたところである。

それにもかかわらず、許されていたこの行為も、不法な行為に接したものであるがゆえにひどく嫌われ、従姉妹との結合は姉妹との結合とほとんど同じことであるかのように見られたのであった(26)》

この段階でわれわれは、ユダヤ人の家族システムを未分化の核家族システムと確定することができる。それでいて、その家族システムがホモ・サピエンスの原初的な型から辛うじて遠ざかっていたとすれば、それは父系制への傾きと、稀にしか実現されていなかった長子相続制志向の夢によってであったといえよう。

ユダヤ人家族の正真正銘の革新——子供たちの保護

それでもユダヤ教は、未分化核家族モデルの機能の仕方を変えなかったわけではない。古代ではまったくオリジナルだった禁止、すなわち堕胎の禁止と嬰児殺しの禁止を導入したのだ。旧約聖書ははっきりと出産奨励主義で、ホモ・サピエンスのプラグマティックな態度と袂を分かっている。ホモ・サピエンスのほうは、ごく自然にマルサス的〔人口制限論的〕で、人口と食糧のバランスでものを考え、食糧調達困難な場合には「汝、殺すなかれ」といった掟に縛られる気持ちなどほとんどなかったのだ。ユダヤ教のこの革新が古代におけるユダヤ民族の高い出生率を支え、その出生率が、ローマによる征服にも先立って、異邦への移住とディアスポラの人口増加を部分的に説明する要因になっていたと推察するのは、妥当なことだろう。

▼フラウィウス・ヨセフス〔元ユダヤ軍の指揮官で、帝政ローマの著述家。紀元後三七～一〇〇頃〕**と歴史家タキトゥスが見た、紀元後一世紀末のユダヤ的道徳性**

いわば弁護人であるフラウィウス・ヨセフスも、告発者として現れるタキトゥスも、ユダヤ民族における嬰児殺しの拒否を特筆している。前者を読むと、女性を尊重する態度と、父系制への傾きの混ざり合いを捉えることができる。後者はユダヤ教への改宗が増えることを心配し、それを忌まわしいこととして告発しているが、その過程で、いかなる革新性がユダヤ教の吸引力となっていたかを教えてくれる。すなわち、集団の内的結束、道徳性、子供の尊重である。

フラウィウス・ヨセフス『アピオーンへの反論』（紀元後九三年頃）〔ユダヤ教に関する護教的著作〕

《では、わたしたちの結婚に関する律法はどうか？

わたしたちの律法は、子どもをもうけるための、夫と妻との自然な結びつき以外の一切の性的な野合を認めない。男色は禁止され、それを行う者は死刑に処せられる。

律法は、妻を娶《めと》る場合、その持参金に影響されないこと、暴力をもって奪取などしてはならないこと、手練手管を用いてはならないこと、その仕える主人を介して、近親結婚のおそれのない適当な女性をもらうことを命じている。

律法によれば、女性は、あらゆる点で、男性に劣っている。したがって、女性は従順にしておかなければならない。それは何も、彼女たちを侮辱するためではなく、男性の指図を素直に受けることができるようにするためである。なぜなら、そうする権威を男性は、神から与えられているからである。

夫の性的結合の相手は、妻のみでなければならない。他人の妻を犯すことは邪悪である。その種の罪を犯す者には、容赦なく、死刑が宣告される。婚約中の処女を犯した場合であろうと、結婚している女を誘惑した場合であろうと、それは同断である。

律法はまた、いっさいの子孫は養い育てられるべきものとし、堕胎や人為的な流産を禁じている。この罪を犯した女性は、幼児殺しと見なされる。なぜなら、彼女は、ひとつの霊魂《プシュケー》を破壊し、その子孫を消滅させるからである。また同じ理由から、産褥にある女性と交わった者も不浄と見なされる。また、たとえ合法的な夫婦の交わりの場合でも、その後で清めが必要とされる。なぜなら、律法は、このような行為によって霊魂は分断され、その一部は他所に〔さまよい出る〕と見なしているからである。また、霊魂は、肉体に宿っているときでも、死によって肉体からさかれたときでも、苦しむからである。そういうわけで、律法は、このような場合の清めを規定しているのである》

以下、子供の教育について。

《律法はまた、子どもの誕生の際に、祝宴を張ったり、またそれを口実とした過度の飲酒というものを認めない。

そして、教育やしつけについては、そのそもそもの出発点から、まじめに行うよう命じる。

子どもたちは、まず読むことを教えられ、ついで律法と先祖たちの事蹟を学ばなければならない。その目的は、彼らが後者を模範とし、また彼らが前者を学んだ以上、それを犯したり、無知を口実としたりし

ないようにするためである[27]》

タキトゥス『同時代史』（紀元後一〇六年〜一〇七年）

《性悪な者は皆、父祖伝来のわれわれの宗教を無視し、〔ユダエア人の〕神殿に貢税や奉納物を持ち寄る。そこからユダエア人の富は増える。

それに彼らはお互いに信頼を頑固に守り、同情の手をいつでもすぐ差しのべる。しかし、彼ら以外のすべての人間には敵意と憎悪を抱く。

食事は別々にとり、寝床でも別れて寝る。情欲に耽《ふけ》りがちな種族なのに、異邦の女との共寝は避け、自分たちの間ではすべてを許す。

生殖器の割礼を風習とするのも、この奇習で他の民族と区別するためである。彼らの宗教に改宗した者は、同じ習慣を採用する。何よりもまず教え込まれるのは、神々を軽蔑し祖国を否認し、親子兄弟を重んじないことである。しかし人口の増加には気を配る。**事実、後継者以外の子であっても子供を殺すことは罪悪であり、**戦争や処刑で死ぬ者の魂は不滅と考えている。

そこから子供を持ちたいという欲望と、死への軽蔑が生じる[28]》

原初のキリスト教

ユダヤ教との比較でキリスト教を考えるとき、われわれは一般に、キリストと聖パウロが創始した宗教の形而上学的革新を捉えようとする。キリスト教に先行したユダヤ教の中に潜在していたが、けっして支配的ではなかった二つの概念、すなわち魂の不滅と非ユダヤ人への門戸開放が、ただちに脳裡に浮かぶ。先に紹介したタキトゥスのテクストは、その二つの要素を含んでいる。具体的には、ユダヤ教への改宗者たちを標的にし、戦争や処刑で死ぬ者の魂の不滅性に言及している。そもそも、このテクストが問題にしているのはユダヤ教徒なのか、キリスト教徒なのか、当時両者があまり明確に区別されていなかっただけに、その点について疑問さえ湧いてくる。

フラウィウス・ヨセフスによれば、同じユダヤ教でも、宗派によって不滅性についての考え方が異なっていた。エッセネ派やパリサイ派は、正しき者たちの魂の不滅を肯定していたが、サドカイ派はそれを否定していたという[29]。フラウィウス・ヨセフスから見れば、どの宗派の者もユダヤ教徒であった。その上、他の数多くの情報ソースをとおして、ユダヤ教への改宗が古代のさまざまな時期に頻繁であったことが分かっている。してみると、魂の不滅と非ユダヤ人の改宗〔非ユダヤ人への門戸解放〕は、結局のところ、ユダヤ教内部での選択肢にすぎず、キリスト教をユダヤ教の一派にするものでしかなかったようだ。

反面、キリスト教が割礼と食生活上の禁忌を拒否したことに着目すると、形而上学からは遠ざかるが、宗教の社会学的認識には近づく。来世に関するどんな考え方とも無関係に、割礼と食生活上の禁忌の放棄は、ユダヤ人集団を他から区別する境界線があるという考えを消し去る。

母と娘の関係にあるこの二つの宗教を突き合わせ、家族観を観察するとき、何が分かるだろうか。

キリスト教は、ギリシア＝ローマ世界に囲まれていたユダヤ人社会から発生したのであり、当初から核家族との結びつきが明白で、その点については解釈上の問題が生じたためしはない。しばしば指摘されてきたことだが、新約聖書は理想家族の核家族的特徴を先鋭化しさえした。イエス・キリストのメッセージはあからさまに反家族主義的である。次のとおりだ。「兄弟は兄弟を、父は子を死に追いやり、子は親に反抗して殺すだろう。また、わたしの名のために、あなたがたはすべての人に憎まれる。しかし、最後まで耐え忍ぶ者は救われる」[30]。しかしながら、これだけのことなら、先ほど明らかにしたように、キリスト教の核家族性はユダヤ教の核家族性のヴァリエーションの一つにすぎない。

歴史社会学のうちに、ローマ帝国におけるキリスト教の量的拡大を厳密に表す理論的モデルを立てようと努めている研究がいくつかあるが、それらは、ユダヤ教からの改宗者たちの数がその拡大に大きく貢献したこと、しかもその貢献が、一般に認められているよりもずっと後の時代まで続いたことを認めている。ロドニー・スターク〔米国の宗教社会学者、一九三四年生まれ〕は、米国の新興宗教に関する社会学的知見を活用して、古代末期を理解しようとした。彼は、紀元後二世紀中葉の教会は依然としてユダヤ教にルーツを持つ信者たちに支配されていたと考察し、ディアスポラのユダヤ人の改宗率を二〇％と見積もっている[31]。スタークに続いたのは、ユダヤ民族の教育をテーマとする歴史研究への貢献者として先に引用したマリステラ・ボッティチーニとツヴィ・エクスタインで、彼らは、キリスト教への改宗に、紀元後六五年から六五〇年にかけて起こったユダヤ民族の人口激減の主要原因の一つを見ている[32]。スタークが、ユダヤ人のなかでも、ヘレニズム化したディアスポラのユダヤ人が比較的多く改宗したと推測するのに対し、ボッティチーニとエクスタインは、ジョシュア・ベン・ガムラによって要求された教育のコストに恐れをなしたユダヤ地方の農民たちが改宗したという説を提示している。ボッティチーニ＝エクスタインの分析は、パレスチナにおいてユダヤ人人口がほぼ消失したという事実を効果的に説明する。しかし、初期キリスト教の分布図と紀元後一世紀のユダヤ人ディアスポラのそれとの地理的一致から見て、軍配は基本的にスタークに挙げなければならない。現代のイスラエル国家創設にいたるまでずっと、古代キリスト教圏の地理的最先端にあたるエチオピアや南インドのケーララ州のような地域で、ユダヤ人の共同体とキリスト教徒のそれが隣接していた事実が物語っているのは、キリスト教がディアスポラのユダヤ教から出てきたこと、つまり、キリスト教の人類学的母体が基本的にユダヤ民族だということにほかならない。

キリスト教による革新1――厳格な外婚制

しかしながら、初期キリスト教による家族の表象――一組のカップルとその子供たち、女性の価値付け――が、紀元後の最初の数世紀の間にローマ帝国内で進行していた家族人類学的なすべての変化を結びつけ、結晶させるものだったことに注目しておかなければならない。すでに確認したとおり、キリスト教の出現にも先立って、ユダヤ人、ギリシア人、エジプト人、ラテン人がこぞって、家族が核家族段階へ戻り、親族網が未分化段階へ戻るという、共通の逆行プロセスに入っていたように見える。そもそも、紀元後五三三年にユスティニアヌス法典が定めた遺産相続における男子と女子の平等などは、未分化というよりも、ずばり双系的なシステムを想起させるだろう。この法典はこうして父方と母方の平等を明示するわけだからである。

したがって、核家族的で双系的な最初の人類学的ダイナミズムは、宗教的というよりも家族構造的なものだったのである。とはいえ、キリスト教の核家族ビジョンは家族構造の推移を強く後押しした。ここでわれわれが眼前にしているのは、家族と宗教の共同進化の典型例である。キリスト教は核家族タイプを強化または保護する。だからこそ、二〇世紀になってから人類学者たちが発見したように、キリスト教の地理的中心から最も遠く離れて孤立した地域にいるキリスト教徒の集団、すなわち南インド・ケーララ州のキリスト教徒や、エチオピアのアムハラ人〔エチオピアの主導民族。主に中央高地に住んでいる〕は、彼らの周辺の諸民族がもはや核家族から離れてしまって久しい中、依然として核家族システムを維持しているのだ（OSF, p. 220, p. 486〔『家族システムの起源Ｉ』二八八頁〜二八九頁、六五六頁〕）。人類学的な型が宗教によって強化される現象は、婚姻モデルにも起こる。初期キリスト教がもたらした革新は外婚制の厳格化であった。その点でキリスト教は、穏健な外婚制のユダヤ教との間に明瞭な一線を画す。しかし、この件に関しても、われわれはまもなく、人類学的ダイナミズムの出発点が非宗教的な要素で、ローマにあったことを見出すだろう。

同族結婚に関するキリスト教のタブーは、時とともに前進する動的な原則である。教会はその上、いわゆる血のつながりのない姻戚関係の結婚も制限する。ここでは、話を血縁関係のある親族に絞ろう。当初は本イトコ同士に限定されていた禁止が、紀元後五一七年にエポーヌ〔フランス、パリ地方の町〕で、また五三五年にクレルモン〔フランス中部の町、現在のクレルモン＝フェラン〕で開催された教会会議で、又イトコにまで拡げられた。七二一年には、ローマ公会議が理論上はあらゆる親族を、実地にはローマ法王庁の算定法による第七親等までの相手との結婚を標的にした。その後、この恐怖症《フォビア》が事実上適用不可能であることによって昂奮を冷まされ、熱がおさまった。一二一五年、第四回ラテラノ公会議が、禁止を又イトコ同士の場合だけに戻した。

同族婚に関するキリスト教の強迫観念は、実はこれらの教会会議・公会議による法制化よりもずっと前から存在していた。聖アウグスティヌスは、すでに瞥見したとおり、このテーマでは実に創造性の豊かな「人類学者」であった。『神の国』（四一三年から四二六年までの間に執筆された）には、近親相姦のタブーの歴史的拡大についての長い論述があり、そこで西方教会の教父は、あたかもクロード・レヴィ＝ストロースを予告せんばかりに、人びとの間で社会的絆を拡げていくために不可欠な役割を担うものとして外婚制を定義している。さらに一世代遡ると、アウグスティヌスの模範だったミラノ司教、アンブロシウス〔西方教会四大博士の一人で、アウグスティヌスを信仰に導いたことでも名高い。三四〇頃〜三九七〕も、イトコ婚の禁止について著述を残している。しかし、アンブロシウスは自らの立場を、教会よりもむしろ帝国の権力によって開始された動きを継承するものとして語っていた。たしかに古代ローマ帝国では、早くも二九五年にディオクレティアヌス帝〔在位二八四年〜三〇五年〕が、オジと姪〔姉妹の娘〕の婚姻を禁止していた。アンブロシウスは、友人パテルネに宛てた三九三年の書簡の中で、テオドシウス一世〔古代ローマ帝国が東西に分割される直前の最後の皇帝〕の勅令のことを仄めかしている。この皇帝が在位した三七九年から三九五年までの間に位置づけられるはずだけれども、今日では失われてしまっている勅令である。「たしかに、テオドシウス皇帝は」とアンブロシウスは書いている。「父方であれ、母方であれ、本イトコの男女が結婚することを禁じておられる[33]」。厳格な外婚制への運動は、国家のダイナミズムであろうか、それとも社会の奥底に潜むそれなのだろうか。いずれにせよ、キリスト教教会は、六世紀から八世紀にかけてその運動を自らに引き受け、それを大幅に推進したにしても、その運動の源ではなかった。ここで改めてわれわれが出会っているのは、双系性のケースと同様の共同進化の実例、もともとの家族システムのダイナミズムが宗教によって強化される実例である。

西洋の一夫一妻制も、同じ原則の適用で理解できるだろう。もっとも、一夫一妻制は、古代ギリシア人・ローマ人の間でもすでに絶対的であった、つまり穏健ではなかった。それでもキリスト教教会は、この制度を自らのドクトリンの中心的要素として採用し、侵入してきたゲルマン民族に対して不断に力強く、彼らを特徴づけていた穏健な一夫一妻制を捨てるよう求め、単婚の原則を徹底させた。アシュケナージ系ユダヤ人の文化は、一〇世紀および一一世紀にモーゼル川とライン川の流域一帯で生まれ、旧約聖書によって認められていた状況対応型の一時的一夫多妻を許容していたのだが、これまた一夫一妻制を徹底するようになった。

キリスト教による革新2——フェミニズム

すでに述べたように、紀元後二世紀から、まずヘレニズム世界で、次いでローマ文明の中で女性のステータスが上昇した。ここでも、家族と宗教のあいだに前述と同じような相互作用があったことが確認できる。キリスト教をとおして女性の立場が変わったのは、まずは家族構造の動きの結果であり、その次の段階でキリスト教が、ほかでもないその家族構造の動きを強める役割を果たしたのだ。実のところ、女性の比較的高いステータス、絶対的な一夫一妻制、父方と母方がほぼ対等となる双系性、厳格な外婚制は一体となって、ひとつの動態システムの全体を構成している。

ローマ帝国の中上層階級のキリスト教への改宗において女性たちが果たした役割の大きさは、いまや歴史語りの常套句ともいえる。そのど真ん中の象徴は、カトリックの信仰において抗しがたく擡頭した聖母マリアにほかならない。聖アレクサンドル〔紀元後三一二年からアレクサンドリアの総大司教、二五〇～三二六または三二八〕が、三二五年に初めて彼女を「神の母」（théotokos）と定義し、四三一年にエフェソス〔小アジアの古代都市〕で開催された公会議でそれが確認されたのだった。

ピーター・ブラウン〔イギリスの歴史学者、一九三五年生まれ〕は、実はロドニー・スタークもこの点で彼の説を踏襲しているのだが、女性キリスト教徒の果たした役割について非常に詳細なビジョンを提示した。女性キリスト教徒は、異教徒家族の中でキリスト教へのいわば扉だったらしく、改宗の物語の中には「追随した」夫たちが数多く出てくる。ブラウンによれば、キリスト教の新たなうねりの中で、女性たちの存在の優勢は二〇〇〇年頃にはすでにはっきりしていたらしい[34]。当時は若くして寡婦となる女性たちも多かったのだが、教会は彼女たちに貞淑にとどまるよう、そして再婚しないよう促した。その女性たちが裕福な場合、彼女たちはキリスト教聖職者たちを支援する篤志家となった。

女性ならではの働きは、「異民族のヨーロッパ」の改宗過程でも確認された。異民族がゲルマン系であるかスラブ系であるかは関係なかった。クローヴィス一世〔メロヴィング朝フランク王国の初代国王、在位四八一年〜五一一年〕が四九六年にカトリック教会を選んで改宗したことについては王妃クロティルドの影響が大きかったと伝えられているわけだが、その折のクロティルドの役割に、九五七年にキリスト教に改宗した「キエフのオリガ」ことキエフ大公妃の役割が呼応することになろう。もちろん、キエフ・ロシア〔ウクライナのキエフが中心地だった、九世紀末から一三世紀半ばまでのロシア。キエフ・ルーシともいう〕の指導層が続々キリスト教を受け容れるようになるには、彼女の薫陶を受けた孫のウラジーミル一世（九八〇〜一〇一五）の時代を俟たなければならなかったわけだけれども[35]。

キエフ・ロシアのキリスト教への改宗が、モスクワ中心のロシアによる父系制の獲得にも、モンゴル人による征服にも先立っていたことに留意しよう。ロシアの父系制共同体家族が農村で完全に実現したのは一七世紀半ばから一九世紀半ばにかけて（OSF, p. 364-366〔『家族システムの起源Ⅰ』四九七頁〜五〇〇頁〕）、すなわち、キリスト教化より七、八世紀あとだった。東方正教会のマリア信仰熱はカトリック教会のそれに何ら劣らないので、その形に結晶したキリスト教のフェミニズム的特徴が、ロシアにおける父系的特徴の浸透にブレーキをかけたことは充分に考えられる。正教会的フェミニズムはこうして、十全に発展した父系制家族編成が、依然として高い女性のステータスと組み合わさっているというロシア文化のパラドクスの説明に貢献する。

ピーター・ブラウンが指摘しているように、キリスト教は、ユダヤ教の宗教的・教育的父系制と袂を分かっている。ユダヤ教シナゴーグの祭司たちのほうは、『トーラー』(『モーセ五書』)研究からの女性排除の考え方にとどまった。しかしながら、キリスト教とユダヤ教の分離が本当に鮮明になるのは、セクシュアリティに関するすべてにおいてである。キリスト教は、それ自体として悪いものであって、したがって制限または廃絶されなければならないもの、という性行為《セクシュアリティ》の概念を発明した。

キリスト教による革新3——アンチ性行為

ギリシア＝ローマ世界の性生活・家族生活は、あまりけじめのないタイプというか、より正確には原初のホモ・サピエンスのそれに近いものであった。ユダヤ教はそれに対立的な姿勢をとった。ユダヤ教の宗教道徳は姦通、同性愛、そして嬰児殺しを断罪する。しかし、紀元後一〇〇〇年紀初めのユダヤ教は本質的に家族中心主義であり、性行為《セクシュアリティ》をそれ自体としては拒否していなかった。というのも、何はともあれ認めなければならないこととして、少なくとも当時は生殖に性行為が必須だったのであり、旧約聖書はといえば、すでに注目したとおり、「産めよ、増やせよ」の出産奨励主義なのである〔「創世記」一―二八に、「神は彼らを祝福して言われた。『産めよ、増えよ、地に満ちて地を従わせよ』とある」〕。

キリスト教はこの遺産を継承した。ギリシア＝ローマ世界をユダヤ教タイプの、子供保護的な家族道徳へと宗旨替えさせた。キリスト教はまた、ロドニー・スタークが注目したとおり、ユダヤ教と同じく夙《つと》に、異教世界に対して出生率で優位に立っていた。異教世界のほうは、望まない子を厄介払いすることに躊躇がなかったから、つねに人口減少の脅威に晒されていたのである。しかし、キリスト教会はユダヤ教の祭司たちよりもさらに遠くまで行った。あるいは、むしろ、別の所へ向かった。すなわち、性行為《セクシュアリティ》それ自体を悪いものと定義したのだ。禁制と禁欲が古代の教会にとってひとつの広大な実験の場を構成し、そんな実験の中には、多数の修道者を迎え入れる修道院制度の創出も含まれていた。性的本能はもはや生命の約束ではない。それどころか、動物の条件を超える次元へ自らを引き上げることのできない人間の無能さを示す兆候でしかない。そうだとすれば、性生活《セクシュアリティ》の断念こそが、人間が自らの欲動からの自由をはっきりと示す（ここでわれわれは、「解放する」機能を果たすものとしてセクシュアリティを捉えた一九六八年的な〔すなわち五月革命的な〕考え方から遥かに隔たった地点にいる）。女性たちにとっては、貞潔はまた、あらゆる形而上学とは無関係に、妊娠と出産のリスクを免れる手段、いいかえれば、当時の文脈においては、彼女たちの平均余命をいちじるしく延ばすことを可能にする手段でもあった。ローマ時代の上流社会の中でもキリスト教信者たちの界隈では、女性たちの結婚年齢が上がり、自動的に死亡率が下がった[36]。

まさにキリスト教は、根元的な革新の宗教だ。性的に慎み深い男子・女子を、種の繁殖を支える婚姻カップルよりも本質的に優る存在と見定めるのは、激越といっても過言でない人間観の変容である。次章でわれわれは、この変容が一六世紀以降、キリスト教ヨーロッパに混在する核家族、直系家族、共同体家族など、さまざまな家族構造の機能の仕方に結局どのような影響を与えることになったのかを見るだろう。

先程も言ったが、キリスト教がもたらした人類学的変容は、システムを成すひとつの全体である。性的な慎み深さ、フェミニズム、絶対的な一夫一妻制、厳格な外婚制は歩調を合わせて前進する。性的な慎み深さと厳格な外婚制——ここに列挙した事項のうちでア・プリオリには互いに最も離れているように見える二つの要素——のあいだの精神的な深いつながりは、ここであえて探究しないけれども、聖アウグスティヌスその人がこの二つを直観的に結びつけていたことを確認しておこう。

《だからして、すでにこの地上の世界が人間たちで充ちていたにもかかわらず、なるほど異母姉妹でもなければ同父母姉妹でもなかったけれども、しかし、自分の属している種族から妻を娶ることを好んだのであった。

しかしながら、いまの時代においても従兄妹間の結婚が禁じられていることがいっそうすぐれたことであるということをだれか疑う者があろうか。そしてそれは、わたしたちが指摘したところのこと、すなわち〔人類のあいだの親愛感の強化に資する〕親近関係が増すために一人の人間が二重の親戚関係をもつことのないようにする――二人の人間がそれをもつときには親戚関係の数は増大されうるのであるから――という理由によるだけではない。他の理由にもよるのである。すなわち、人間の畏敬心には、わたしにはいったいそれがどうしてであるかはわからないのであるが、自然本性的で賞賛にあたいするある感覚が内在しているのであって、それが、親戚関係にあるということゆえにひとりの女性に敬意がはらわれねばならないばあい、かの女にたいしては、結婚の貞淑においてさえわたしたちが知っているようなあの欲情――それは子どもを生むためにおこるものであるとはいえ――を抑止するのである(37)》

キリスト教による革新4――極限経験としての貧しさ

キリスト教のメンタルな観念の集合をひとつの星座に喩えると、その中に、キリスト教による革新を補足する星がもう一つ光っている。これは、一見したところではカップルの人類学から遠く離れているので場違いのようにも見られがちなのだが、貧者への愛である。キリスト教よりも前に現れたユダヤ教も、後に擡頭したイスラム教も、経済的困難に瀕している人びとのことを思いやりはする。しかしキリスト教の場合は、その程度のことではなく、社会的零落という観念に文字どおり取り憑かれている。それを必要としているかのようにさえ見える。ピーター・ブラウンは、ローマ帝政末期のキリスト教徒たちの性行為《セクシュアリティ》の捉え方と、貧困に対する彼らの関係を連続して研究した結果、当時擡頭したメンタル・システムの中でこの二つの要素の間に相互作用があることに強い印象を受けた。

《（……）四世紀末から五世紀にかけて、最も決意の固いキリスト教の擁護者らは、人びとの注意を人間の生存条件の極限状態へと惹きつけた。貧者たちに手を差し伸べることについての滝のごとき説教と、性生活の放棄がとるさまざまの形——処女性、修道院入り、さらに、ある種の人びとのあいだでは司祭が独身であること——の突然の価値づけとが、時を同じくしておこなわれたのは偶然ではない。（……）一方で貧者たちに手を差し伸べ、他方で処女や独身にとどまることを選択するというわけだが、人間性のノーマルな素地に反する行為だという点では共通している。いずれの場合においても、常軌を逸するほどの英雄的要素が、キリスト教の超自然的な優越性を証明するのであった。なにしろ、セックスの断念や、貧者への愛ほどに信じがたいことを、信者に吹き込んで実行させることができるのだから[38]》

キリスト教集団の戦略的拡大は、ローマ帝国の都市中産階級と呼んでよいであろう人口の枠の中で起こった。上層階級が教会に「なだれ込んだ」のは、キリスト教が国教化したのちのことだ。だが、いずれの階級にとっても、自らが貧者になることは論外だった。自分の所有する富の大半を教会に献じていたような男女の熱心なキリスト教徒の場合でも、自ら貧しくなろうとしていたのでは勿論ない。裕福であった、あるいはとても富裕であったこの人びとは、貧者たちを身体的に劣化した存在のように感じ取った上で、彼らを人類の象徴とし、慈悲の対象としたのだ。これは、ギリシア＝ローマ的な理想との絶対的な断絶といえる。ギリシア＝ローマ的理想はむしろ、栄養の行き渡った健康な身体を讃美する傾向にあったのだから。

ピーター・ブラウンがしているように、キリスト教徒たちの性的なものについての考え方と、社会的なものについての考え方の内に、同じ一つの過激主義を同定することが決定的に重要だ。この非常に偉大な歴史学者は、なぜこの二重のラディカルさが、キリストの復活とその神性を信じるために必要だったのかを察知させてくれる。しかし、われわれはまた、なにゆえにこの過激主義が、多くの点から見て恐ろしいものであるのに、キリスト教集団の数的拡大を妨げなかったのかをも理解しなければならない。いったいどうして、性行為《セクシュアリティ》への嫌悪と、それまでは身体的におぞましいと思われていた貧者たちへの愛が、二〇世紀中葉の歴史家ならばきっと地方のブルジョワと見なしたであろう人びとをあれほど多数惹きつけることができたのか。コンスタンティヌス一世により三一二年と三三七年の間にカトリック教会の教えが公認され、それが後続の皇帝たちにも継承され、やがて国教化されたわけだが、その直前の時期まで、キリスト教徒はローマ帝国の総人口のわずか一〇％にとどまっていたというのが事実だ。しかし、当時の都市住民の人口にだけ限定すると、その中で彼らの占める割合は大きかった。

天国は真の報いか？

キリスト教は、正しき者たちに永遠の生を約束する。キリストの復活はそのシンボルである。ユダヤ教は、すでに見たとおり、魂の不滅という概念に対してははっきり敵対的ではないものの、どちらかというと懐疑的であった。というかむしろ、それをドクトリンの中で第二義的な要素として扱っていた。ユダヤ教の諸宗派はその点で見解が分かれていた。ただ、それでも、そうした理論上の不同意を理由に、特定の宗派が当時「ユダヤ教」を構成していたグループから排除されることはなかった。そうだとすれば、永遠の生への信仰を、イエスのメッセージへの改宗の真の推進力と見なすのは奇妙ではないだろうか。

歴史人類学のこの研究では、むしろ地上世界における信仰のダイナミズムを把握するほうが、つまり、ひとつの宗教は単に個人的な信仰なのではなく、何よりもまずこの地上での、特定の人間集団によるひとつの信仰の共有なのだ、という基本的な観察から出発するほうが理に叶っている。したがって、認めようではないか。宗教は天国で報いる前に、この世で報いてくれるということを――。われわれが理解しなければならないのは、なぜ性的な禁欲主義と貧者への愛が、古代ギリシア＝ローマの精神からすれば過激主義の逸脱でしかなかったのに、キリスト教集団を構成する諸個人には彼らの生前からポジティブな報いを与えたのか、という点である。

今日、イデオロギー面でセックスと富を価値づけている西洋世界でこの問いを立てることは、決定的に重要である。われわれにとって、性的な禁欲主義と貧者への愛は、今や改めて、理解しがたい過激主義の逸脱となっている。もしかすると、人はこれを単なるマゾヒズム的行動の棚に片付けてしまうかもしれない。今日、君臨しているのは性の自由と財布なのだから。まさにここで、ロドニー・スタークの研究の重要な意義が明らかになる。

合理的選択理論〔個人は自己の効用を最大化するように行動するという考えを基本とする理論〕学派の影響の下で、スタークがしっかり理解したのは、宗教集団がマゾヒスト的であろうとなかろうと、その信仰も、行動の非常識さも、それによってメンバーに降りかかる不名誉も、そのメンバーたる諸個人にとっては、世間から烙印を押されることで結果的にもたらされる集団の一体感によっておつりが来るほどに報われるということだった。ある信仰は、本人にとっては当然の要請だが、外部の者には嗤《わら》うべきものでしかないという場合がある。その場合、その宗教への帰属の精神的コストは非常に高いが、しかしそれゆえに、入信する諸個人は例外的なまでに信頼のおける人びとの集団に属していると確信できる。集団の内部にみなぎる忠誠心こそ、信者にとって真の報いだ。この満足感は即時的であり、来世の約束よりも確実で、実感をともなう。スタークが提示している論拠は、初期キリスト教徒たちや、米国のモルモン教信者たちに適合するが、しかし同時に、ユダヤ民族が今日まで生き延びてきている事実のより良い理解にそれがどれほど貢献するかという点にも注目しておきたい。スタークの理論を敷衍《ふえん》すれば、ユダヤ人がユダヤ人として歴史の中に存続したのは、迫害を受けたにもかかわらずではなく、迫害を受けたことによってだ、というふうに見えてくる。

こうしたことは、エミール・デュルケーム〔一八五八～一九一七〕流の社会学的パースペクティブの中で表現し直すこともできる。古代後期の風変わりな一神教集団――割礼を施していて、豚肉を食すことを拒否する集団、あるいは性行為《セクシュアリティ》を嫌悪し、貧者の身体的劣化に魅せられている集団――に諸個人が見出したのは、精神的な人間集団への帰属というものだった。アレキサンドリア、アンティオキア〔現在のトルコ南東部に所在〕、ローマといった古代の大都市のカオスの中で、ユダヤ教と、その次に現れたキリスト教は、スタークが言うように避難所だったのだ(39)。たしかにキリスト教は、のちのち与えられるものとしては永遠の生を提示していたし、信者たちは皆でそれを信じることができた。しかし、キリスト教が即時に与えていたのは、孤独を終わらせる終止符、連帯する人びとの輪の中への所属、そして非常に具体的には、精神的で、経済的でさえある安全と安心だった。われわれが先入観なしに読みさえすれば、そもそも新約聖書に実態が露見している。そのテクストには一連の奇蹟が長々と記されているが、それらは永遠の生よりも、地上におけるより良い生活を喚起する実利的ないし医学的な奇蹟なのである。

ユダヤ教は、一般に永遠の生を約束しないけれども、古代と中世をとおして信徒の内に、キリスト教の殉教者たちに何ら劣るところのない勇気と死への軽蔑を培った。ユダヤ教の揺るぎなさが示唆するのは、ホモ・サピエンスが究極的には、死よりも孤独を恐れるということである。

二つの一神教とそれぞれの家族

さて、改めて、ユダヤ教についても、初期キリスト教についても、核家族との結びつきを確認しておこう。核家族は、父系制の氏族に比べると、古代後期の無秩序な都市化状況の中で、メンタルとフィジカルの両面で家族メンバーの安全と安心を確保する能力に劣る。この核家族に、宗教的個人主義と、すでに名前を挙げたバルーク・ハルパーンのこだわる道徳的責任の感覚を結びつけていけない理由は何もない。なるほど古代のユダヤ人家族は、原初的ホモ・サピエンスの家族よりもさほど核家族性が強まっているわけではなかったが、しかし、われわれはダーウィンに倣って、その家族に個人的道徳性を認めるべきではある。自然選択の初期の理論は、良識をもって、基礎的人間集団が生き延びるためにはその内部に道徳性が必要であること、その道徳性が動物界において生存競争上の優位を確保することを強調していた。集団内での個人の利他主義は、人間においては、文明を俟つまでもなく外に表れた。それはかねて、二〇世紀初頭の左翼ダーウィニストたちが強調したとおりである[40]。しかし、チャールズ・ダーウィンその人よりもさらに早く、スコットランド啓蒙主義の代表者の一人であったアダム・ファーガソンなどは、前章に述べたとおり[41]、ホモ・サピエンスの場合について、ローカル集団を構成する諸個人が仲間内で発揮する道徳性と、人類一般のレベルでは各人間集団同士で紛争が多発することの間につながりがあることを喝破していた。

だから、古代世界の終焉期に二つの一神教が擡頭した結果として、集団内道徳が現れたのではない。すでに存在していた集団内道徳が二つの一神教によって変更され、強化されたのだ。家族の営み方の見地から、ユダヤ教とキリスト教の両方がもたらした共通の要素に注目しておこう。すなわち、姦通、同性愛、嬰児殺しの拒否である。反面、キリスト教が追加した性行為《セクシュアリティ》の否定や、それに由来する禁欲の称揚といったものがいったいどうして道徳性を高めるのかは、今ひとつよく分からない。実際、生殖の拒否には反社会的要素が含まれている。

より一般的に、集団形成の仕方と、その中心部分で家族が親族に対して持つ関係が、ユダヤ人の場合とキリスト教徒の場合では同じでない。

ユダヤ教は、民族的＝宗教的集団の閉鎖原則を包含している。加えて、核家族のまわりに、未分化の親族網とその連帯を活き活きと保全している。兄弟、姉妹、イトコたちが集うこの輪の中で絶対的個人主義を語ってもリアリティがない。このネットワークはたしかに豊かで温かい連帯をもたらすのだが、それでいて、都市環境の中でネットワークとして生き延びるには、自分たちを他者たちから切り離す宗教的信仰という接合剤を必要とする。これまた、家族と宗教が連帯し、共同進化する状況である。

初期キリスト教は、開かれた、拡張志向の集団を目指していた。キリスト教の理想に叶う核家族は当初から、ユダヤ教のそれよりも女性のステータスが高く、子供たちの平等性によって、また、未分化の親族網を攻撃する絶対的外婚制によって規範化されていた。イトコ婚を絶対的に不可能にする試みの明示的な目的は、親族集団の溶解である。したがって、キリスト教の発生は、核家族性への更なる一歩前進として語ることができる。しかし、より強い個人主義を打ち出したとまではいえない。なぜなら、活動的な親族網の縮小による個人主義の強化には明らかな代償があったからだ。すなわち、とてつもない聖職者官僚組織の擡頭である。この組織は、自らは純潔を希求しつつ、夥しい数の信徒たちの性生活と結婚を管理する役割を担った。

ユダヤ教の場合、核家族性はかなり高いレベルの個人的責任をともなう。しかし、採用する外婚制が穏健なタイプだということは、集団を閉鎖的に構想することが許されているわけだ。旧約聖書が宿す長子相続の夢は、人間集団の差異化という観念を培う。ユダヤ人家族では、兄弟は連帯しているが、しかし「平等」ではない。長子権を実践しないまでも夢見るというのは、そういうことなのだ。すると、兄弟がそうであるように、諸民族・諸国民もそれぞれ異なる存在として知覚される。とはいえ、旧約聖書（ここではイデオロギー的なテクストとして読むわけだが……）に表現されている長子以外の子供へのやさしさは、差異——兄弟間の、次に民族間の差異——から支配への道のりがいかに遠いかを物語っている。もっとも、どこにいても少数派で、たいてい虐げられている民族にとって、支配的な立場に手が届くことは稀だという事情もある。

しかし、思うに、旧約聖書の内に差異主義のみを見出し、ユダヤ教的個人主義が長子相続の夢と組み合わさり、独自のやり方で人間という普遍的概念を導くことを察知しないのは誤りであろう。

普遍の二つの段階

西洋人の意識の中で広く共有されている表象の一つに、次のものがある。ユダヤ教が一神教ではあるが差異主義（選民思想）であるのに対し、キリスト教のほうは普遍に行き着いたというものである。この見方は、ひとつの標準的な歴史解釈に基づいている。ユダヤ教という差異主義の一神教が、ギリシア＝ローマの普遍帝国とぶつかった結果、普遍主義の一神教、すなわちキリスト教を生み出したという解釈だ。この単純すぎる見方は、多分に、ユダヤ民族史の時間的な奥深さと地理的空間の広大さを過小に見てしまうヨーロッパのナルシシズムから派生している。実際、ユダヤ教と普遍性との出会いは、ローマ時代に始まったことではなく、それより遥か以前のことだ。なにしろ、イスラエル王国民、あるいはユダ王国民にとって、帝国といえば、まず新アッシリア、次いで新バビロニアだったのだから。ユダヤ民族がアッシュール〔新アッシリアの最初の首都で、その後もアッシリアの宗教的中心であり続けた。現在のイラクに位置する〕およびバビロンの文明に直面した経験からユダヤ教が生まれたという考えを受け容れるとすれば、人間の普遍性も、ネイションの差異化と同じくらいにユダヤ教創設の礎《いしずえ》であることを認めなければならない。そうであるからこそ、旧約聖書の物語は冒頭から、すべての民族に単一の祖先たるアダムとエバを与え、その上で諸民族の差異化の系統史を描いたのだろう。旧約聖書に数え上げられ、長子相続の原則——メソポタミアから伝わった概念——によって差異化されているイトコ関係の諸民族は、実は皆、新アッシリアもしくは新バビロニアの帝国に組みこまれていた民族なのである。歴史における家族というものの刻印に関心を抱く者が最重要事項として理解しておくべきことの一つは、長子相続の原則が、兄弟を分離する反面で、共通の出自を兄弟に思い出させること、ひいては人類は一つという考えを助長することである。長子相続は、時間の中に根を下ろした普遍を、水平ではなく垂直の普遍を具現する。引き続き人類学者の見地に立ち、そしてあくまで、この地上での生活に関してリアリストであり続けようではないか。そもそも、ディアスポラとしての存在という理念自体、つまり、諸民族のはざまで、さまざまな他民族を信頼するしかない状況を受け容れて生きていくというアイデア自体、もしユダヤ人に人間の普遍性への潜在的な、しかし深い確信がなければ、いったいどうして可能であっただろうか。

たしかに、キリスト教は、普遍への道をさらに遠くまで行った。だから、ここでユダヤ教からある意味の先行特権を取り上げることはできないにしても、ユダヤ教の娘に相当するキリスト教が、ひとつの質的飛躍を遂げたことは認めなければならない。実際、後期ローマ帝国は、アッシリアやバビロニアと比べ、基本的な人類学的構造に一つ、新たな特性を有していた。後期ローマ帝国の諸都市では、どうやら、中世末期以降にパリ盆地、南イタリア、アンダルシア地方などヨーロッパの一部分で観察できるようになる平等主義核家族の原型が数的に支配的だったようなのである。ローマの住民の大半が手狭なアパート居住だったことからも、核家族が想起される。先述のように、ユスティニアヌス法典は相続におけるすべての子供の平等を定めたのであって、それは、一六世紀の慣習法の部分的採用であったフランス民法の予示であったかのようにさえ見える（OSF, p. 346-355〔『家族システムの起源Ⅰ』四七五頁〜四八一頁〕）。キリスト教は、ディアスポラのユダヤ人コミュニティを超えてその外にも受け容れられていったとき、兄弟の平等という理念がすでに支配的で、人は誰もが対等だという理念をより遠くまで突き進めていけるような家族観を持つ人びとの集まりの中に浸透したのだ。ここでもまた、家族の変遷が宗教のそれに先行したことが確認される。ローマ帝国の平等主義的核家族の発生は、帝国におけるキリスト教の変容に先行したのであるから。

第5章　ドイツ、プロテスタンティズム、世界の識字化

動物の一種としては、ヒトは主に脳のサイズと知的能力によって定義される。ヒトは観察し、理解し、知識を蓄積する。いくつかの決定的な進歩は、すでに確認したとおり、ホモ・サピエンスというタイプの出現より前に達成されていた。道具の使用や火の発明がそれである。しかしながら、技術的進歩が指数関数的に伸びたのは、ホモ・サピエンスが二〇万年前頃に現れて以降だ。人類が居住地域を拡げて地球上の陸地全体に行き渡り、さまざまな地域に定住し、中東で紀元前九〇〇〇年頃に農業が発明されると、こうして出来上がった条件のおかげで総人口がいちじるしく増加した。都市が発生するとともに、メソポタミアで紀元前三三〇〇年頃に、エジプトで同じく紀元前三〇〇〇年頃に文字が現れた。中国では、紀元前八〇〇〇年頃に農業が、紀元前一四〇〇年頃に文字が現れた。中米で農業が発生したのは紀元前四五〇〇年頃、マヤ文字〔中米のマヤ文明の地域で使用された一種の象形文字〕が考案されたのは紀元前四世紀の初めであった。

文字は、最初は表意文字だったわけだが、発祥の地メソポタミアから周辺に拡がっていった。西方へ伝わると、文字は単純化され、紀元前一二〇〇年頃にフェニキアで子音表記の段階に達し、それから紀元前八〇〇年頃、ギリシアでアルファベット表記をするようになった。文字の伝搬の歴史において、ラテン文字のアルファベットは、さらに遅く現れたキリル文字のそれと同様、ギリシア文字のシステムの変異体にすぎない。文字は東方へも伝搬し、紀元前三世紀頃、ブラーフミー文字〔南・東南・中央アジアの多くの文字体系の祖と見なされている〕という半音節文字が創られてさらに進展した。ブラーフミー文字は、アラム文字〔紀元前六〇〇〇年頃、オリエントの遊牧民アラム人によって生み出され、多くの文字体系の派生源となった〕のようなセム族の文字から派生した可能性が高い。これらの文字は、母音を表す字と、音節記号を組み合わせていた。続いて現れたのが南インドの音節文字で、そこから派生したいくつかの文字体系が、東南アジアの諸言語を書き写すことを可能にしたのだった。

中国発祥の文字は、朝鮮半島、日本、ベトナム以外にはほとんど拡がらなかった。日本は、中国の表意文字に、紀元後九世紀に成熟に達した音節文字を付け加えた。朝鮮は一五世紀に、母音を表す字も子音を表す字も備えた、正真正銘のアルファベットを創製した。ベトナムは、一七世紀から二〇世紀までの推移を経て、最終的にラテン文字による言語の文字化を採用するにいたった。インドネシアでは、インド起源の音節文字が一四世紀からアラビア文字に取って代わられ、それがさらに二〇世紀にはラテン文字に取って代わられた。フィリピンでは、ラテン文字のアルファベットが、一七世紀以降、ルソン島で最も普及している言語であるタガログ語を文字化する役割を果たしてきた。マヤ文字は紀元後七世紀に音節文字の段階に達したが、中米ではその後も類似の文字システムがいくつか生まれ、そのうちの一つがアステカ文字であった。

古代の偉大な文明は文字表記を支えにしていたが、識字化されたのは、人口の一〇%を超えることはなかったようだ。識字化レベルの推定を勇気をもって数値化した最初の研究者は、前章ですでに一度引用したウィリアム・ハリスだ。彼によれば、ヘレニズム世界で最も先進的だったロドス〔エーゲ海の南東部、現在のトルコ南西部沿岸に近いロドス島の都市〕やテオス〔現在のトルコの南西沿岸地域に位置していた都市〕でも、男子人口の識字率は二〇%から三〇%といったレベルを超えていなかったという(1)。その上、古代の識字化は、このように非常に不完全だっただけでなく、後退することもあり得た。それがまさに、ローマ帝国時代の後期に西方地域で起こり、帝国崩壊後に加速した現象である。識字率の再上昇がヨーロッパでようやく起こったのは中世の中期（一一世紀〜一三世紀）だった。ただし、歴史研究の現段階では、いつの時期に識字率がローマ帝国時代のレベルまで回復したのか、明確になっていない。

まともな分別に立ち帰り、識字化を人類史の中心軸と見なそうではないか。一八世紀、および一九世紀には、そういう見方が、フランスの啓蒙思想家コンドルセ〔一七四三～一七九四〕にも、ドイツの哲学者ヘーゲル〔一七七〇～一八三一〕にも共有されていた。実のところ、経済学一辺倒によって今日のように人文科学が壊死《えし》するまでは、文明について考究したほとんどすべての思想家が、識字化を人類史の中心に据えていたのだ。さて、識字化が劇的に加速したのは一六世紀、一七世紀においてであった。その時期に、いわば人類の「トレンド」のポジティブな断絶が起こったわけだ。それまで人間文明にとって発展の上限のように思われていた識字率一〇%ないし二〇%の天井がたちまち突破された。読み書きの実践がついに都市の外壁を越え、農民層にも拡がった。三〇%、四〇%、五〇%という識字率の大台が次々に、まず男性人口において、次に女性人口において達成され、超えられていった。そしてついには、若い世代の人口に関しては、ヨーロッパで一九〇〇年頃に全員が識字化されたし、地球全体でも、二〇三〇年頃には普遍的識字化が現実となる。

決定的な断絶はドイツで起こった。それが、印刷技術の発明と、プロテスタンティズム宗教改革の結果だったことはよく知られている。しかし、それはまた、家族システムの変容の結果でもあった。

プロテスタンティズムから識字化へ

一四五四年頃、ライン川沿いのドイツの町マインツで、グーテンベルクが活版印刷術を開発した。一五一七年、マルティン・ルターが『九五箇条の論題』をザクセンの都市ヴィッテンベルクの教会の扉に掲示し、プロテスタンティズム宗教改革の幕を切って落とした。この二つの事件と大衆の識字化との関係は、歴史的に明白な事実である。印刷のおかげで、テクスト再生産のコストが急激に低下した。一方、宗教改革は当初から、個々の人間のために、司祭を介さない神との直接的で個人的な対話を成立させようとして、一五〇〇年前のユダヤ教と同じように、信徒が聖典に直接アクセスすることを求めた。

識字化の歴史研究の先駆者であるスウェーデン人のエギル・ヨハンソンを引用しよう。

《聖書の全文がドイツ語に翻訳され、印刷されたのは一四六六年であった。続いて、一四七一年にイタリア語版、一四八七年にフランス語版、一五二八年にオランダ語版、一五三五年に英語版、一五四一年にスウェーデン語版、一五五〇年にデンマーク語版が出た。（……）一五四三年に上梓されたルターによるドイツ語版の旧約および新約聖書は、ヘブライ語と古典ギリシア語の原典からドイツ語に訳されたもので、訳者の生前に二五三版を数えた。最初のうち、聖書の翻訳が重要な役割を担うのは宗教上の典礼や誓約においてだった。一七世紀を俟ってようやく、改革者たちの狙いであった読む能力がだんだんと大衆のものになっていった。すると、プロテスタンティズムのヨーロッパと、プロテスタンティズムが支配的でないヨーロッパの間に、はっきりした差異が現れた。カトリシズムの南ヨーロッパと、東方正教の東ヨーロッパでは、読む能力を有する者の数が僅かだった――二〇％未満――が、プロテスタンティズムが優勢な中央ヨーロッパと北ヨーロッパでは、その数がドラスティックに増えていた。北イタリアとフランスのいくつかの地域は中間的な状況であった。それらの地域の少なくとも都市部には、中世に遡る文字使用の伝統が生きていたからであろう（……）。翻ってプロテスタンティズムのヨーロッパに関しては、一七〇〇年頃の現実として、人口の三五％から四五％程度が読む能力を有していたと見積もることができる[2]》

マルティン・ルターは、識字化が一定の指導の枠内で進むことを望んでいた。聖具室係の聖職者の下にある教区ごとの学校が、読む能力を育成するだけでなく、教義が「正しく」受容されるよう配慮する役割を担った。ルターの『小教理問答』〔『エンキリディオン　小教理問答』ルター研究所訳、リトン、二〇一四年〕は一五二九年に発刊された。つまり、一五二四年〜一五二六年のドイツ農民戦争をとおして、南ドイツの農村地帯が、彼から見てやや自由すぎる解釈で宗教改革のメッセージを受け取っていることが判明した直後であった。ドイツのプロテスタンティズム地域で、識字率五〇％という閾値が超えられたのは一七世紀になってからだったが、一六世紀のうちにすでに実質的な成果が上がっていた。ヴュルテンベルク〔ドイツ南部に存在した領邦国家で、一四九五年〜一八〇五年は公国だった〕では、一五五九年には一五〇校だった教区学校が、一六〇〇年には四〇〇校に増えていた[3]。ドイツ語文化圏では宗教が競合していた結果、宗教改革に与せず、カトリックのままでいた地域でも識字化はかなり進み、プロテスタントになった地域と比較しての遅れは僅かだった。

一七世紀から二〇世紀まで、識字化の波は、プロテスタンティズムの世界を中心として全方位的に環を描くように拡がっていった。フランスでは広大なパリ盆地の北東部を介して、ロシアへはバルト海を起点として拡がった。

一九三〇年頃のヨーロッパの識字率の地図を見てみよう。識字率の高いエリアは、当初の起点であったドイツを依然として極とし、より一般的にはルター派教会の優勢な地域を中心に拡がっている。加えて、カルヴァン派キリスト教の浸透したスコットランドも識字率が高い。伝搬のメカニズムはヨーロッパ内で停止しなかった。米国、オーストラリア、ニュージーランド、カナダの英語圏は、一七世紀〜一九世紀のイギリスから発した国々で、建国の時点から高い識字率に恵まれた。一方、ラテンアメリカは、識字率上昇のリズムがより緩慢だったスペインとポルトガルの遅れを引き継いだ。とはいえ、植民地化はつねに識

地図5-1　欧州各地の識字率（1930年頃）

出典：Emmanuel Todd, *La Diversité du monde. Structures familiales et diversité*, Paris, « Points Essais » No. 821, 2017, p. 354〔『世界の多様性──家族構造と近代性』荻野文隆訳、藤原書店、2008年、341頁〕.

地図 5-2　欧州における直系家族の分布

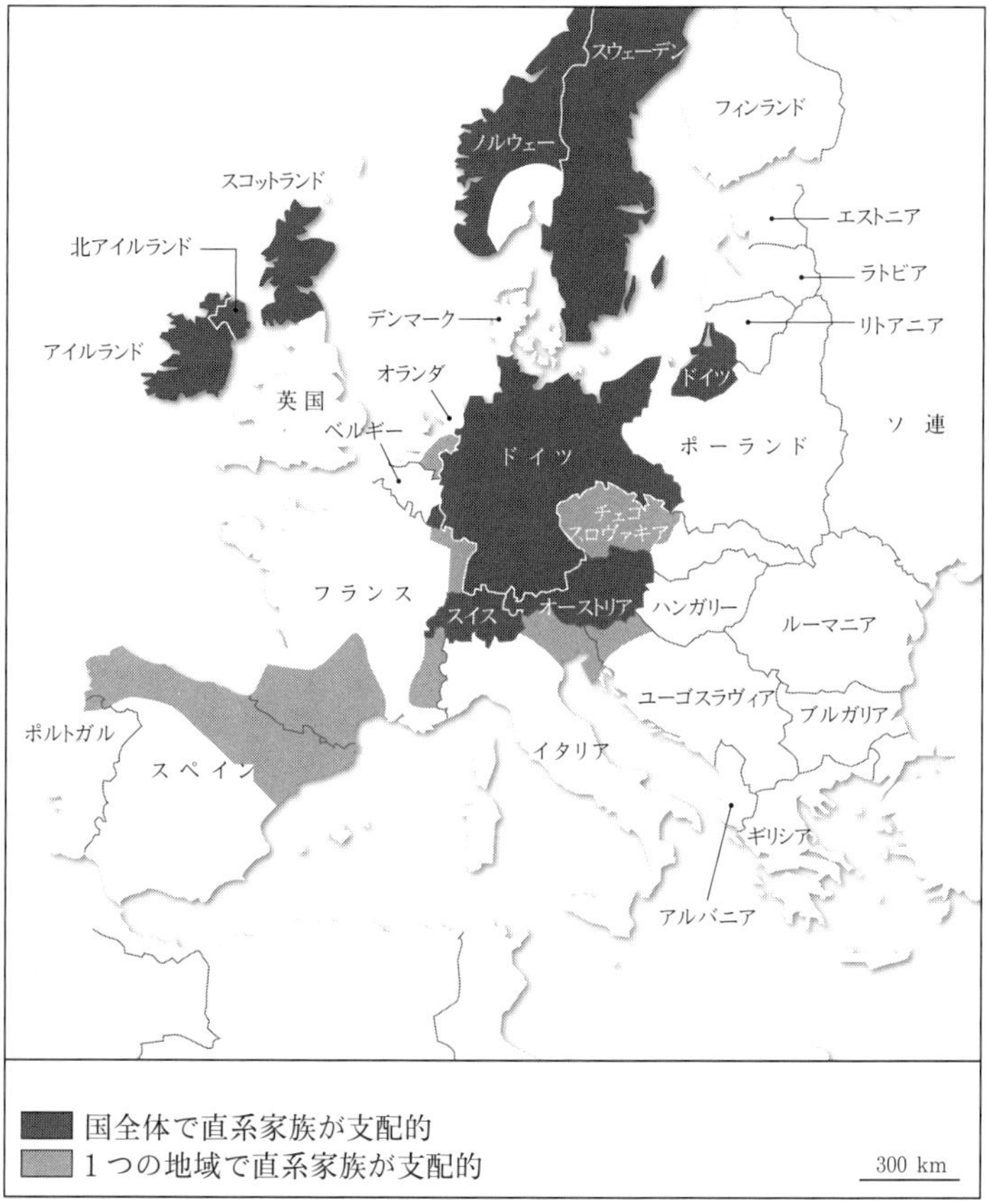

出典：同上、p. 356〔『世界の多様性』343 頁〕.

字化の伝搬をともなったのであり、植民地化された地域ではどこでも、ヨーロッパ人が入り込んで圧力をかけた地点から識字化が拡がっていった。

日本では、識字化の波が全世界に伝搬する前に、内発的な独自のダイナミズムが働いた。徳川時代（一六〇〇年～一八六八年）に、識字化がゆっくりとではあるが着実に進展していたのだ。しかし、それが一挙に加速したのは、欧米による植民地化への懸念から発生した明治維新を機にしてのことだった。

二〇世紀をとおして、アジア全体と、世界の残りの部分に、識字化伝搬の地球的メカニズムが及んでいった。第一段階では、各地域の歩みのリズムは、西洋からの影響の伝達と浸透度合いによって刻まれた。第二段階に入ると、各地域の人類学的システムに固有の潜在性がますます明確に力を発揮するようになっていった。具体的には、女性のステータスがそこそこ高くて、しかも親の権威が強大であるような家族システムの地域が、教育の進展の二つ目の極として最終的に浮かび上がった。具体的には、南インドのケーララ州、中国南部、朝鮮半島である。[4]

こうした長い歴史の枠の中で、一九四五年～二〇一五年の年月が最後の加速期となった。この加速でもって、ホモ・サピエンス種の全体が普遍的識字化の段階に到達したということになる。一九五〇年と、二〇〇〇年から二〇〇四年にかけての時期を比べると、この間に、地球上に存在する一五歳以上のすべての個人の識字率が五五・七％から八一・九％に上昇した。[5] 若年層に限れば、達成された識字率はより一層高いし、一九七〇年から二〇〇〇年までの時期の進歩のリズムから推し量って、われわれは二〇三〇年頃に世界中の識字化が完了すると予見できる。人類はついに幼年期を終えるわけで、この終わりこそ、経済的グローバリゼーションのリアルな台座である。このような教育上の一体化が予め存在しなければ、世界の労働市場の一体化が試みられることはあり得なかっただろう。

表5-1　15～24歳の若者の識字率（1970年と2000年～2004年）(6)

15～24歳の若者の識字率（%）	1970	2000-2004
世界全体	74.7	87.5
先進諸国	99	99.3
サハラ以南のアフリカ	41.3	72
アラブ諸国	42.7	78.3
東アジアと太平洋	83.2	97.9
南アジアと西アジア	43.3	73.1
ラテンアメリカとカリブ海	84.2	95.9

直系家族と文字表記

ヨーロッパにおける識字化の地図を描くとドイツが中心になること、また、アジアの識字化において日本が自律的な一つの極として存在したことを思うと、識字化へ向かう離陸と、基底的な人類学的類型として直系家族が存在していることの間に、何らかのつながりが予感される。実は、古代文明史がすでに、直系家族の出現と文字の発明のあいだの関係を示唆している。初期メソポタミア文明の都シュメールに目を向けると、紀元前三三〇〇年頃のものとして最初の文字の痕跡が見出せる一方、紀元前三〇〇〇年紀の中葉以降には、長子相続の規則も確認できるのだ。中国でも、文字が現れたのが紀元前一四世紀、長子相続の規則が初めて出現したのが紀元前一一〇〇年頃である。起源的文明のこの二つの中心地で、長子相続制の導入に続く時代は、技術や芸術の領域で輝かしい時代となった。そうだとすれば、「文字表記／長子相続」の連続展開にひとつのロジックを識別してよいのではないだろうか。

進歩していく人間社会にとって、解決すべき問題の一つは、獲得したものの保全である。発明されたものは、場合によっては後続世代の手で拡張・拡大されるわけだが、そのためにも、まずその後続世代に継承されることが先決だ。一方、文字表記は、その本質において、知識を固定する技術であり、これによって人間社会は、記憶内容の口頭伝達にともなう不確実性を免れる。長子相続は、長子相続から早晩発生することになる直系家族とともに、これまた継承の技術にほかならない。継承されるのは、君主制国家、封地、農場、工房などである。より深い部分では、そうした社会構造の諸要素にともなう、事務処理や、農業や、金属加工技術などのすべてのテクニックである。したがって、文字表記と直系家族というこの二つの社会的継続性の道具の間にひとつの歴史的近接性を看て取るのは、非論理的なことではない。

初期の表意文字システムの場合には、直系家族との関係はおそらく非常に緊密だ。あの種の文字を使いこなすには厳しい修練が必要なので、おそらく、直系家族の継続性と文字表記技術の獲得のあいだには必然的な関係が存在するのだろう。私がここで喚起しているのは、書記を家業とする家族内での父から息子への継承だけではない。中国の文字であり、日本でも用いられている漢字の数が、じつに数千にも上ることを思ってみようではないか。もし、継承のために考え出された家族システムもなく、その中で子供に対して働く親の強い権威もなかったとしたら、あれほど多くの文字を記憶することなど考えられただろうか。今度は二一世紀の現在に身を置いてみよう。中国と日本の文字表記システムは今も生き延びているが、こんなことが可能だということ自体、あの両国に高いレベルの家族的・学校的規律が存在するからこそであろう。

したがって、メソポタミアで、中国で、日本で、文字表記の出現と長子相続による家族秩序の形成の間に歴史的な結びつきがあったという仮説を立てていけない理由はない。エジプトでは、長子相続がかなり早くから社会の上層階級に取り入れられたのだが、このケースなども仮説に矛盾しない。マヤ文明の場合の検討は、『家族システムの起源Ⅱ』〔未刊〕に取っておくことにしたい。

とはいえ、全世界に拡がる識字化の出発点となった国は、結局のところドイツなのである。そのドイツは、複雑な表意文字システムの世界には属していない。ローマ文明由来のアルファベットは、幼少期に一年も学校に通えば充分に憶えられる。ラテン文字のアルファベットを継承するのに直系家族の長子相続制が不可欠だったとは到底考えられない。その代わり、直系家族は、ドイツ文化圏における大衆識字化への動きの速さと力強さを説明する要素の一つであろう。すでに幾度も繰り返したことだが、直系家族は伝達・継承のために作られているのだ。直系家族が支配的な所では、いったん獲得されたものが失われることは稀で、むしろ効率的に後続世代へと受け継がれていく。

いま問題にしているのは、長い人類史の中でも現代から非常に近い過去のことである。それだけにわれわれは、分析のこの段階ではもはや、時間軸の中で複数の要素がおよそ一致していることと、単にある変数がもう一つの変数を決定していることに注目するだけで満足するわけにはいかない。家族、宗教、教育という三つの主要要素の間の複合的な相互作用を解きほぐすことを試みよう。その際、異なる変数の間の因果関係のメカニズムが二つの方向へ同時に、あるいは連続的に機能し得ることを認めてかかろう。図5－1が示唆するように、である。なお、この図式の意味するところは、このあとのいくつかの段落で説明する。

直系家族からプロテスタンティズムへ、そしてその逆

地図を駆使し、分析する手法でアプローチすると、一九〇〇年から一九三〇年にかけてヨーロッパを舞台に、社会構造の三つの要素、すなわち直系家族、ルター派キリスト教、教育水準の高さが一致して同じ

図5-1　直系家族・プロテスタンティズム・識字化の相互関係

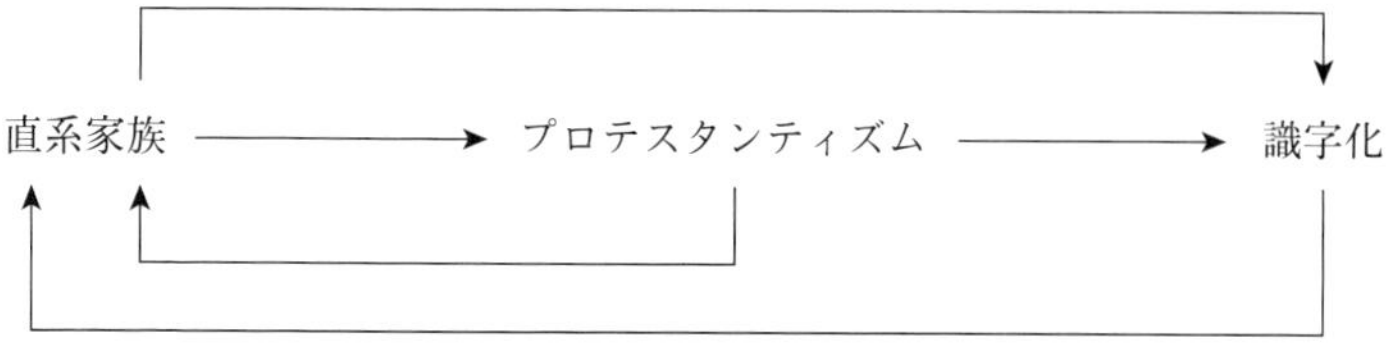

地域に現れていたことが経験主義的に確認できる。しかしながら、そのことの確認を到達点とし、たとえば、直系家族がプロテスタンティズム擡頭の好条件となり、プロテスタンティズムが読む能力の習得を要求した、と宣言するだけにとどまるわけにはいかない。より複合的な歴史的相互作用を推測し、描写しなければならない。

ここで取り上げる三つの要素のうち、初めに存在したという意味で直系家族が原初的であることには疑問の余地がない。長子相続制は、カロリング朝〔フランク王国後期の王朝（七五一年〜九八七年）で、ローマ教皇から皇帝号を受けたカール大帝の時代にはローマ帝国の後継と見なされた〕帝国末期のフランスに現れた。そしてそこで、カペー朝〔中世フランス王国の王朝、九八七年〜一三二八年〕君主国創設の原理となった。その後、一一世紀からはヨーロッパの貴族階級に伝搬し、一三世紀からはドイツや南仏オック語地域の一部の農民階層にも伝搬した。ドイツの特殊性の一つは、第1章にも記述したとおり、貴族階級における平等主義的反動であった。ドイツでは農民層に長子相続が定着した結果、家族の財を遺産相続時に分割しないことが農民的隷属のしるしのように思われるに到った。それに対して、貴族の兄弟は、それぞれ自由な身分であるがゆえに互いに平等でなければならない、というわけだった。こんなふうだったから、ヨーロッパにおける長子相続制の歴史には多様な要素が混在している。しかし、とにかくそれは、プロテスタント宗教改革よりもずっと早い時期に始まったのである。つまり、家族の変容が時期的に先行していたわけで、まさに直系家族こそが、家族システムとしてまだ充分に発展していないうちから、プロテスタンティズムの採用にとって好ましい環境を用意したのである。

家族編成から宗教システムへと到るメカニズムは複雑ではない。長子相続制は父親の強い権威をともない、その権威の下で、息子たちのうちの一人が選ばれ、他の子供たちは放り出される。家庭がこのようなあり方をしている中では、神が予め特定の少数者の救済と残りの人間の地獄行きを決めていると断定する神学システムも、ごく単純に当然のものとして現れ得る。かつて、神学の領域でもっともらしいだけの論争がどちらかというと時期遅れで起こり、予定説をもっぱらカルヴァン〔一五〇九〜一五六四〕に帰し、ルターは予定説に関してさほど厳格ではなかったという理解が流布された。たしかにカルヴァンは、一五三六年から一五六〇年にかけて、予定説について格別にマニアックな解釈を採った。救いも滅びもその対象である人間の様態にいっさい依存しない、神の無条件的選択である、とする二重予定説がそれである。しかし予定説は、カルヴァンよりずっと前に、ルターにより、遠慮会釈のない率直さをもって提示されたのだ。一五二五年一二月に上梓された『奴隷意志論』がその証しである。この著作は、一五二四年九月に発表されたエラスムスの『自由意志論』への返答として書かれたのだった[7]。ルターのこのラテン語のテクストは、早くも一五二六年一月には、ユストゥス・ヨーナス〔ドイツ人のルター派神学者、一四九三〜一五五五〕により『自由意志などありはしない』(*Dass der freie Wille nichts sei*)というタイトルでドイツ語訳された。次の短い抜粋からも、この初期プロテスタンティズムの権威主義的で不平等主義的な渇望の力が推し量れる。

《そこで、神が予知されるということと全能でありたもうということが容認されれば、当然、私たちが造られたり、生きていたり、何ごとかをなしているということは、私たち自身によることでなく、むしろ神の全能によるということが、抗弁しがたい帰結として出てくることであろう。だが、かのかたは、私たちが将来あるであろうものをさきだって予知しておられ、いまや、私たちをそのような者に造り、動かし、支配しておられるのであるから、私は尋ねるが、かのかたが、予知しておられるところと、あるいは現在なしておられることのほかに異なったように在りうる自由が私たちのうちにあるかのようなふりをすることが、どうしてできるのであろうか[8]》

《何を挙げても、自由意思がヤコブに利益をもたらしたとは言えまい。何を挙げても、自由意志がエサウの利益を損ねたとは言えまい。なぜなら、神の予知と予定によって、彼らが生まれる前から、そして何かをなす前から、それぞれの運命がどうあらねばならないかは決まっていたのである。つまり、一方は仕える定めに、他方は支配する定めにあったのだ[9]》

直系家族はルターの宗教改革に先立っていた。直系家族が培う父親の権威という価値、また兄弟間の不平等という価値には、神の全能という観念、また救済の前での人間の不平等という観念を支える性質がある。

注目すべきことに、プロテスタンティズムが直系家族の地域の外へ、とりわけ絶対核家族の国々へ伝搬して行ったとき、予定説の教義は結局瓦解してしまった。実際、オランダの沿岸部とイギリスでは、早くも一七世紀には、カルヴァン主義由来のドクトリンに自由意志の考え方が浸透することとなったのだ。ルター派デンマークも、こちらは一九世紀を俟ってではあったが、自由主義的な方向への神学的脱皮を果たした[10]。

先程、旧約聖書に出てくるヤコブとエサウの伝説にルターが言及しているのを見た。ルターはその点で聖アウグスティヌスに倣っていたわけだが、いずれにせよ、たしかに旧約聖書の長子相続はカペー朝の長子相続制よりも歴史的に古い。したがって、論理的に完璧であろうとするなら、一〇世紀末のエリートたちは彼らの時代の宗教的テクストの中に長子相続の概念を見つけたと言えそうであり、そのことは、家族システムとの関係における宗教の先行性を示唆するのかもしれない。しかし、その場合には、次の点を説明する必要がある。いったいなぜメロヴィング朝の国王たちとカロリング朝の皇帝たちは、数世紀にわたって君臨しながら、旧約聖書の教えをまったく顧みず、無頓着に王国・帝国を分割して息子たちに分け与えたのか。不思議ではないか……。しかし、二義的な重要性しかない歴史の推測にこれ以上のめり込むのは避けよう。

一方、特定の家族構造の影響下に生まれたルターの教義が、いったん確立したのちに逆に家族に及ぼした作用は、物事の根本に関わる現象である。

宗教改革が始まった一六世紀初頭、ドイツ文化圏において、直系家族はシステムとして完全で最終的な形態に到るにはまだ程遠い状態にあった。それゆえ、ドイツ文化圏の北半分で、神学由来の長子相続に取り憑かれた形而上学が勝利したことが、一六世紀以降の数世紀にわたって、直系家族構造を安定させ、完璧化させるのに貢献したと推測するのは妥当だろう。

ルターの『小教理問答』は、プロテスタンティズムの教育上の攻勢を支える第一の媒体だったわけだが、これはその巻頭から、まぎれもない家父長制的家族主義を表示している。

《十戒　家の主人が家の者たちに分かり易く示すために》

〔『エンキリディオン　小教理問答』ルター研究所訳、リトン刊、二〇一四年、一二五頁。なお、トッドが引用しているフランス語訳では、「家の者たち」の部分が「その子供たちと奉公人たち」と記されている〕

父親の権威が、家族内で父親に与えられる新たな宗教的役割によって強化されること、そして父親が、旧約聖書が伝える伝説の中に子供たちを不平等に扱う新たな理由を見出すであろうことは、想像に難くない。

ここで改めて、共同進化の概念、すなわち、家族と宗教が呼応し合うだけでなく、時の経過とともに相互に強化し合うという捉え方が歴史の論理的理解の中に導入される。

ドイツでは今日、家族構造の歴史的研究がどちらかというと遅れているため、ドイツの直系家族を記述するには、数少ないローカルな個別研究論文の寄せ集めで満足しなければならない。それでも、ごく最近のある研究のおかげで確認できるのは、直系家族がドイツ文化の地理的空間全体を支配しているが、わけてもプロテスタントの地域でその力が強いということだ。

一八八五年の国勢調査のデータこそ、ビスマルクによって統一されたドイツにおける世帯の複合性のヴァリエーションを全体として研究することを可能にしてくれる最初の資料である。これに依拠する場合、ドイツ語圏スイスとオーストリアを分析の埒外に置くことになる。しかし、ミコワイ・ショルテセック〔ポーランド人の社会人類学者、一九七四年生まれ〕と彼の共同研究者らは、家族の複合性とプロテスタンティズムの間に存在する統計的に有意な関係を明らかにした。しかもその結論は、彼らが当初、プロテスタントは個人主義だという、世間に浮遊している月並みな固定観念の影響の下、家族の複合性とカトリシズムを結びつける逆方向の関係を見出すことを予期していたというだけに一層の信頼に値する。(11) 複数の世代の同居は、間違いなくプロテスタンティズムによって促進されたのである。

直系家族から識字化へ

この章の冒頭、私は、古代のメソポタミアと中国において、文字の発生と長子相続制の誕生の間に何らかの関係があった可能性が高いことを強調した。ヨーロッパでは、その関係が、プロテスタンティズムとは無関係に、直系家族の直接的な作用が識字化に及ぶというかたちで引き継がれている。ヨーロッパの地図から判明することの一つは、プロテスタンティズムによる識字化推進の効率が、核家族システムの地域、とりわけイギリスで低く、ドイツやスコットランドのように直系家族だった地域では高かったという事実だ。逆もまた同じで、ドイツ文化圏に属する直系家族の地域で、宗教はカトリックという地域は、同じ直系家族をベースとするプロテスタントの地域には遅れたものの、それでもかなりの速さで高いレベルの識字化を達成した。

こうしたことが充分に分かってきたので、今度はユダヤ教とプロテスタンティズムという、信者が聖典に直接アクセスすることを求める点で近いけれども、基盤とする家族構造が異なる二つの宗教の比較に立ち帰ろう。ユダヤ人は、前章で見たとおり、未分化の核家族構造で暮らしている。ドイツ人のプロテスタントは直系家族に拠っている。ユダヤ教は旧約聖書で長子相続を夢見るが、現実には、イギリスのプロテスタンティズムと同様に個人主義的な家族類型に依拠している。

もちろん、ルターの時代に印刷術が存在したことが、宗教改革が「読むこと」を広く伝搬できた第一の理由である。宗教改革は「書かれたもの」によって諸国をまるごと征服した。ジョシュア・ベン・ガムラのユダヤ教が識字化できたのは、都市居住のディアスポラだけだった。その人びとは農業よりも知的要求水準の高い職業に専門化し、読み書きを知らぬまま暮らすキリスト教やイスラム教の農民たちの集団の間に分散していた。マリステラ・ボッティチーニとツヴィ・エクスタインは、旧イスラエル王国の領土におけるユダヤ教の消滅を、古代のユダヤ人農民における読み書き学習への関心の欠如によって説明した。彼らにとって、そんな学習はコストが高いばかりで農業労働に益のない投資だったというのである。この二人の研究者は、農村地帯のユダヤ人が、教育面でユダヤ教よりもハードルの低い宗教であった初期キリスト教に大挙して改宗したのではないかと示唆している。

一六世紀から一八世紀までの間に、ドイツ文化圏では農民の半数がプロテスタントになった。ルターの厳命に応じて、彼らは読むことを学習した。直系家族は、その家族内権威主義と継続性の原則のゆえに、プロテスタントの「全面的」識字化を説明する要因の一つではあっただろう。しかし、もう一度、念押ししておこう。ユダヤ教がもっぱら都市でのみ識字化に成功したことと、ドイツのプロテスタンティズムが都市でも農村でも識字化に成功したことの差異の説明は、あくまで補足的なものでしかない。一六世紀に印刷術が存在していたことこそが、まったく明らかに、識字化推進における宗教改革の成功の主要な要因である。

識字化とドイツ父系制の強化

本章での分析の終わりにあたって、われわれの手元に、もっぱら「受動的」な変数が残っているように見えるだろうか。識字化という変数だけは、他の二つ、すなわち直系家族とプロテスタンティズムによって規定されているばかりなのか。答えは否である。実際、ドイツにおいて、識字化プロセスがほかでもない家族構造に反作用を及ぼす事態が観察できる。両性のうち男性を特権化することにより、識字化は数世紀にわたってドイツで、人類学的システムの父系的特徴を強化したのだ。

たしかに、この現象は一般的ではない。ルター派ドイツの識字化プロセスは、人類史に前例のない初めての現象ゆえに、非常に特殊だった。それについての研究は、逆説的なことに、イギリス、スウェーデン、フランスの教育的変容の研究に比べて、あまり進んでいない。けれども、ドイツの地域社会を対象としてすでに実施済みのいくつかの個別研究により、一つ、特殊な事実が明らかになっている。男性の識字化に比べて、女性のそれがとてつもなく遅れたのである。

一八世紀末から一九世紀初めにかけてのヘッセン＝カッセル〔ドイツ中西部、現在のヘッセン州〕の地域社会を例にとろう。一八〇八年頃の婚姻証書に残っている配偶者それぞれの署名やその欠落を調べることで、男性に関しては推定識字率九一・五％という数値が出てくるのだが、女性のそれは四三・九％にとどまる（すなわち、両性間の差は四七・六％）。[12] この地域で、ルター派信者の識字率とカルヴァン派信者のそれはほとんど異ならない。さらに過去に遡り、一八〇八年頃結婚した者たちの親の世代の数値を見てみよう。すると、彼らの父母が若い成人だった一七八〇年当時、男性の識字率はすでに九〇・一％に達していたことが分かるのだが、女性の識字率は僅か二四・三％だったと判明する（両性間の差はなんと六五・八％！）。女性の識字率の上昇傾向は確認できるので、いわゆるトレンドの算定は可能で、その後の推移を予測すると、この社会で若い女性の五〇％の識字化という閾値が超えられたのは一八一五年頃と推定できる。理論上、過去の方への遡及的予測もまた可能で、一八世紀の初め頃には二四・三％を下回る識字率だったと見積もることができそうだ。たしかに、一次関数を単純に適用すると、この場合あまりにも低い数値に行き着いてしまうわけだが、当時の女性の識字率として一〇％と二〇％の間あたりを想定するのは、ばかげたことではあるまい。反面、男性に関しては、同じたぐいの可能性はすべて論外だ。一八〇八年の識字率が九一・五％で、一世代前のそれが九〇・一％なのだから、推移を示す線はほぼ水平であり、これならば、若い男性の識字率五〇％という閾値は一八世紀に入る前に踏み越えられていただろうと示唆するほかはない。第7章の**表7-1**は識字化と、出生率の低下と、経済的離陸の時期を引き比べるための表だが、その中で私は、件の閾値の突破を一六七〇年頃に位置づけた。一六世紀における学校の数の増加と、もう少し先で言及することになるスウェーデンのケースを同時に考慮した上でのことである。

ヘッセン＝カッセルより少し東に位置する都市ハルバーシュタット〔ドイツ中北部に位置し、現在はザクセンアンハルト州の都市〕では、一七八五年〜一七九五年の婚姻証書を見ると、女性の識字化の遅れの幅は、ヘッセン＝カッセルのデータに見えるそれよりも少し小さいが、その差はごく僅かでしかない。八三・四％の夫が署名しているのに対し、署名した妻は三六・〇％にとどまっている（四七・四％の差）のだ。マクデブルク〔現在はザクセンアンハルト州の州都〕でもまた、同時期に、男性識字率八三・六％に対して、女性のそれは二三・一％であった（六〇・五％の差[13]）。

世界の他のどの地域に関しても、歴史上のどの時代に関しても、識字化進展の段階において男女の間にこれほどの差が開いているのは見たことがない。イギリスでは、一七七五年に、男性の識字率は六〇％で、女性の識字率は三八％だった（二二％の差[14]）。フランスのシャンパーニュ地方〔広大なパリ盆地の東部〕では、一八世紀の中葉に、男性の識字率は六五％で、女性の識字率は二九％だった（三六％の差）。現在のセーヌ＝エ＝マルヌ県〔パリ東方にあり、首都圏の一部〕の農村地帯では、同じく一八世紀の中葉に、男性の識字率は三九％で、女性の識字率は一五％だった（二四％の差）。フランス全体ではどうかというと、一七八六年〜一七九〇年頃、男性の識字率が四七％であるのに対し、女性のそれは二七％だった（二〇％の差[15]）。次には、純然たる父系社会で、ヨーロッパより識字化開始が大きく遅れた社会の方を見てみよう。

中国の二〇〇〇年の国勢調査によれば、六五歳以上の年齢層では、男性の識字率が七一％、女性のそれが三五％となっている（三六％の差）。一八三七年以前に生まれたロシアのユダヤ人に関しては、前章に述べたとおり、男性では五四％が識字化されていたが、女性の識字率は一五％だった（三九％の差）。一七世紀・一八世紀の米国、ニューイングランドに目を向けるときに初めてわれわれは、ドイツで確認された男女差に少し接近する。そこでは一六五〇年～一六六〇年頃、識字率が男性で六二％、女性で三二％だったのだ。一七五八年～一七六二年には、それぞれ八五％と四五％になっていた。出発点においてピューリタン的で、到達点において合理主義になった、あの非常にプロテスタンティズム的な社会で、一世紀余りの間に、男女の識字率の差が三〇％から四〇％に拡がったのだ(16)。が、それでも、ドイツでときおり測定されたような六〇％もの隔たりからは非常に遠い。

非ドイツの諸社会に関して言及された識字率の男女格差は、およそ二〇％と四〇％の間である。ドイツを対象とした個別研究がわれわれに明らかにしてくれたのは、四七％から六五％というほどの隔たりだ。しかもそれが数世紀にわたって続いたのである。

以上に列挙した例は、男女で差異化された識字化の歴史の全体像を表すものではない。その歴史は別途書かれるべきなのであって、ここではいわば要所要所に探りを入れてみたにすぎない。アンティル諸島の社会を例外として、しかしアフリカの社会は例外とせずに、つねに確認できることの一つは、識字化において先に離陸するのは男性であり、女性ではないということだ。最初のうち、男たちと女たちの間に隔たりが生まれる。が、次の段階でキャッチアップが起こる。ただし、そのリズムは非常に多様だ。男女間に生まれる隔たりの大きさは、当該社会の家族システムに父系制がどの程度組みこまれているかに依る。しかし、ドイツ史にその典型を見出せるような大きくて持続的な隔たりは、家族編成の父系的特徴をさらに

文藝春秋の新刊

10

2022

「荒川を渡る」©大高

●累計180万部の八咫烏シリーズ、待望の最新刊！

烏《からす》の緑《みどり》羽《ば》

阿部智里

生まれながらに「山内」を守ることを宿命づけられた皇子。彼らの知られざる葛藤と成長を描く、大人気ファンタジーシリーズ最新刊

◆10月7日
四六判
並製カバー装
1760円
391602-6

●シリーズもついに第10弾！

薔薇色に染まる頃 紅雲町珈琲屋こよみ

吉永南央

殺された知人、生前の約束と怪しげな現金、最凶の男――。お草は事件の全貌が分からないまま、追われる少年と逃避行を続けることに

◆10月12日
四六判
並製カバー装
1760円
391603-3

●本屋が選ぶ時代小説大賞受賞作『葵の残葉』に連なる作品集

葵のしずく

奥山景布子

幕末、維新に翻弄された高須松平家の四兄弟。彼らと関わったり、寵愛を受けながら、激動の時代を生き抜いた女性たちを描いた作品集

◆10月7日
四六判
並製カバー装
1870円
391604-0

●「書くこと」の深遠なカタルシス

小説家の一日

井上荒野

短篇の名手が、深遠なカタルシスを紡ぎ出す。すべて「書くこと」をテーマに、さまざまな日常の忘れられない瞬間を描いた珠玉の十篇！

◆10月13日
四六判
仮フランス装
1980円
391605-7

●唯一無二の表現者の真髄に迫る、革新的音楽論

椎名林檎論 乱調の音楽

約20年の間、評論が全く追いつけなかった規格外の才能を、歌詞／

月11日
判
カバー装
00円
606-4

強化せずにはいない。一世紀半もの間、ドイツでは男性の大多数が読むことができる一方で、女性のうちには読む能力を持つ者が非常に僅かな割合しか存在しなかった。そのような不均衡は、女性のステータスの低下に拍車をかけた。本書の先の方で、一九六〇年から二〇一五年にかけての高等教育の進展を考察する折、教育面でのドイツの父系的特性が別のかたちで生き続けていることを確認することになるだろう。

かくしてわれわれは、ドイツのケースに、識字化が家族構造に及ぼす反作用を確認した。

スウェーデンの識字化の歴史は、世界各国のうちでも最もよく研究されているが、その歴史とドイツの場合を比較すれば、ドイツでは、識字化の作用で家族の家父長制的側面が発展するにも、当初から一定レベルの父系的要素が必要だったのだということをも明示できる。実際、この比較対照から判明するのは、もしルター主義がその教義だけを糧としていたら、家族システムを「父系化」する能力を持ち得なかっただろうということだ。ロシアは、父系制共同体家族の構造を完璧に備えているけれども、その構造の歴史は浅く、一九世紀の半ば頃までしか遡らない。ドイツをそのロシアのケースに突き比べてみると、両者が対照的なので、ドイツの反フェミニズムの強さをも正確に評価できるだろう。

スウェーデンとロシアの軌道

スウェーデンの識字化は、世界中で最も早いうちの一つで、かつ最もスピーディだった。また、最もよく知られてもいる。早くも一七世紀に、ルター派教会がこの国で、試験台帳のようなものをつけるよう要請した。この台帳によって、簡単な宗教的テクストを読み、理解する信徒の読解能力が評価された。とりあえず読めればよしだったわけで、ここでは読むことと書くことが区別されなければならない。書くのは、スウェーデンの農民にとっては、後年ようやく獲得するに到るテクニックであった。

チューナーという村の一六八八年〜一六九一年の台帳が示すところでは、小教区に属する五〇歳以上の信者のうち、男性の五〇%、女性の三三%が読むことができたようだ。二〇歳以下に限定すると、それが男性の四四%、女性の四一%となるのだった。男性の側に軽い、一時的な後退が見られるわけだが、それよりも、かくも早い時期に男女がほとんど平等になっていることが注目に値する。エギル・ヨハンソンが、事柄をいっそう明確化すべく、一八世紀、一九世紀になると、女性たちの読む能力が男性たちのそれを上回ったと述べている。スウェーデンでは、識字化における男女差は二〇%以下の小さな幅のものにすぎず、特に、せいぜい一〇年か二〇年をほとんど超えない、きわめて短い期間で解消される程度のものだった。スウェーデンのフェミニズムは実に古くからのものなのだ。このネイションで、教会はドイツの中央部に劣らず断乎としてルター派だったのだが、宗教改革のどんな父系的影響もここには見つからない。ヨーロッパの周縁に位置するこのネイションでは、父系制レベル1の直系家族も、おそらく一度も完全には発達しなかったのである。

ロシアで識字化が拡がったのはドイツやスウェーデンよりも遥かに遅く、決定的な年代は一八八〇年から一九三〇年までだった。ロシア帝政時代の一八九七年におこなわれた国勢調査の結果と、それよりも信頼性が低いのだけれども、一九二六年のソビエト連邦による国勢調査のデータがあり、この二つに依拠すれば、識字化において男女の差が開き、それから閉じるプロセスを、年齢層を比較しながら辿ることができる。一八二八年から一八三七年までの間に生まれた者（男性の識字率は二四・四%、女性のそれは一〇・九%）の年齢層では、男女間の隔たりは一三・五%でしかない。一八七八年から一八八七年までの間に生を享けた世代では、その隔たりが二九・一%に達している（男性の識字率は五一・八%、女性のそれは二二・七%）。いずれも、一八九七年の国勢調査のデータにもとづく数値である。[17] 一九二六年の調査によれば、隔たりは四七・一％となる。しかし、この調査は男性の識字率を過大評価しているように見える〔男性の識字率は七二・一％、女性のそれは二五・〇％〕[18]。しかしながら、同じ一九二六年の調査結果において、一九〇七年から一九一二年までの間に誕生日を有する人びとの世代では、識字率における男女の隔たりがすでに一九・八％まで落ちている〔男性の識字率は七三・三％、女性のそれは五三・五％〕。

ロシアで現れた男女間の識字率の開きは、フランスやイギリスで観察できたそれに近いが、仏英におけるよりも迅速に解消された。父系制でありながら、比較的フェミニストである〔女性のステータスが比較的高い〕というロシアのパラドクスが、改めて確認される。ゴルバチョフとプーチンの下での高等教育の進展は、先ほど喚起したゲルハルト・シュレーダーとアンゲラ・メルケルの下での近年のドイツのケースと同様に、但し逆方向にではあるが、人類学的特徴の長い持続を浮かび上がらせるだろう。

第6章　ヨーロッパにおけるメンタリティの大変容

読むことの学習をひとつの技術の獲得としてしか見ないなら、われわれは間違いを犯すことになろう。今日では、次のことが分かってきている。幼児期に読むことを覚え、実際に読書に没頭すると、それによって頭脳の機能がいちじるしく拡張されるのだ。(1) たしかに、頭のいい子は読むことを覚えるのが早い。しかし、人類史を理解するためにより重要なのは、とりわけ読むことを通して子供たちの頭がよく機能するようになるということだ。外国語の習得と同様、読む能力の獲得は思春期以前には容易で、思春期を過ぎると困難になる。人体組織の成長の決定的な局面では、識字化によって頭の構造が変わると言ってもよいくらいだ。

読むという活動が新しい人間を創造する。読むことを覚えた人間においては、世界との関係が変わる。前よりも複合的な内面生活が可能になり、人格が大きく変わる。それが最良の結果につながることもあれば、最悪の結果を生むこともある。一九世紀にはすでに、「道徳統計学」の創始者たちの目に、自殺率の一貫した上昇が、見事な規則性をもって識字率のそれを追いかけているありさまが見えていた。

デイヴィッド・リースマン〔米国の社会学者、一九〇九〜二〇〇二〕は早くも一九五〇年、著作『孤独な群衆』の中で、印刷物を読む習慣にともなうメンタリティの変容を見事に描き切った。彼によれば、印刷物を読む習慣が身につくと、その影響により、かつては慣習によって調節されていた伝統踏襲型の人格が、心の内部の回転儀《ジャイロスコープ》によって統御される新たな人格に変化する。

《内部指向型の人間は、印刷物を通じて、「理性」をうけいれ、そこからあたらしい性格構造をつくりあげていった。そこでは、しばしばかれは、かつての時代よりも長い時間はたらき、レジャーや休息にはほとんど金も時間もつかわなかったのである(2)》

デイヴィッド・リースマンは、プロテスタンティズムの信徒が旧約聖書を読んだことに言及し、それを最も注目すべき現象と見なす。西洋史上よく知られた事例は、もちろん、ラテン語訳聖書（ウルガタ聖書）の各地の口語への翻訳である。この翻訳のおかげで、それまでは司祭しかアクセスできなかったものを一般人が読めるようになったのだ。その上でリースマンは、読書によって導かれたアンバランスに言及し、次のように述べている。《わたしがいま一番重要だと考えている過度の影響というのは、つぎのようなものである。印刷物の圧力によって性格学的に罪の意識と緊張をひとびとに増大させたということである》[3]

よくあることなのだが、ここでも、人間の何たるかを最もよく理解させてくれるのは、心理「科学」よりも歴史の観察なのである。ヨーロッパの教育上の離陸には、実際、多くの領域におけるメンタリティの全面的でかつ如実な変容がともなった。性の抑圧、私的暴力の後退、テーブルマナーの発達、呪術に対する強迫観念の出現などを手がかりにして、西および中央ヨーロッパにおける「新人類」の登場を、われわれは一五五〇年から一六五〇年までの間に位置づけることができる。

「西洋的結婚モデル」、性を拒否するキリスト教の「遅い」勝利

読むことの学習とメンタリティの変容のあいだの相互作用を捉えるために、最も厳密で、最も計量化しやすいもの、すなわち、長い年月をスパンとする――いわゆる「長期持続」における――人口学的パラメータの推移から出発しよう。一九三〇年頃にはまだ、識字化の分布図と結婚年齢の高さが不思議なほど重なり合っていた（**地図5−1**と**地図6−1**）。女性たちに注目すると、その結婚平均年齢が当時二六歳を超えていたのは、ルター派で、かつ／または直系家族の定着していた世界を中心とする、スカンジナビア半島からスイスにかけての地域においてだった。とはいえ、核家族が支配的なプロテスタントの国々、つまり

イギリス、オランダ、デンマークでも、それは二五歳を超えていた。一方、同じヨーロッパでもカトリックの国々では、イタリアで二五歳、フランスで二三歳というようにやや低い値を示していた。もしかするとフランスのケースは例外としなければならないが、ここでわれわれが確認する結婚年齢は、ホモ・サピエンスの原初の結婚年齢よりも格段に高い。ホモ・サピエンスの原初の結婚年齢は、たとえば太古からの狩猟採集生活を現代でもなお続けている集団や、ユーラシアの最も周縁的な地域に暮らす農耕民などのデータから推測できる。すでに本書の第2章で見たように、フィリピンでは、一九四八年頃、タガログ族農民の女性の結婚年齢は平均で二二・一歳であった。狩猟採集民のアイタ族の場合は、一九八〇年頃、それが一八・四歳であった[4]。

ジョン・ヘイナル〔ハンガリー系イギリス人の社会統計学者、一九二四〜二〇〇八〕は、早くも一九六五年、ヨーロッパ流の結婚モデル（European marriage pattern）を特定し、結婚適齢期の遅さと生涯独身者の多さにおいて唯一無二のモデルであることを指摘した。この点で、ヘイナルのいう西ヨーロッパは、東ヨーロッパを含む世界の他の地域から明確に区別される。なにしろ、一九三〇年頃、ポーランド、ハンガリー、ロシアの三カ国だけを見ても、平均的結婚年齢がずっと若く、独身者は非常に稀だったのだ[5]。ヘイナルによれば、ヨーロッパ・モデルは、女性の平均結婚年齢が少なくとも二三歳より上で、たいていは二四歳を超えていることを特徴とする。西ヨーロッパの外では、それが二一歳未満だというのである。ヘイナルはこれらの数値を、一九六〇年代初頭に参照可能だった歴史人口学の諸論文から引き出しており、それらの諸論文に遡ると、彼のいうヨーロッパ・モデルが昔からのものであることが証拠立てられる。クリュレはフランス・ノルマンディ地方の村であって、ルイ・アンリ〔フランスの歴史家、一九一一〜一九九一〕が現代歴史人口学を創始する研究をおこなったのは、この村を対象としてであった。さて、一六七四

地図 6-1　欧州における女性の結婚年齢（1930 年頃）

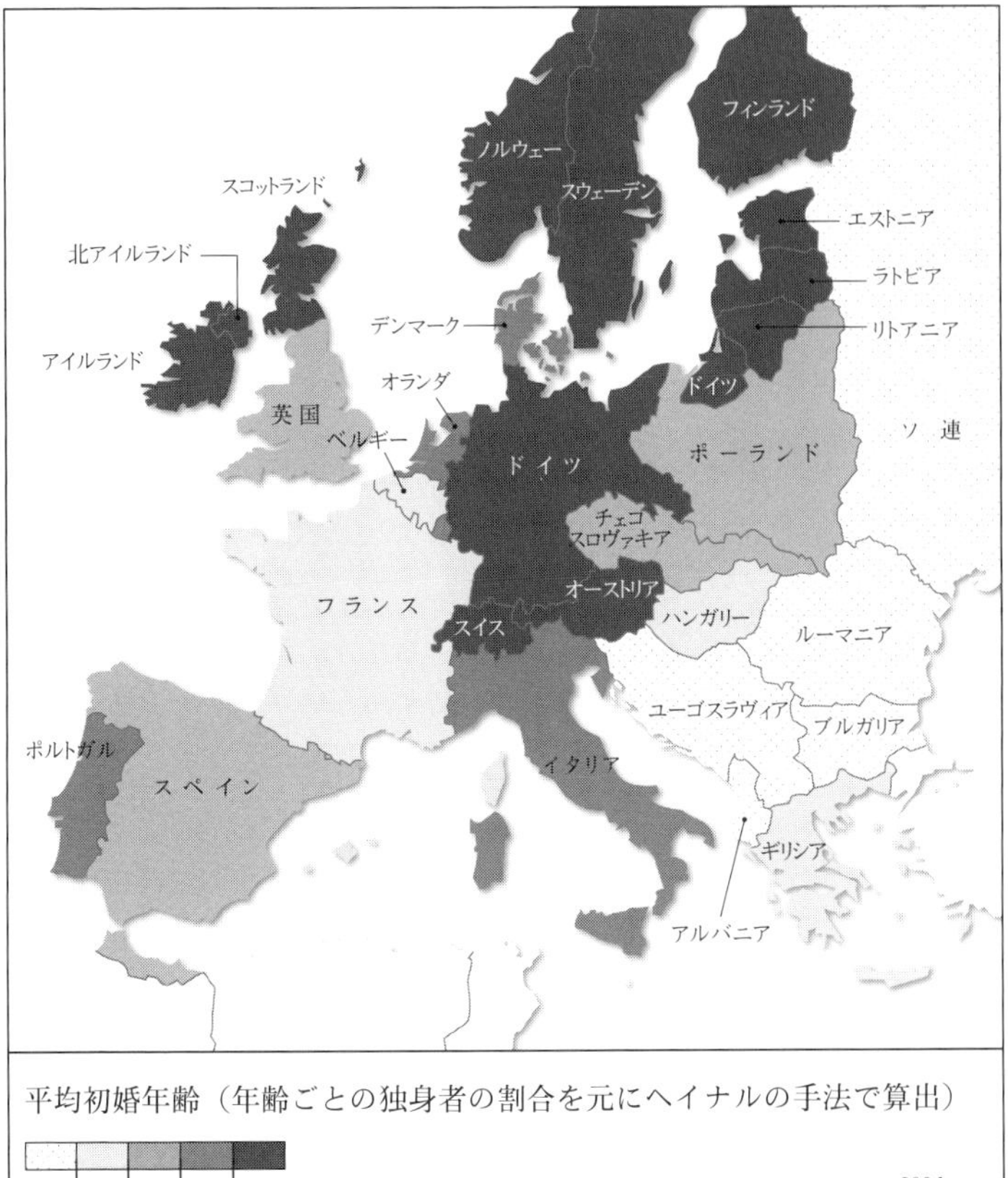

出典：Emmanuel Todd, *La Diversité du monde*, 前掲書, p. 355〔『世界の多様性』●頁〕

年から一七四二年までの期間、この村の平均結婚年齢は女性で二五・一歳、男性で二六・六歳であった。ヘイナルは、パリ周辺のイル・ド・フランス地方に所在する別の村の例も引いている。その村では、同じ時期に、女性の結婚年齢は平均で二六・二歳、男性のそれは二七・四歳だったという。この二つのケースはいずれも、平等主義核家族の地域の例である。

核家族システムのもう一つの主要地域であるイギリスの人口の歴史に関しては、トニー・リグリーとロジャー・スコフィールド〔イギリスの社会学者、一九三七～二〇一九〕による記念碑的著作が二〇〇五年に上梓されたので、今日では歴史をもう少し先まで遡ることができる。一六四〇年～一六四九年にすでに、イギリスの計一二の村落共同体において、平均結婚年齢は女性で二六歳、男性で二八歳であった(6)。

ヘイナルは、ヴュルテンベルク〔かつてドイツ南西部に存在した領邦国家〕の、ジュネーブの、そしてイギリス貴族の家系図を援用し、ヨーロッパ・モデルの出現を歴史的に位置づけている。彼の結論は断乎としているが、慎重でもある。ヨーロッパ流の結婚モデルは中世中期には存在していなかったが、一四世紀から一八世紀までの間に発生した。今日われわれは、この結論をより洗練されたものにすることができる。リグリーとスコフィールドの研究を参照しても、結婚年齢に関しては、一六四〇年～一六四九年より以前のことは知り得ない。しかし、それに近い変数、すなわち生涯独身者の率については、それより古い時期の推移を知ることができる。二人の研究者は、一五五五年頃に生まれた世代と一六〇五年頃に生まれた世代を比べて、生涯独身者の比率が八％から二四％まで上昇したことを観察し、報告してくれているのだ(7)。

この先でまた別の変数の検討で再確認することになるのだが、一五五〇年から一六五〇年にかけて、結婚および性をめぐる人びとの行動にかなり大きな変化があったといえる。

ヘイナルはヨーロッパ史のこのきわめて重要な要素を明らかにしたのだが、しかしながら、まさにその折に三重の誤りを犯した。彼は、自らのヨーロッパ・モデルを断乎として西ヨーロッパに位置づけ、かくして、ルター派宗教改革と直系家族という二つの肝要な説明要因を見落とした。いいかえれば、これはごく単純なことで、メンタリティ革命の中心がドイツにあったことを看て取らなかったのである。たしかに、ヘイナルの仮説が現れた一九六五年当時、ドイツは敗北し、分裂した国だった。ドイツが地理的・歴史的に物事の中心を占めていることは感じ取りにくい時期だったといえる。当時は、何かにつけて東西対立の図式でものを考えたのである。思うに、二〇一七年の今日、統一ドイツが支配するEUに身を置く者にとって、西に寄りすぎていたヘイナルの仮説の地理的な中心軸をある程度東へ移動するのは、さほど納得し難いことではあるまい。

非常に長い歴史の「長期持続」、それもフェルナン・ブローデル〔フランスの歴史家で、「長期持続」を重視するアナール学派の中心的存在であった。一九〇二～一九八五〕的というよりも、キリスト教的な「長期持続」を念頭に置こう。すると、遅い結婚と、大勢の生涯独身者の存在という二つの現象が、一五五〇年から一六五〇年にかけてのヨーロッパにおいて、それより一〇〇〇年以上前に地中海沿岸で教父たちによって考え出された性の禁欲・節制という古い夢をついに現実のものとした、というふうに見える。本章ですでに言及した地図が教えてくれるように、その動きにおいてはルター派宗教改革こそが先駆的であって、カトリックの地域は遅れて追随したのだった。実際、反宗教改革が採用した性の抑圧の型は、宗教改革がもたらしたそれと類似していたが、その厳格さにおいては若干劣っていた。とはいえ、注目すべきことに、カトリシズムにとどまった諸地域の内でも直系家族の地域——オーストリア、バイエルン、スイスのいくつかの郡、イタリア北東部、アイルランド——においては、性の抑圧が、プロテスタンティズムの浸透した地域におけるそれにも匹敵する強度に達していたようだ。

規律への道

結婚年齢の上昇は、メンタリティの推移を示す主要な変数である。ロベール・ミュッシャンブレ〔フランスの歴史学者、一九四四年生まれ〕もこれを見落としはしなかった。彼は、アルトワ地方〔フランス北部、現在のパ゠ド゠カレ県にほぼ相当する旧州の一部分〕について、一六世紀から一六五〇年までの間に女性の結婚年齢が二〇歳から二五歳へ、男性のそれが二四歳〜二五歳から二七歳へ上昇したことに注目している。[8]しかしながら、ミュッシャンブレの研究の真の主題は私的暴力の制御であった。一三世紀には、人が殺害される率（他殺率）が一〇万人当たり一〇〇人というレベルにまで達することがあった。今日では、西ヨーロッパのほとんどの国で、その率は一〇万人当たり一人未満である。[9]

ここでもまた、確認すべきは、一六〇〇年から一六五〇年までの間に最初の変化が起き、他殺率が半減したということだ。[10]ヘイナルと違ってミュッシャンブレは、地理的標的を狙い損ねて外してしまうミスを犯さなかった。彼は、変容が始まったエリアの中心をプロテスタンティズムの浸透したヨーロッパ北部に特定し、そこにカトリックのフランスとオランダを付け加えている。

《ヨーロッパで血の流れる暴力が減少し始めたのは、北部のプロテスタントの地域――スカンジナビア半島、イギリス、オランダ――、またフランス、およびオランダのカトリックの地域からで、その後一七世紀から一九世紀にかけて、ヨーロッパ大陸の西の方の地域でこの傾向が一般化した。当初から舞台となったのがそれぞれ非常に異なるタイプの諸国家であって、その内にはほとんど中央集権の進んでいない国々もあったから、この現象は、絶対王政の擡頭という純粋に政治的な要因からは説明できない。また、特にプロテスタント的な現象であったわけでもない。集団の恥辱と名誉という掟に取って代わって、個人の責任や罪の意識を基盤とする倫理がこの現象を下支えした。それはカトリックのフランスでも、またバロック的カトリシズムという、より一層要求水準の高い形式によって特徴づけられていたスペイン王室支配のオランダにおいても同様であった[11]》

しかし、ここでもやはりドイツへの言及が欠けている。すでに確認してきたように、ドイツを対象とする歴史研究の遅れがこのような結果を生むのである。

ともあれ、歴史人口学と暴力の量の歴史研究がこうして再確認し、さらに広く敷衍するのは、早くも一九三九年にノルベルト・エリアス（一八九七～一九九〇）が『文明化の過程』の中で明確に打ち出した先駆的直観、すなわち、性生活からテーブルマナーまでの生活全般における西洋人の行動の変容という直観にほかならない[12]。

ここまでの記述で言及した個人的行動の推移は、今日の人びとの目に、ひとつの進歩と映るだろう。読むことの学習や暴力の量の減少は、異論の余地なく進歩と見なせるだろう。結婚年齢の上昇や独身率の上昇についての判断はやや微妙かもしれない。性の禁欲・節制は、今日ではもはやポジティブな価値と認められていないからである。それでも、晩婚と独身生活が出産コントロールの第一段階を成し、貯蓄へのある種の適性を助長したことは確かだ。そして貯蓄は、商業的・産業的離陸のための必要条件である。

ヨーロッパにおけるメンタリティの大変容へのこの言及の最後に、その暗黒面を際立たせ、プロテスタンティズム宗教改革と、その妹ないし弟に相当するカトリシズム反宗教改革が孕んでいた非合理的次元を指摘したい。ピエール・ショーニュ〔フランスの歴史学者、一九二三～二〇〇九〕は炯眼《けいがん》にも、西洋人の心理的変容を、進歩への歩みに必要な一段階だったかのように拙速かつ安易に見なす目的論的解釈を軽蔑した。このときショーニュの念頭にあったのは、とりわけ教会によって禁じられていた利息付き貸し付けの許可によって経済的発展への道を「追い求めた」プロテスタンティズム的合理性に関する――ショーニュ本人の表現を借りて言おう――「マックス・ウェーバー流の」諸解釈であった。彼の文を読んでみよう。

《宗教改革派の諸教会が司祭と修道士を廃止したのは、世俗国家を建設するためではなかった。そうではなく、全員の聖職者化というやや常軌を逸した願望のせいなのであった。つまり、万人聖職の名において、ジュネーブのような共和国で育つすべての市民が、修道士のように独身ではないにせよ、皆揃って祈りと労働に交互に勤《いそ》しむ、ひとつの広大なベネディクト派修道院のような共同体が思い描かれていたのである(13)》

実際、歴史を参照すると、ホモ・サピエンスのこの変化の精神的代価がどのようなものだったかを知ることができる。宗教的憎悪や、大小の絶対主義国家の擡頭についてはいまさら言を費やすまい。「正統な」暴力の独占権を国家が獲得した結果、戦争が頻発するようになったことについても、いまさら言を費やさない。なにしろ、一つの集団の中での人びとの行動の平和化のために支払う代価は、まったく疑いもなく、集団が暴力を引き受けて新たに方向づけることだったのであるから。ここでは甘んじて、個々人、個々人の煩悶、彼らの家族、彼らの村々のレベルでの諸結果だけを見てみよう。一五五〇年から一六五〇年に到る年月は、大々的な魔女狩りの一世紀であった。当時は、数百の村落共同体が偏執症に罹った司法官たちに導かれ、何千人もの老婆たちを火炙《あぶ》りにしたのだった。その老婆たちは悪魔と契約を結んでいるのではないかとか、イギリスを除くあらゆる地域では、女性を犯す夢魔インクブスや、男性を犯す夢魔スクブスと寝るのではないかとか、疑われたのであった。ヨーロッパ人のメンタリティの「近代化」を示すこの主要現象への最も秀逸で簡潔な入門書は、今でもおそらくヒュー・トレヴァー゠ローパー〔イギリスの歴史家、一九一四〜二〇〇三〕によるものであろう。もちろん、ロベール・マンドゥルー（フランス）、アラン・マクファーレン（エセックス州）、ロベール・ミュッシャンブレ（フランドル地方）らの地域研究が、全体像をよりきめ細かにしてくれることは間違いないのだけれども。(14)

トレヴァー゠ローパーは、ヨーロッパ各地における狂熱の発作をリストアップしている。すべての国がその発作に見舞われたのだが、ここでもまた判明するのは、狂熱の地理的分布の中心がドイツと、その周辺の地域、すなわちフランドル地方、ロレーヌ地方、フランシュ゠コンテ地方、ポーランド南西部のシレジア地方、そしてスウェーデンだったことだ。スコットランドとバスク地方にも極があったのだが、この二つは、いま言及したエリアからは外れている。しかし、この二つの地域のいずれにおいても、支配的な人類学的タイプは、当時出現しつつあった直系家族のそれであった。トレヴァー゠ローパーは、カトリック地域とプロテスタント地域の間に有意な差を指摘していない。それでもわれわれは、次に述べる二重の相互補完的事実を明白なものとして認めないわけにはいかない。すなわち、当該現象の及んだカトリックの地域は、たいてい宗教改革が起こったいくつかの中心地に近く、かつしばしば、直系家族によって特徴づけられている地域であった。

すでに見たとおり、長子相続の発明は父系制の発明でもあって、ドイツで特に明確な現象であった。したがってわれわれは重大な誤謬を犯すリスクなしに、魔女狩りにおける女性抑圧の狂熱を、当時進みつつあった男女関係の変容に結びつけることができる。ヨーロッパ大陸全域に肉体の快楽を否定する雰囲気が拡がり、男女がカップルを形成する年齢が上昇していた。ドイツでは女性のステータスが急低下を始めていた。父系制原理が出現し始めたことが大々的な魔女狩りの起源にあったと確認できる。

もっとも、次のことは認めなければならない。直系家族への推移が不完全だったスウェーデン、また直系家族化は徹底していたけれども、双系的システム（相続人として男子か女子かを問わず、最も年長の子供が指名されるシステム）であったバスク地方、そして家族が核家族型にとどまったイギリス、この三つの地域はいずれも、魔女狩りを父系性原理の擡頭の結果の一つと見なす解釈に当てはまらない。歴史はいかにも歴史であり、けっして単純でも一様でもない。結果から見れば、老女の火炙りというヨーロッパ大陸的様式が必ずしも父系制原理に依存せず、独り歩きによって伝搬したとも考えられる。

未分化親族システムの破壊

今やわれわれの手元には、ノルベルト・エリアスの時代以上に、西洋文明の変容をよりよく理解させてくれるすべての要素が揃っている。もちろん私は、識字化、結婚年齢、暴力、魔術をテーマとして一九六〇年から一九九〇年にかけて実施された歴史研究の成果に、フランスやイギリスに関するものが多く、ドイツに関するものが不充分だということは承知している。

このように情報が不足しているのであるが、それにもかかわらずわれわれは、西洋文明の離陸プロセスの重要なポイントにおいて、ドイツがイギリスにもフランスにも先んじたことを認めた。たしかにドイツは、一七世紀における科学的、政治的革命の出発点ではなかった。その革命の中心はイギリスであった。しかし、その革命のための教育的土台である大衆の識字化においては、ドイツが一番乗りだったのだ。家族のダイナミズムと宗教のダイナミズムがドイツでは組み合わされ、農民を含む全人口の教育水準を上げることとなった。中世のダイナミズムを考えれば、イタリアがそのような離陸の地となるのが自然だったのだが、しかしカトリシズム側の反宗教改革が、聖典の読者たちをア・プリオリに異端者として追い詰め、あのルネサンスの国を、レオナルド・ダ・ヴィンチとガリレイの国を、ものの見事に教育上の停滞状態に置いてしまったのであった。しかしながら、おそらく宗教の推移だけにその責任があったのではない。イタリア中部で特に強力であった父系制共同体家族システムの実現が、反宗教改革の成功とイタリア文化の凍結におそらく貢献したのだ（OSF, p. 324–337『家族システムの起源Ｉ』四四六～四五〇頁）。

歴史をこのように表象するのは、「大昔から存在するゲルマン文化」といったイメージは拒否しながらも、ドイツの特異性を認めることである。当時発生してきた父系制直系家族が、段階的に、特に一四世紀以降、ドイツを北フランスおよびイギリスから分離したのだ。しかし、一一世紀以前へと遡ると、「ドイツ的特異性」は消失する。先述のとおり、そこに再び見出されるのは核家族構造と未分化親族システムであり、要するに、キリスト教の普及によって辛うじて変貌したホモ・サピエンスの姿なのだ。そのように遠い過去の時代においては、キリスト教教会が依然として、穏健な外婚制を絶対的な外婚制に変えるべく闘い続けていたわけである。

一五五〇年から一六五〇年にかけてのメンタリティの大変容を研究することで、キリスト教の影響の波及がいかに緩慢であったか、また宗教改革という最後の加速に到るまでいかに部分的でしかなかったか、そうしたことも理解できる。聖アウグスティヌスと東方の教父たちが夢見た性の禁欲・節制が社会で一般的な社会的実践になるには、一六世紀を俟たねばならなかったわけだ。したがって、プロテスタンティズムはまさしく、自認していた通り、原初キリスト教のメッセージへの回帰であった。たしかにプロテスタンティズムは、大衆の識字化を実現した（この識字化がその後、実にさまざまな経緯を経てキリスト教自体の破壊へと繋がったのだが……)。しかし、プロテスタンティズムはまた、大衆の識字化というそのオペレーションによって読み書きの出来る農民を「製造」するに到ったのだから、原初キリスト教よりもさらに古い母なる宗教、ユダヤ教の後を追い、その点ではユダヤ教を追い抜いたのであった。宗教改革は、この狭義の教育的意味において、ユダヤ人たちによってもたらされたメッセージに対して格別に忠実であった。とはいえ、全体として見ると、メンタリティの大変容の結果、キリスト教徒たちはユダヤ人から遠ざかったといえる。性に関するキリスト教教会のプログラムが充分に実現され、未分化核家族の外枠となっていた親族網が破壊されたのだから。

長子相続という旧約聖書の夢にもかかわらず、ユダヤ人たちは、ヨーロッパ系であれ、東方系であれ、すでに確認したとおり、未分化核家族の型を多分に維持していた。ユダヤ教はたしかに、子供たちと老人たちの生命の尊重において、また、種の再生産には役立たないあらゆる性行為《セクシュアリティ》、とりわけ同性愛の拒否において、なるほどひとつの革新ではあった。しかしユダヤ教は、性行為《セクシュアリティ》をそれ自体として悪いものと宣言したことは一度としてなく、独身をひとつの理想としたこともない。ユダヤ教は外婚制であったが、しかし穏健な外婚制だったのであって、必要に応じて一定程度のイトコ婚がおこなわれることを恐れはしなかった。親族関係に対して敵対的になったキリスト教が支配する環境の中で、ユダヤ教は、狩猟採集民から引き継いだ兄弟姉妹グループの連帯を保護し、また当然ながら、彼らの子供たちと孫たち、イトコ同士、あるいは又イトコ同士の関係の近さをも保護したのだった。

親族網に敵対するプロテスタント的な内面の目眩

性《セクシュアリティ》に対して、また親族網に対して最初の攻撃をおこなったのは、初期キリスト教、つまりローマ帝国時代のキリスト教であった。しかし、聖アウグスティヌスが『神の国』で提示したような性的・家族的生活の再編プログラムは、ゲルマン民族の大移動以降にほんとうに適用されたのだろうか。部分的にはイエスと言える。イトコ婚に対する闘いは、核家族を外から枠付けしていた親族網を揺るがさずにはいなかった。とはいえ、一三世紀の初めまで、イトコ婚の禁止が何度も、何度も繰り返し命じられたことを考慮すれば、実際の効果がいかほどのものだったのかが疑われる。また別の面で、司祭たちの独身生活が親族システムの自然なダイナミズムを弱めたにちがいない。そのことに関しては、形而上学的プロジェクトが社会生活の中に書き込まれた初めての例だったと言ってよいだろう。中世のヨーロッパは実際、修道院だらけで、そこには独身者たちが、マックス・ウェーバーの気の利いた言葉を借りれば「宗教的実践の名人たち」、この場合には「性の禁欲・節制の名人たち」が住んでいたわけだ。しかしながら、修道院はいわば実験的な孤島、どっぷりと罪の意識に浸る世界の中の避難場所に過ぎなかった。全体として見た場合には、中世の社会は原初のホモ・サピエンスに近いものにとどまっていた。つまり、双系的で柔軟ではあるが、いたるところに存在する親族網によって構造化されていた。中世の社会は依然として色好みで、暴力的であったのだ。

さらに、プロテスタントの宗教改革は、いくつもの戦線で退却したとさえ思われる。実際、プロテスタンティズムは司祭の結婚を復活させ、修道院を空っぽにした。旧約聖書に依拠していたから、改めて同族婚を許可した。しかし、実をいえば、歴史家ピエール・ショーニュがいみじくも見抜いたように、プロテスタンティズムがとりわけ望んだのは、世俗の人間を聖職者化することだった。結婚年齢の上昇と独身率の増加は、宗教的危機の著しかった地域で特に劇的であった。今日でもその地域では、イトコ婚の率はカトリックの国よりも低い。人口動態のデータによれば、宗教改革の直後、禁欲がもはや名人たちだけの特技ではなく、すべての人びとに可能となっていたことが分かる。今日最新の用語法では、おそらく「みんなのための禁欲」とでも言わざるを得ないだろう〔二〇一三年にフランスで同性婚を合法化した法律は、通称で「みんなのための結婚法」と呼ばれた〕。

地獄に堕ちる者と救われる者を容赦なく区別する予定説という中心的概念において、また、地上世界を腐敗した世界として描く描き方において、プロテスタンティズムは刷新されたアウグスティヌス主義だといえる。『神の国』に提示されていたメンタリティ変革プロジェクトを実現したのだ。

プロテスタンティズムによる変容は、未分化の親族網を深い部分で破壊した。その結果は、ドイツ、イギリス、スウェーデン、また米国といった多種多様な国々の現代生活の中に如実に現れている。それは、それぞれの側面にまとわりつく多くの親族から解放された純粋な核家族型と線状構造の直系家族型がヨーロッパに出現する上で不可欠な一段階だったのだ。しかしながら、私は次のことを正直に認めておきたいと思う。どんな心理的メカニズムが人びとを突き動かして親族網をこのように破壊させたのかという点については、真に満足のいく分析を提示することはできない。

まず思い浮かぶのは、内面性というプロテスタンティズム的な概念だ。すなわち、自己の心の奥底で、おそらくは存在していない神、存在していても黙して語らないことにおいて際立っている神と向かい合うという、プロテスタンティズム固有の夢である。一六世紀ないし一七世紀のプロテスタントたちが自らの魂の奥底に見出したのは、もっぱら自分自身と、物事の意味の不確かさだろう。そうだとすれば、人間を動物とは絶対的に異なる存在と信じ、無意識の概念を知らず、夢のメカニズムを理解しない者の精神に何が起こるだろうか。実のところ、この点について、われわれは何ひとつ知っていない。

しかしながら、歴史が教えてくれるところによれば、内面への沈潜は不安、罪悪感、頑とした要求、尊大な気持ちなどを混ぜ合わせるのであり、そこから実に驚くべき人格が立ち現れてきたのだ。すなわち、人間存在の無意味さという考えを支えにして世界を変革し得るという逆説的な行動的宿命論を、具体的な社会生活の中に持ち込む可能性のある人格である。この逆説をよく感じ取るために、まずは、前章に引用したルターの『奴隷意志』の一節を再読していただきたい。《かのかたは、私たちが将来あるであろうものをさきだって予知しておられ、いまや、私たちをそのような者に造り、動かし、支配しておられるのであるから、私は尋ねるが、かのかたが、予知しておられるところと、あるいは現在なしておられることのほかに異なったように在りうる自由が私たちのうちにあるかのようなふりをすることが、どうしてできるのであろうか》〔「奴隷的意志」山内宣抄訳、前掲書、二二四頁〕

この一節を踏まえて、ドイツやスウェーデンの経済的離陸を想起してほしい。たしかにプロテスタンティズムの穏健化と、自由意志の概念の再発見の場となったイギリスに比べれば少し遅れてではあったけれども、ドイツやスウェーデンの経済的離陸はたいへん力強いものであった。

プロテスタンティズムは、それが人間の精神構造に何をもたらしたかという点において、依然としてひとつの謎である。しかし、ある現象なり、あるメカニズムなりを完全に理解できないからといって、その存在を否定するわけにはいかない。デイヴィッド・リースマンは活字を読むことによる人格の変容を描いたが、プロテスタンティズムと旧約聖書を読むことについては、若干の言及をおこなうだけにとどまった。われわれがここで確認し、事実として受け容れなければならないのは、プロテスタンティズムをベースとする人格、すなわち、内向的で、性道徳および道徳一般によって罪悪感へと、正直で誠実な生活へと、勉学と労働を志向する基本的に行動的な生活へと向かう傾向をあらかじめ仕込まれている人格が、たしかに存在するということにほかならない。

こうした内面への沈潜だけで、プロテスタントの精神世界における兄弟、姉妹、イトコたちの消失を説明するのに足りるだろうか。おそらくは足りる。しかし、あまりにも単純に「個人化」しすぎる解釈にのみ依拠しては、慎重さを欠くことになろう。なにしろ、プロテスタントのコミュニティの具体的生活に目を向けると、少なくとも一七世紀から一九世紀まで、地域グループと、そのグループが個々人の生活に対して有する管理力の信じがたいほどの強化が看て取れるのだから。宗教改革は、習俗の監視強化に行き着いたのだ。この現象は、ニューイングランドの清教徒たちのコミュニティにおいて明白だったし、一七世紀のイギリスのいくつかの村についてもよく研究調査されている。ドイツ方面はそこまで研究が行き届いていないが、ドイツのルター派教区でも同様の現象が存在していたにちがいない[15]。スウェーデンの識字化を年代づけする際の手がかりとして前章で言及した教区台帳もまた、個人が早い時期から厳格に指導され、統率されていたことを窺わせる。私自身も過去に、一九世紀初めのスウェーデンの驚くべき台帳を繙いて検討したことがある。その台帳は、教区住民の転出と転入を詳しく記録していた。私がその経験をしたのは一九七〇年代の初めで、当時スウェーデンでは社会民主労働党が全盛だった。心の中で次のように思ったことを憶えている。これほど長い歴史の中で培われてきたスウェーデンの集団統合モデルをフランスの社会主義者たちが自国で模倣しようとしているが、彼らはきっと四苦八苦するだろう……。

プロテスタントの軍事国家と初期ナショナリズム

確認しよう。プロテスタント的な内面の目眩の作用によって人びとが新しい方式で統合され、そうして発生した共同体が、破壊された親族網にとって替わった。プロテスタンティズムが出現させた最初の社会は、個々人の内面生活を単純に並置したような世界ではなかった。そして一七世紀以降、突如として、プロテスタンティズムのヨーロッパが集団行動においてずば抜けた能力を秘めていることが明らかになった。俄然擡頭したのは、プロイセン、スウェーデン、あるいはヘッセン〔現在はドイツの連邦州の一つで、中心都市はフランクフルト〕といった軍事国家、また、オランダやイギリスのナショナリズムであった。

当時のヨーロッパ大陸において、直系家族システムでプロテスタントの国々では、長男以外の男子たちが社会の正真正銘の軍事化の恰好の道具となった。スウェーデン、プロイセン、ヘッセンの兵士採用のレベルを、ルイ一四世治下のフランスのそれと較べてみよう。当時のフランスは好戦的ではあったが、一六八五年にナントの勅令が廃止されて以来、ふたたび全国的にカトリックの国となっていた。フランス大革命以前の旧体制の軍国化がピークに達していた一七一〇年頃でも、「太陽王」ルイ一四世の軍隊の兵士の数は全人口の一・五%であった。これに対し、プロイセン――この国の「軍国主義」は歴史の常套句になっている――におけるその割合は、一七四〇年で三・七%、一七六〇年では七・一%であった。フランスの二倍から五倍に相当する。スウェーデンがより早くから軍国化し、その度合いにおいてもプロイセンの上を行っていたことは、あまり知られていない。スウェーデンでは兵士人口比率が一七世紀末にすでに四%に達し、一七〇九年には七・七%にもなっていた。(16)「ヨーロッパのハンマー」とも称されたスウェーデンは、人口が至極少ないにもかかわらず、一七世紀にはバルト海沿岸だけでなく、三〇年戦争〔一六一八年~四八年〕のあいだ継続して、神聖ローマ帝国全域における大きな軍事勢力であった。プロイセンがヨーロッパの主要国となったのは一八世紀で、その地位を確立したのは七年戦争〔一七五六年~一七六三年〕であった。北ヨーロッパのこの二つのプロテスタントの国の場合、軍国化の目的は国威発揚にあったといえる。

しかしながら、プロテスタントのいくつかの小国においては、傭兵を供給するタイプの軍国化現象が存在した。その目的は国威発揚より慎ましく、国の資金確保だった。そのようなケースのうち、今日までに最もよく研究された事例の一つはヘッセンのそれである。アメリカ独立戦争の間、イギリス軍の大半はヘッセンの兵士たちで構成されていたのだ。小国ヘッセンでは、一七八二年に、人口の七・七％が兵士という状態に達していた[17]。当時のヘッセンにおける直系家族システムと、跡継ぎでない息子たちの自動的な兵籍登録のあいだの相互作用については、ピーター・テイラー〔イギリスの地理学者、一九四四年生まれ〕が素晴らしい分析をおこなった[18]。

イギリスは、絶対核家族システムが存続してきた国で、気質的に自由主義的である。そのイギリスでは、プロテスタント的な新しい内面性に由来する集団性の必要が軍事国家の形成によって吸収されることにはならなかった。イギリスの人口のうちの兵士の比率はごく僅かにとどまった。一六八八年の名誉革命の一〇年後にあたる一六九八年で〇・二％だったのが、一七一〇年には一％に達したが、それが一七八三年にはふたたび〇・三％にまで落ちていた。議会制君主政体は、ピューリタン革命の際のクロムウェルのニューモデル軍〔一六四五年二月に議会条令で新編成された革命派の軍隊〕による権力奪取をよく記憶していたため、自らの軍隊の強大化、少なくとも陸軍の強大化を周到に避けたのだ。海軍力のほうは内政のリスクにはならない。とはいえ、プロテスタンティズムはイギリスでも、新しい種類の集団統合を生み出した。近代的な国民意識がそれであって、そこに伴っていた古風な宗教的表現は外見上のものにすぎない。旧約聖書の読者であるカルヴァン派の民衆は誰でも、なんらかの時点で、自分たちこそ新たなイスラエルだ、神に選ばれた特別な民だ、というふうに思うのである。この感情が、ピューリタン革命（一六四二年〜一六五一年）の間にクロムウェルのイギリスに侵入したのだが、現代の自由主義者たちは、このことの歴史的重要性を認めるのにいささか抵抗感を覚え、近代が始まったのはイギリスにとっても世界にとっても一六八八年だという考えに固執する。自由主義的な政治的・経済的母体のモデルの完成を近代のスタート地点として確定しようとするのならば、彼らは間違っていない。しかし、それでも、ピューリタン革命の間に、議会は国王〔チャールズ一世〕を斬首したし、村落共同体の権利として残っていたものを廃止したし、交易を自国の船舶によるものに限定するような攻撃的な保護主義へと国を導きもしたのであった。

ピューリタン革命の宗教的な側面に目を奪われて、イギリスに生まれた国民意識の新しさを見落としてはならない。われわれフランス人は、自分たちが一七八九年の大革命でネイションの近代的概念を発明したのだと思い込むとき、大きな誤りを犯す。リア・グリーンフェルド〔一九五四年、ソ連生まれで、米国在住のユダヤ系歴史学者・社会学者〕が看取したとおり、プロテスタントのイギリスの経済的離陸には申し分のないナショナリズムが付随したのだ。そのありさまは、イギリス自体がその自由主義的ナショナリズムを正真正銘の資本主義の精神と見なす程であった[19]。一七世紀および一八世紀のイギリス史に多少とも通暁している者にとって、彼女の説に異論を唱えるのはかなり難しい。

おそらく、同じ観点から、一五七〇年～一七〇〇年のオランダの国民意識も分析できるだろう。

カトリック反宗教改革が未分化親族網にどんな影響を及ぼしたか、そしてその結果、未分化親族網の代替として発生した集団意識があったとすれば、それにどう作用したか、その辺りのことは、研究の現段階ではまだ謎にとどまっている。遅れて現れ、個人を支配する陰鬱な教えとなったタイプのカトリシズムによって習俗が変化したことは疑いを容れない。すでに見たとおり、とりわけプロテスタントの世界に近接する直系家族の諸地域については、躊躇なくそう断定できる。それらの諸地域では、ルター派の地域とほとんど同じくらいに結婚年齢が上昇したのである。しかし、カトリシズムはまた、プロテスタントの内面的人間に対抗するかたちでも自己を再定義した。具体的には、信者の告解と司祭による赦免という実践をますます強く要求するようになっていった。したがって、ローマ・カトリック教会とその傘下の司祭たちが、親族網を弱体化するという点でプロテスタント宗教改革に比肩するほど成功したというような見方は、疑ってかかることができる。ちなみに、敬虔なカトリックのアイルランドの社会は一九世紀中葉まで、同様に熱心なカトリックのポーランド社会は二〇世紀中葉まで、核家族と未分化親族網による枠付けとを組み合わせる、すこぶる旧い人類学的システムによって特徴づけられていたのである。

もっとも、カトリシズムにとどまっていた地域の一つである広大なパリ盆地には平等主義的核家族が定着していて、この家族システムは早くも一八世紀に、親族網から解放されたひとつの純粋な核家族型となっていた。してみると、家族の完全核家族化への道は、プロテスタンティズムを介する道だけではなかったわけだ。北フランスのケースについては、一七世紀以来、北ヨーロッパのプロテスタンティズムと接触しつつ、その蔭で生き続けるカトリシズムが存在していた、つまり最もプロテスタント的なカトリシズムが存在していた、と考えてよいだろう。そのカトリシズムは、ジャンセニズムという形をとって、カトリシズムなりにアウグスティヌス的危機を経験し得る性質さえも持っていた。なお、これは、一七三〇年〜一七五〇年頃にカトリックの信仰が瓦解する（この現象については本書第8章で述べる）のに先立つ時期のことである。

経済的離陸へ

直系家族、プロテスタンティズム、識字化、親族網の崩壊。近代のこの四つの次元を連動するものとして取り上げるのはあまり一般的ではないが、この視点を採用するとき、ヨーロッパ文明の離陸は産業の変容というよりも人類学的な変容という形をとって表れる。われわれが相手にしているのがもはやホモ・エコノミクスだけではないことは明白である。ただし、繰り返しになるが、このアプローチは、経済の存在を無視することも、その重要性を軽視することも意味しない。人間は暮らしを維持していかなければならないのだし、世界の技術的制御のレベルが上昇傾向で推移してきていることは、「長期持続」の歴史が教えてくれることでもある。しかし、事実を経験主義的に考察すると、ひとつの人類学的変容が経済的離陸に先立って起こっていたことが分かる。なにしろ、イギリスで産業革命が始まったのは、選択する指標によって諸説あるけれども、一七七〇年、あるいは一七八〇年からだったのだ。次章で私はパースペクティブを拡大し、世界全体を視野に入れて、経済発展を教育水準上昇の結果の一つとして提示するつもりだ。そのとき、人口学的移行——主に出産コントロールによる移行——は、経済によって決定されるものとしてはまったく現れず、識字化や、信仰の喪失のような宗教危機の結果として現れてくるだろう。

共同進化する家族と宗教の中に経済的離陸の遠い淵源を見出すのは、人間を、ホモ・エコノミクスに想定されている合理性の対極ともいえる非合理な情念によって翻弄されるだけの存在と見なすことではない。家族構造と宗教システムには、それぞれ固有の論理が内在している。

また、われわれのこの解釈については、個人という概念から遠ざかるものだと言うのも正しくない。なにしろ、明らかに識字化は、個人（一般的な歴史社会学が歴史のどこかの時点で出現したものと前提する個人）を創出こそしなかったが、個人を変形し、内面化のプロセスに入らせ、より賢くするのであるから。しかし、家族と宗教について語る以上、ホモ・サピエンスの個人的必要と集団的必要を同時に考えなければならない。この相互補完的展望のお蔭で、われわれはそこに存在する均衡のメカニズムを突き止めることができるのだ。そのメカニズムは、経済理論上の市場原理に比べても、厳密さにおいて劣らず、経験主義的リアリズムにおいては遥かに優越している。かくして、未分化親族網の崩壊は宗教的もしくは国民的な共同体への統合の強化に行き着く。プロテスタントに見られる内面性の過剰さに対して釣り合いをとるのは、個人に対する地域共同体や国家の影響力の増大である。

▼解くべき歴史的問題——直系家族の比率（あるいは連続変数としての家族構造）

歴史を正確に描こうとするならば、家族の型という静止的な概念に満足しているわけにはもはやいかない。たとえば、ヨーロッパにおける直系家族を歴史の中で観察してみよう。直系家族は、まず一一世紀にフランスやノルマン人の王朝に現れ、次いで、その影響がカロリング朝由来の地理的空間の内部で貴族階級に及んだ。それから、垂直軸ではより低い社会階層へ浸透し、水平軸ではいくつかの極を中心に地理的に拡がった。南仏のオック語地域で極となった町はトゥールーズであった。ドイツにおける極がどこだったかは、現時点ではまだ突き止められていない。速水融とその学派が遂行した研究によれば、日本においても、直系家族について類似の歴史が記述され得るようだ。[20] 日本で垂直軸の伝搬の起点となったのは、社会の表向きの頂点ではなかった。なにしろ、天皇家で長子相続が採用されたのは伝搬プロセスが最終段階に到ってからのことだったのだから。その最終段階を画した明治維新は、一三世紀末もしくは一四世紀初頭に関東を地盤とする上層階級の間に出現した直系概念の進展のフィナーレであった。

歴史に向かい合う最初のアプローチにおいて、家族型という概念が示唆するのはひとつの不連続変数である。これは単純な質的分割《セグメンテーション》を可能にする。セグメントごとにテリトリーを確定していけば分布図を作成できるのだ。そうすれば、ヨーロッパまたはアジアの地図の上に、直系家族か、共同体家族か、また、かくかくしかじかのタイプの核家族かが支配的な諸地域を表象できる。そのような表象で用が足りるのは、差異化と伝搬のプロセスが最終段階に達した時点、たとえばフランス南部、ドイツ、あるいは日本の一九世紀に注目する場合だろう。その場合、オック語地域は疑いの余地なく直系家族システムであり、ドイツと日本も同様である。これらの国・地域では当時すでに、直系の概念が、あらゆる人びとの意識の中で確実に定義された集団的規範の段階に到達していたのである。つまり、自ら農地を所有しているか、あるいは封建領主から安定的に土地の使用権を譲渡された平均的農民階層において、長子相続と長男の同居の原則が可能なかぎり実践されていたわけだ。人類学的レベルでそのような分布図がいったん出来上がったなら、われわれは次にイデオロギーのレベルに進み、当該地域における二〇世紀の政治的民主化のあり方から、「直系家族」の農民階層とその社会が権威と不平等の価値に賛同していたことが分かるので、その事実を確認できる。当然、その地域では、自民族中心主義〔トッドはこの用語を、自民族を例外的と見做しがちな心性を指す言葉として用いることが多い〕や国家への執心が顕著である。

だからといって、一五、一六、一七、一八世紀の状況に関してまで、このような類型論や分布図を適用するのは理に叶ったことだろうか。われわれは、直系の概念が社会的・地理的拡がりにおいて、また、それがすでに浸透した地域においては規範としての強さにおいて、それらの世紀を通して継続的に進展したことを知っている。ところが、家族型は質的概念であり、数学的な意味において不連続である。したがって、この概念が遠い時代の歴史的現実を記述するには不充分だということを、われわれは認めなければならない。もしデータ上可能ならば、われわれは直系家族をほかのさまざまな量的連続変数――識字化、出生率、プロテスタントの比率、宗教実践、キリスト教民主党への、社会民主党への、はたまた国家社会主義党への投票など――と同じように扱うべきなのだ。つまり、個々の国と、その国を構成する各地域に、年代ごとの直系家族率を付与すべきなのである。試しに、厳密には正当化できない数値を想定してみよう。オック語地域またはドイツで一五〇〇年頃には直系家族が四〇％、一八〇〇年頃には六〇％、そして普通選挙が安定したか、確定したかの時期にあたる一八七〇年頃には八〇％だった、というように。この比率が勘定に入れるのは、直系家族モデルの社会的・地理的拡大であり、長子相続と同居という規範の強さである。すると、教育や宗教やイデオロギーに関する他の変数との符合が遥かに明確なものとなるだろう。直系家族に関するジレンマ――このテーマは第7章で取り上げる――、すなわち直系家族はダイナミズムを生むのか、それとも社会的硬直性の原因なのかを見分ける際の困難も遠のくだろう。直系家族率が四〇％ないし五〇％であれば、社会はダイナミックに機能するが、それが七五％に達したり、それ以上になったりすると硬直する、というようなことが言えるだろう。そうすると、一六世紀のドイツのダイナミズムと、同じドイツの一九世紀初頭の硬直性がかなり広範に説明可能となる。

家族型の進化はしばしば、地球規模で、とりわけユーラシア大陸の中心部で、直系型を超えて引き続いた。共同体家族が、中国で、ベトナムで、あるいはインド北部でついに直系家族に取って代わった局面については、今し方述べたのと同じ流儀で、直系家族的価値の残余率というものを考えることができよう。いうまでもなく、実際には、われわれはそれを計測する方途を持ち合わせていない。それでも、長子権の痕跡などを手がかりに、ベトナムないし中国南部における直系家族的なものの残余率が、中国北部やインド北部よりも高いことを推察することはできる。

直系家族の比率――あるいは共同体家族のそれ、あるいは純然たる核家族のそれ――を厳密に確定する能力がないからといって、われわれが論理的エラーへと導かれるようなことがあってはならない。硬直した類型論に閉じ籠もり、二分法的な推論以外の推論に意味がないかのように決めてかかるのが、その誤謬である。それとは逆の罠もある。歴史的考察を読む際、たくさんの統計的級数、特に経済分野のそれが引用されていても、それらが用いられているのは、多くの場合、歴史を理解する上で不可欠だからではなく、単に存在しているからにすぎないと意識しておく必要がある。本質的により重要な変数が、計測困難だからとか、計測不可能だからとかいう理由で顧みられない場合が儘あるのだ。

第7章　教育の離陸と経済成長

グローバリゼーションという考え方が喝采を浴び、われわれは一九八〇年から二〇一〇年まで、経済主義的な歴史ビジョンが支配的な立場にのし上がる時代を生きた。たしかに近年、世界銀行とOECDから出される諸統計の内に、識字化や、初等教育、中等教育、高等教育（最近の用語では「第三課程」の教育）のそれぞれの段階に到達する個人の比率に関するものが増えてきてはいる。しかし、グローバリゼーションを担う人びとの思考パターンでは、経済こそが物事を決定するとされている。家族や個人がよりよい給与を得ようとするからこそ教育熱が高まり、高学歴をめざす人が増えるのだと考えられている。国民の教育水準の高さが、国家間の経済競争における決め手の武器となると――。

しかしながら、ヨーロッパ文明の離陸を研究して分かるのは、教育水準の上昇が産業革命や資本主義の開花よりも時期的にずっと先立っていたということであり、またとりわけ、読むことを学習しようとする最初のモチベーションが経済とは関係なかったということである。ヨーロッパの北部と北西部で、人びとは神とコミュニケーションするために読むことを学んだのだ。

教育の離陸の先行性を証明するための最もシンプルな方法は、まさにその教育の離陸を、W・W・ロストウが早くも一九六〇年に『経済成長の諸段階』(1)で確定し、同書の一九九〇年版でより緻密にした経済的離陸（テイク・オフ）と突き合わせ、引き比べてみることだ。**表7-1**が一覧に供するのは、ロストウが統計の標本にした諸国――世界人口の八〇%をカバーする――のそれぞれについて、ロストウ提示の経済的離陸の年（ロストウの推定は産業投資率に大きく依存している）と、教育的離陸の年である。ここで教育的離陸の基準としたのは、男女それぞれの二〇歳～二四歳の識字化人口が五〇%を超える現象である。念のために断っておくと、私は教育と産業化の時期的なずれを明示するけれども、両者が対立すると思っているわけではない。いずれをも、近代の幕開けに貢献した要因と見なしている。人間社会の離陸に関する

表７-1　識字化、出生率の低下、経済的離陸

	A 男性の識字化	B 女性の識字化	C 出生率の低下	D 経済的離陸	AからDの間隔（年）	AからBの間隔（年）	BからCの間隔（年）
ドイツ（プロテスタント地域）	1670	1820	1895			150	75
スウェーデン	1670	1690	1880	1870	200	20	190
英国	1700	1835	1890	1780	80	135	55
米国	(1700)	(1835)	1870	1840	140	135	35
カナダ（ケベック州を除く）	(1700)	(1835)	1870	1895	195	135	25
オーストラリア			1870	1900			
ドイツ（全域）	1725	1830	1895	1840	115	105	70
フランス	1830	1860	1780	1830	0	30	−80
イタリア	1862	1882	1905	1900	38	20	23
カナダのケベック州	1863	1863	1905				
日本	1870	1900	1920	1885	15	30	20
アルゼンチン	1890	1905	1910	1930	40	15	5
韓国	1895	1940	1960	1960	65	45	20
ロシア	1900	1920	1928	1890	−10	20	8
メキシコ	1910	1930	1975	1950	40	20	45
タイ	1914	1943	1965	1960	46	29	22
ブラジル	1915	1945	1965	1930	15	30	20
トルコ	1932	1969	1950	1930	−2	37	−19
台湾	1940	1950	1958	1955	15	10	8
中国	1942	1963	1970	1955	13	21	7
イラン	1964	1981	1985	1960	−4	17	4
インド	1975	2005	1970	1955	−20	30	−35

より完全なデータ表を構成すべく、私は特別に欄を設け、出生率低下の始まった年を示した[2]。出生率の低下がいつ始まったかは、人口学的移行を考察する上できわめて重要なポイントだ。産児制限もまた、われわれの近代を構成する主要な要素の一つなのである。

最も早く識字化された国々については、先行の歴史的研究に依拠した。確定的情報のない米国とカナダの英語圏にはイギリスの識字率を付与した。イギリスが世界に存在する英語圏社会の共通の母体だからである。とはいえ、この選択は、植民地時代の米国に関するケネス・ロクリッジ〔米国の歴史学者、一九九二年までミシガン大学で教鞭をとっていた〕の研究を踏まえた結果でもある。いずれにせよ、最も不確実な数値はドイツに関するものだ。というのは、ハンス・エーリッヒ・ベーデッガー〔ドイツの歴史学者、一九四四年生まれ〕の研究書に三つの共同体グループについての計測が含まれているものの、それが確認させてくれるのは、一七八〇年頃、プロテスタントの共同体に属する男性の九〇%近くがすでにたいてい読み書きできるようになっていたということだけで、それ以外のことは分からないからだ。私がここに提示する推定値は、当時のドイツの人口の三分の二がプロテスタントで、三分の一がカトリックだったという見積もりの上で、カトリック人口の識字化の遅れを考慮に入れている。オーストリア帝国内のカトリックのドイツ語話者人口を計算に入れるときには、当然、識字率五〇%への到達時期をそのぶん遅くすることとなる。対象をプロテスタンティズムの信者に限って計算するなら、ドイツの数値はスウェーデンやイギリスのそれに近くなり、もしかすると、宗教改革の出発点だった国だけに、識字化においてはスウェーデンおよびイギリスよりもさらに先んじていたという現実が見えてくるかもしれない。しかし、ハンス・エーリッヒ・ベーデッガーの研究書に載っている数値からは、ヴェストファーレン地方に識字化のほとんど進んでいないプロテスタントの集団がいくつか存在していたことも分かる。当時のドイツは、スウェーデンやイギリスよりも遥かに広大で、多様だったのである。

日本のケースに関して述べると、まず参照したのは一八九九年に徴兵された青年たちの識字状況で、これはリチャード・ルビンジャー〔米国の教育史家で、日本の近世・近代を対象とする研究で著名。一九四三年生まれ〕が日本全国について報告してくれている。次に私は、それ以前の年月を遡り、その間に一九世紀フランス南部の場合に似た速いテンポのキャッチアップ的識字化が進んだものと想定した。スウェーデン、フランス、イギリスについては、いずれも識字化に着目する歴史研究のパイオニアにあたる国なので、先行文献の著者たちが教えてくれるところに従った。米国にはイギリスと同じ年代を付与したが、一七〇〇年頃、ニューイングランドの識字率はイギリスの平均を上回っていたにちがいなく、ニューヨークやペンシルヴァニアでも同様だったかもしれない。しかし、より南に位置して、のちに複数の州となった諸地域、奴隷制支持で、英国聖公会（イギリス国教会）傘下の米国聖公会〔「アメリカ合衆国監督教会」とも呼ばれる〕に属していた諸地域の識字化は相当遅れていたので、その影響により、米国全体の平均はイギリスの平均のレベルに引き戻されていたはずだ。

出典

Hans Bödeker et *al.*, *Alphabetisierung und Literalisierung in Deutschland in der Frühen Neuzeit*, Tübingen, Max Niemeyer Verlag, 1999.

David Cressy, *Literacy and the Social Order. Reading and Writing in Tudor and Stuart England*, Cambridge, Cambridge University Press, 1980.

François Furet et Jacques Ozouf, (dir.), *Lire et Écrire. L'alphabétisation des Français de Calvin à Jules Ferry*, 2 vol., Paris, Éditions de Minuit, 1977.

Harvey Graff et *al.*, *Understanding Literacy in its Historical Contexts. Socio-cultural History and the Legacy of Egil Johansson*, Lund (Suède), Nordic Academic Press, 2003.

Egil Johansson, 《The History of Literacy in Sweden in comparison with Some Other Countries》, Educational Reports, n° 12, 1977.

Kenneth Lockridge, 《Literacy in Early America 1600–1800》, in Harvey J. Graff et *al.*, *Literacy and Social Development in the West*, Cambridge, Cambridge University Press, 1981, p. 183–200 et *Literacy in Colonial New England*, New York, Norton, 1974.

Richard Rubinger, *Popular Literacy in Early Modern Japan*, Honolulu, University of Hawai'i Press, 2007.

近年になって識字化が進んだ国々については、Youssef Courbage et Emmanuel Todd, *Le Rendez-vous des civilisations*, Paris, Seuil, 2007, p. 16–17〔ヨセフ・クルバージュ、エマニュエル・トッド『文明の接近』石崎晴己訳、藤原書店、二〇〇八年、三〇〜三一頁〕に掲載した表で提示したデータをふたたび採用した。なお、その表には、出生率低下の年も記載してある。識字化してすでに久しい国々における出生率低下については、Jean-Claude Chesnais, *La Transition démographique, Paris*, INED/PUF, 1986.

を参照のこと。米国における出生率の低下はというと、その開始時期が論争の対象となっているのだが、私はJ・デイヴィッド・ハッカー〔米国の歴史人口学者〕の説に従った。彼の最新の論文J. David Hacker,《Rethinking the "Early" Decline of Marital Fertility in the United States》, *Demography*, vol. 40, n° 4, novembre 2003, p. 605–620. は件の論争を要約している。

経済的離陸（テイク・オフ）の日付については、W・W・ロストウが一九九〇年に『経済成長の諸段階』の新版（William W. Rostow, *The Stages of Economic Growth*, Cambridge, Cambridge University Press, 1960, nouvelle édition 1990.）に付けた新たな序文に含まれている図表（p. 18）のデータを借用した。

経済、教育、あるいは人口の発展ないし展開における閾値の概念は、この三つの領域のそれぞれにおける決定的な日付の確定へと導いてくれる。そのお蔭でわれわれは、ある特定の時点における変数間の相関係数の計算——この計算によって明白な因果関係がただちに把握できるわけではない——によって起こる時間的要素の捨象を免れる。私はドイツに関して、ロストウの当初のシークエンスに合わせてドイツ全体に関する日付を提示したが、しかしそこに、プロテスタンティズムのドイツを個別に扱う一行を付け加えた。また、表の中の一行を割いて、カナダの一部分でありながら英語圏に比べていちじるしく後進的となったケベック州の文化的離陸の日付を記した。これらの日付をとおして、宗教の持つ決定力が、反宗教改革をおこなったカトリシズムの有した遅延パワーが、とりわけ鮮やかに見えてくるからである。

相関は、その絶対値が一に達すれば最大であり、〇であれば最小である。われわれの表は、男性が識字率五〇%という閾値を超えた日付と、女性が同じ閾値を超えた日付のあいだの相関が+〇・九四であることを示している。われわれはまた、男性の識字化が女性の識字化に平均で四三年、先立つことも確認できる。相関の分析はここでは時間を捨象することなく、歴史的シークエンスの確定を可能にする。

女性が識字率五〇%という閾値を超えた日付と、出生率低下の開始のあいだの相関は+〇・六七である。この相関関係は前述のものより弱いが、かなりのものだ。女性が識字化されてから平均で三〇年後に出生率の低下が始まっており、それが男性の識字化から数えると平均七三年後にあたるので、識字化は出生率を低下させる主要な要因の一つであると断定してよい。

次に、教育/経済の相互作用に目を向けよう。

男性の識字率が五〇%という閾値を超えた日付と、ロストウが確定した産業的離陸の日付のあいだの相関は+〇・八六だ。このデータに基づいて、識字化は明らかに産業化に先立つと付言することができる。識字化の閾値が超えられた年と産業的離陸の年のあいだの間隔は、平均四四年である。識字化はまさに経済的離陸の主要要因の一つであり、相関係数の値の高さから見て最も重要な要因だといえよう。

マルクス主義とリベラリズムが真っ向から対立するのは周知のとおりだが、実はいずれも経済がすべてを決するという経済還元主義であり、その点では同類だ。この二つの経済的還元主義に代えて、今度はすべてを教育に帰する新手の還元主義に走るとしたら、それもばかげている。一六世紀・一七世紀のイギリスを検討するとき、産業革命前夜の現実としてわれわれの目に見えてくるのは、読み書きを学ぶ人びとの姿だけではない。そこには、農業の、商業の、都市化の、金融活動の、文学の、科学の、海運の発展が観察できるのだ。そしてもちろん政治も例外ではない。二つの革命を経て、穏健な君主制が出現したのだから。代表制(納税額に依る制限選挙ではあった)の政治システムと絶対的な私有財産権が、産業の離陸にも先立って、ダロン・アセモグルとジェイムズ・A・ロビンソンが改めて注意喚起するとおり、イギリスの社会システムの基本的な要素となっていたのである[3]。

それでも、やはりよく理解する必要があるのは、読み書きの能力がさまざまなレベルにおいて、右に挙げたすべての発展要素の効率性を決定するということだ。識字化が、知的・社会的・政治的・経済的な動きの全体にいわば血液を送るのである。ニュートンを擁するイギリスが中心地だった一七世紀の科学革命は、広範に識字化された社会的・文化的な環境のただ中でしか考えられない。そこには、研究者が必要とする観察器具や測定器具を製造できる職人たちが存在していたのだ。それゆえ識字化は、経済的ダイナミズムのかくも良き「説教師」なのである。この「説教師」なしには、過去も現在も理解し得ず、未来も予期し得ない。

ひとつの社会における教育の進歩の測定は、一七〇〇年にそうであったのに劣らず、一九八〇年においても、あるいは二〇一七年においても、未来を予測させてくれる素晴らしい手立てである。グローバリゼーションの世界は、一九九〇年から二〇〇〇年にかけて、「新興」諸国家の経済成長に感嘆した。しかし、一九八〇年頃の時点で、もし一九五〇年から一九八〇年にかけての世界の識字率の推移を一瞥していれば、中国、タイ、インドネシア、ブラジル、インド、そして実をいえば、つい最近まで第三世界と呼ばれていた国々の全体が新興勢力として現れてくることは予言できたのである[4]。教育のグローバリゼーションは、いわば経済のグローバリゼーションに先立ち、それを可能にしたのである。教育のグローバリゼーションは、一九四五年から一九八〇年までのさまざまな政治的決定によって確立された自由貿易の一般化や資本移動の自由以上に、当時も現在も遥かに基盤的な要素である。このように、アジアの、南アメリカの、そして今日ではアフリカの大衆が西洋資本によって就労させられるようになったのは、彼らの識字化が進んだ後のことなのだ。以前の彼らは、このようなかたちでは搾取され得なかった。本書の先の方でわれわれは、二〇一七年の今日、最も先進的な社会における教育の動きがどんな具合に未来を、決定はしないまでも、あり得るいくつかの未来シナリオによって限定される「フレーム」の中に捉えさせてくれるかを見ることになろう。またわれわれは、どんな制度的ダイナミズムも教育の進歩と宗教由来のモラルなしには機能しない、ということをも知ることになろう。まさにそれは、ダロン・アセモグルとジェイムズ・A・ロビンソンがおこなっているような純粋に制度論的な経済史解釈では、ついに捉えられない現実である。

なにゆえドイツでなく、むしろイギリスなのか

イギリスが男性識字率五〇%という閾値に到達したのは一七〇〇年頃であり、経済的に離陸したのは、ロストウの基準によれば一七八〇年頃である。イギリス以外のプロテスタントの世界、つまり米国、ドイツ、スカンジナビア半島は、大衆の識字化を産業革命よりずっと先行して実現するというこのモデルをより極端な形で体現した。教育上の閾値突破から産業上の閾値突破までに経過する年月は、イギリスの場合には八〇年だったのに、ドイツでは一一五年、米国では一四〇年、スウェーデンでは二〇〇年だった。

したがって、宗教改革によって識字化されたすべての国が、イギリスのように自然かつ自動的に離陸したわけではないのだ。ドイツ中部および北部の場合には、より早く、より高度に識字化された地域であるにもかかわらず、しばらくの間、産業の大変動に抵抗したとさえ言えるだろう。マルクスは一八四六年に『ドイツ・イデオロギー』の中で、ドイツの遅れを皮肉った。ドイツはその後、スウェーデンと同様に加速的な離陸を果たし、二〇世紀初頭にはイギリスを追い抜くところまで行った。してみると、プロテスタンティズムも、国民全体の識字化も、まっすぐ近代的な経済成長に直結したわけではないのである。

第一次産業革命――イギリスの場合、その決定的な段階は一七八〇年から一八四〇年までだった――を説明するには、別の説明要因を導入しなければならない。もちろん、イギリスには石炭と鉄がきわめて豊富にあって、それをグレート・ブリテン島ならではの卓越した輸送網で運ぶことができた。しかしドイツも、その後の歴史で確認できたように、天然資源を欠いていたわけではない。特筆すべきは、今日と同じように一七八〇年頃のイギリスが、絶対核家族という人類学的基底に由来する、きわめてフレキシブルな社会構造に恵まれていたということだ。イギリスの家族は、世代間の分離を、若者が親元から離れることを要求する。地理的・社会的移動を促すのである。イギリスの農民たちは土地にこだわっていなかった。遺産相続の規則は、兄弟間にどんな平等原則も定めていなかった。家族内で、諸階級の間で、あるいは民衆世界の内部でさえも、機会の平等をア・プリオリに重視することのない文化は、上昇するにせよ、下降するにせよ、あらゆる社会的移動を助長する。そんな文化は、経済的・社会的構造のスピーディな変容にとっては理想的な人類学的フィールドだ。いずれにせよ、この文化のお蔭でイギリスは、一七八〇年から一八四〇年までの間に、農村の人びとを根こぎにしたといってよい未曾有の人口移動をやってのけたのである。一八五一年の時点で、イギリスの都市人口は農村人口の総数に追いついた。フランスの人口構成がそんな段階に達したのは一九三一年であって、それも、住民人口が二〇〇〇名以上のあらゆる集落を町と見なす甘い基準で都市人口を多めに計算した場合のことである。

一八九一年には、イギリスの総人口の七二％が都市住民となっていた。ときに輝かしいけれども、しばしば汚れ切っている新興都市に覆われたイギリスは当時、大陸ヨーロッパから見ると、正真正銘、サイエンス・フィクション（ＳＦ）の世界であった。実際、ＳＦは、そうした未来派的社会の中で生まれた文学ジャンルで、ハーバート・ジョージ・ウェルズが『タイム・マシン』を発表したのは一八九五年だった。

このＳＦ小説では、社会階級ごとに人間がさまざまな動物に変貌した姿で描かれている。エロイは有閑階級の末裔で、身体的にはヒトにとどまっているが、すっかり無能・無気力状態に退化し、食人種族モーロックによって家畜のように養われ、食されている。モーロックのほうはプロレタリアートの末裔で、地下に追いやられた結果、その暗黒世界に馴染んで、キツネザルのような身体に変質してしまったが、相変わらず生産力を持っている。皮肉なことに、この小説は、労働者の所得が一八〇〇年〜一八四〇年の苛酷な停滞期のあと、ふたたびかなりの程度増加し始めていた時期に書かれた。かくしてＳＦ小説は、生まれたときには……時代遅れになっている。

直系家族と産業化

しかしながら、なぜドイツが一時期、産業革命に抵抗したのかを説明する必要がある。その答えがわれわれを、直系家族と経済成長の関係のより正しい評価へと導いてくれるだろう。

直系家族は継承のメカニズムである。ひとつの土地が分割されないようにしたり、書法であれ、金属加工や農業の技法であれ、ひとつの技術が時を超えて受け継がれていくようにしたりする。直系家族の世界では、いったん獲得されたものは稀にしか失われない。知識の蓄積も雪だるま式に加速され得る。しかし、この保守能力は、潜在的ポテンシャルとして守旧傾向を内包している。蓄積の原則を基盤とする社会は、システムの断絶を引き起こさずに前進するのにたしかに適しているが、反面、その社会にすでに馴染んだ方法や目標を根元的に覆すことを受け容れるのは苦手であろう。絶対核家族の社会に比べ、直系家族の社会では、たとえば農村住民を都市住民に変える、職人を工場労働者に変える、貴族を企業経営者に変えるといったことがより困難となる。こうしたさまざまな社会的アクターが暮らし慣れた環境から離れたり、転職したりするのは、外からの圧力に迫られた場合に限られ、大きな苦しみを代償とするだろう。一八七〇年以降、イギリスの文化的・経済的圧力を受けたドイツは加速的な産業キャッチアップを成し遂げたが、それが、やがて一九三三年〔ヒトラーが政権を奪取した年〕から一九四五年〔ドイツ降伏の年〕にかけてのドラマに行き着く社会的不安定化の原因の一つとなった。

歴史人類学はここで、かのヨーゼフ・シュンペーターの思想と合意できる点があることに気づく。シュンペーターは、資本主義ダイナミズムの中心に「創造的破壊」のメカニズムを看て取った。おしなべて経済の形態はある時点で必ず旧式なものになってしまうのが運命なので、新しい技術と新しい企業が絶え間なくそれに取って代わるというのである。ところが、直系家族は創造的破壊を得意としない。なにしろ、この家族システムの目標は無限の完璧化なのだ。少なくともそれが、「完成した」直系家族の機能であり、それ自体としても相当な完璧さの域に達した再生産のメカニズムなのである。

本章に先立つ二つの章で、私は、直系家族と、社会における直系家族の位置が、本来的に移り変わっていく性質をもっていることを指摘し、「直系家族率」なるものを考案する理論的必要性を示唆し、さらには、いつの日かそれを計測する必要性があるのかもしれないとまで述べた。それというのも、「直系家族率」や「直系型の未完成さ」という概念を想定すれば、社会のダイナミズムと停滞をめぐる一般的な問題体系の中でこの人類学的タイプが占める位置についての考察を突き詰めることができるからだ。ドイツのケースにおいて、われわれはまず、プロテスタンティズムの擡頭と、普遍的識字化のプロセスの中で直系家族が果たした決定的な役割を確認した。しかし、われわれはまた産業革命に対する直系家族の抵抗も認める必要があり、さらに、時期的に遅れながらも力強く遂行された経済的離陸が直系家族システムの文化によって可能になったことをも認めなければならない。

一見して日本のケースも、同様の諸矛盾を提示している。あの国は完全に内発的に普遍的識字化に到ったわけではないが、江戸時代を通じ、世界に対して自らをほとんど閉じた鎖国状況の中で、知的な、職人的な、商業的な、都会的な発展を驚異的レベルでやってのけた。そして今日、そんな歴史の知識をまったく持ち合わせなくても、グローバル経済の中で日本とドイツが占めているポジションを見さえすれば、直系家族と経済成長が原則として対立するという仮説はたちまち疑わしくなる。ただし、ドイツと日本の社会が歴史のいくつかの局面で閉塞の様相を呈したことは事実なので、直系家族と経済成長の単純な結びつきを肯定するのも誤りであろうと思われる。

直系家族と経済成長のあいだに存在するリアルな関係の性質が看破しにくいのは、われわれが近年の人類学的データにばかり目を奪われ、直系家族をル・プレイによって確定された理念型に近いものとして、すなわち、結晶し、いわば化石化した、社会的に支配的な制度として描いてしまうからだ。ところが、長いスパンの社会史の中で確認できるのは、社会的ダイナミズムと、ある種の形をとる直系家族の発生のあいだのより微妙な結びつきである。たとえばエマニュエル・マトゥディ〔都市論等を専門領域とするフランスの学者〕は一九九七年に、二〇世紀のアルプス山岳地帯の複数の共同体を対象とする非常に見事で緻密な比較研究の書を上梓し、その中で村落共同体の特殊な経済的ダイナミズムを明らかにしたが、そのダイナミズムを支配的に担う人類学的タイプは核家族ではなく、純然たる直系家族でもなく、直系家族の不完全形だったのだ(5)。

結局、直系家族がそれ自体としてあまりにも申し分のない完璧なものになると、そのことがかえって社会を閉塞させ、瀰漫性の麻痺状態に陥らせる。あるレベルの完璧さを超えると、直系家族という人類学的タイプは、加速の要因と同じくらいに硬直性の要因となるわけである。

第8章　世俗化と移行期の危機

ヨーロッパでは、宗教上の革命が原因となって普遍的識字化が実現し、普遍的識字化のお蔭で経済が離陸した。信仰が進歩の素《もと》となったわけだ。プロテスタンティズムはヨーロッパ大陸で、かつてユダヤ教が中東の高地で試みるだけに終わったこと、すなわち、人口全体を書かれたものの世界に入らせることに成功したといえる。

短期的な視野の中では、教育と宗教のあいだに矛盾は見えない。リュシアン・フェーブル〔フランスの歴史学者、アナール学派創始者の一人。一八七八〜一九五六〕は『ラブレーの宗教——一六世紀における不信仰の問題』の中で、一六世紀の人文学者たちが至高の存在のイメージを抱かずにはいられなかったことを見事に指摘した(1)。一五五〇年から一六五〇年までの間のヨーロッパに注目すると、宗教的信仰の巻き返し、読むことの最初の普及、悪魔への怖れ、そして大々的な魔女狩りが共存していたことが確認できる。

識字化は、最初のうち、宗教的な夢や悪夢が精神に取り憑くのをむしろ後押しした。しかし、もう少しあとになると、科学革命のベースとなった。ガレリオ・ガリレイはピサの人だったけれども、近代物理学の基盤となった地域は間違いなくヨーロッパ北西部、つまり、男性の半数が読む能力を持っていた地域であった。ところで、物理学が発展すると、万物の創造主にして統制者としての神を疑問に付すことが可能になる。

自然界の数学的捕捉・表現を担った立役者たちの幾人かは、自らの宗教的疑念を傲岸な偽推理《ぎすいり》でコントロールしようとした。デカルトは一六四四年〔『哲学原理』を発表した年〕にラテン語で「コギト・エルゴ・スム〔我思う、ゆえに我在り〕」と述べたが、これは、論理上の紆余曲折を経て至高者の存在を認めることにつながる確信であった。パスカルはといえば、より単純かつ突飛なやり方で、一六七〇年〔没後出版の『パンセ』が発行された年〕の書で、あの名高い——すこぶる功利主義的な——「賭け」に頼った。

近代物理学の真の創始者であるニュートンはといえば、彼はジャンルを混淆《こんこう》しなかった。一六八七年に出版された彼の『自然哲学の数学的諸原理』（*Philosophiæ Naturalis Principia Mathematica*）が近代科学の基礎を確立したのだが、人間としてのニュートンは、甘んじてひとりのキリスト教徒にとどまった。たしかにあまりオーソドックスな信者ではなかったが、自らの利害と聖典に対する敬意のゆえに保守的な信者であった。

　逆説的なことに、信仰の危機の重心はイギリス、オランダ、ドイツではなく、フランスにあったように、プロテスタントよりもカトリックの地域にあったように思われる。フランスのエリートたちは早くも一七世紀には、懐疑への高度な適性を示していた。それを体現したのが「自由思想家（リベルタン）」たちで、彼らの大部分は無神論の哲学者たちだった。民衆も追随していく。一八世紀には、「社会学的」ともいえる規模の宗教の崩壊、大衆の間での宗教実践の退潮が初めて起こり、カトリシズムの空間のかなりの部分、とりわけパリ盆地一帯にその効果が及んだ。他方、宗教改革諸派――ルター派、ツウィングリ派、カルヴァン派――に支配されていた地域は、当時、進歩が信仰を駆逐するというこの現象に影響されなかった。

　ドイツ方面、スカンジナビア半島やイギリスでプロテスタンティズムが支配していたのは、直系家族か絶対核家族の地域だったので、家族構造からして兄弟間の平等に無頓着だった。ヨーロッパにおいてカトリックにとどまっていた地域は、家族構造においてより多様だった。子供を平等に扱う原則を持たない家族型としては、アイルランド、ポーランド、ベルギーなどの未分化核家族、西部フランスの内陸側の絶対核家族、南フランスのオック語地域、イベリア半島北部沿岸地帯、ドイツ南東部バイエルン地方、オーストリア、スロベニアなどの直系家族、ドイツ西部のライン地方の不完全な直系家族があった。それらとは対照的に、広大なパリ盆地、南イタリア、スペインの中央部と南部には平等主義核家族、イタリア中央部には共同体家族、そしてイタリア北部には父系の絆によって核家族を連合するシステムが生きていて、それらは強い平等原則を内包している家族型であった。さらに、これも忘れてはならないのだが、当時すでにブルターニュ半島を分け合っていた進化途上の異なる家族型が混ざり合う独特のケースも存在していた。

一六五〇年から一七三〇年まで、カトリックの家族の世界はこのように基本的に混成的であった。そこに存在するさまざまな人類学的家族型の共通点は外婚制だけで、それはいたるところで実現していたけれども、おそらく、イトコ婚に対する寛容の程度には相当なばらつきがあっただろう。

プロテスタントの世界から始まった識字化が伝搬し、司祭たちに統括されていたカトリックの世界でも進展した。広大なパリ盆地は家族構造からいうと平等主義核家族の地域だが、しかしヨーロッパの中でも宗教改革の舞台となった地域に近く、一八世紀初頭という早い時期から田園地帯にいたるまで識字化された。自分の婚姻証書に署名する能力のある男性がその当時、五〇%を超えたのだった[2]。一七三〇年ないし一七四〇年頃には、北フランスで、司祭になろうとする者の数が激減する。識字化と世俗化が同時に進行したこの空間では、フランス革命にも先立って出生率が低下し始めたのだった。

南ヨーロッパの平等主義核家族の地域ではその時期、都市部にだけ識字化が及んでいた。したがって都市部は、一八世紀のちょうど半ば頃、教会の支配から離脱した。当時は都市部が田園地帯に向けて聖職者を供給していたので、その流れも枯渇し、かくしてパリ盆地だけでなく、スペイン南部のアンダルシア地方や南イタリアも、全体として脱キリスト教化という歴史の新しい局面に入ったのだった。この脱キリスト教化を「世俗化」と呼ぼう。この言葉ならば、今後、キリスト教、ユダヤ教、仏教、イスラム教、ヒンズー教など、いずれのシステムの場合にも適用できる。

当時あまり先進的でなかった南ヨーロッパのいくつかの地域でなぜこんなにも早く宗教の最初の後退が

起こったのかを説明するには、われわれの考察の中に、当該地域の家族的価値を加味する必要がある。パリ盆地、アンダルシア地方、あるいは南イタリアの平等主義核家族は、一八世紀初頭に子供たちを自由な存在と認定し、兄弟姉妹を平等と見なしていた。その価値観の下では、強い父親のイメージが神＝超越者のイメージを支える、ということがあり得なかった。子供たちの間に不平等が存在して、それが類推によって司祭と一般人の間の不平等を正当化する、ということもあり得なかった。こうした環境の中では、合理主義のもたらす衝撃が、信仰の深い心理的定着によって吸収され、緩和されることがなかった。実のところ、現象界の宗教的解釈が侵食され、剝落していく状況の中で、平等原則は、あらゆる優越的存在――父親、国王、神――に対する信を問い直す方向へと運命づけられていたように思われる。

とはいえ、兄弟の平等から人びとの平等へ、そして神の非在へと向かう論理のシークエンスは、「普遍的」な法則、つまり、どんな場所でも、どんな歴史的文脈においても確認される法則というわけではない。早い話、すでに確認したように、初期キリスト教は、後期ローマ帝国の平等主義核家族との関係において、正真正銘の親和性を示しているようでさえあった。しかしながら、当時は教育の文脈がまったく異なっていたのだ。

古代におけるキリスト教は、どんな科学革命も起こっておらず、しかも識字化さえ後退するという文脈の中で、多神教的な精神世界のあとに生起した。マリステラ・ボッティチーニとツヴィ・エクスタインが示唆したように、古代のキリスト教への最初の改宗者のうちには、経済的に生き延びていく上で読み書きの能力など無用と思うユダヤ人農民が少なくなかった(3)。より一般的に見ても、後期ローマ帝国の諸都市の平等主義核家族は、文字文化との間にどんな積極的な関係も営んでいなかった。

すべての人に開かれていた初期キリスト教はおそらくこのようなもので、古代における識字化の後退から生まれ、そして長い年月を経たのち、一八世紀の識字化によって死んだのだ。われわれがここで発見するのは、一七三〇年〜一七四〇年頃崩壊し、それによってヨーロッパの世俗化の端緒となったカトリシズムが平等主義核家族の地域に根づいていたということだ。ほかでもないそのカトリシズムは、人類学的に、また、あとで確認するように神学的にも、古代キリスト教の正真正銘の継承者なのであった。

平等性なきカトリシズム——一八〇〇年〜一九六五年

地理的には、カトリシズムの半分以上が一八世紀の宗教的危機のあとも生き残り、さまざまな地域で社会学的に有意味な宗教であり続け、一九六〇年代の半ばまでは人びとをまとめる役割を果した。それはとりわけ直系家族または絶対核家族の地域で顕著だった。**地図8-1**が示すとおり、宗教のこの新しい人類学的定着には、どの家族型とも完全な一致は見出せない。

この観察結果を、私は、宗教によって個人や集団が強く同定されるスロヴァキア、クロアチア、リトアニアへと拡げた。逆に、フス派の反抗〔フス派は司祭ヤン・フスがチェコで創始した改革派で、一五世紀の初めにカトリック勢力と戦争をした。プロテスタント宗教改革の先駆けと目される〕の刻印の残るチェコは、カトリックの空間の中でもいち早く世俗化した地域に含めた。カトリシズム、カルヴァン主義、ユダヤ教が共存したハンガリーも同様である。ハンガリーの場合、そのいくつかの地方で、ほとんどフランスと同じくらいに早く出生率の低下が始まったのであり、この事実は世俗化のしるしとして疑問の余地がない。

レオン地方〔スペイン北西部〕、旧カスティーリャ〔スペイン中北部〕、イタリア北部および中央部は、カトリシズムが独特の農地制度に保護されて一九六〇年頃まで生き延びた地域だが、家族システムは平等主義的だった。それでも、全体的に見ると、人類学的基底が不平等主義および非平等主義〔平等に対して

地図 8-1　欧州における宗教

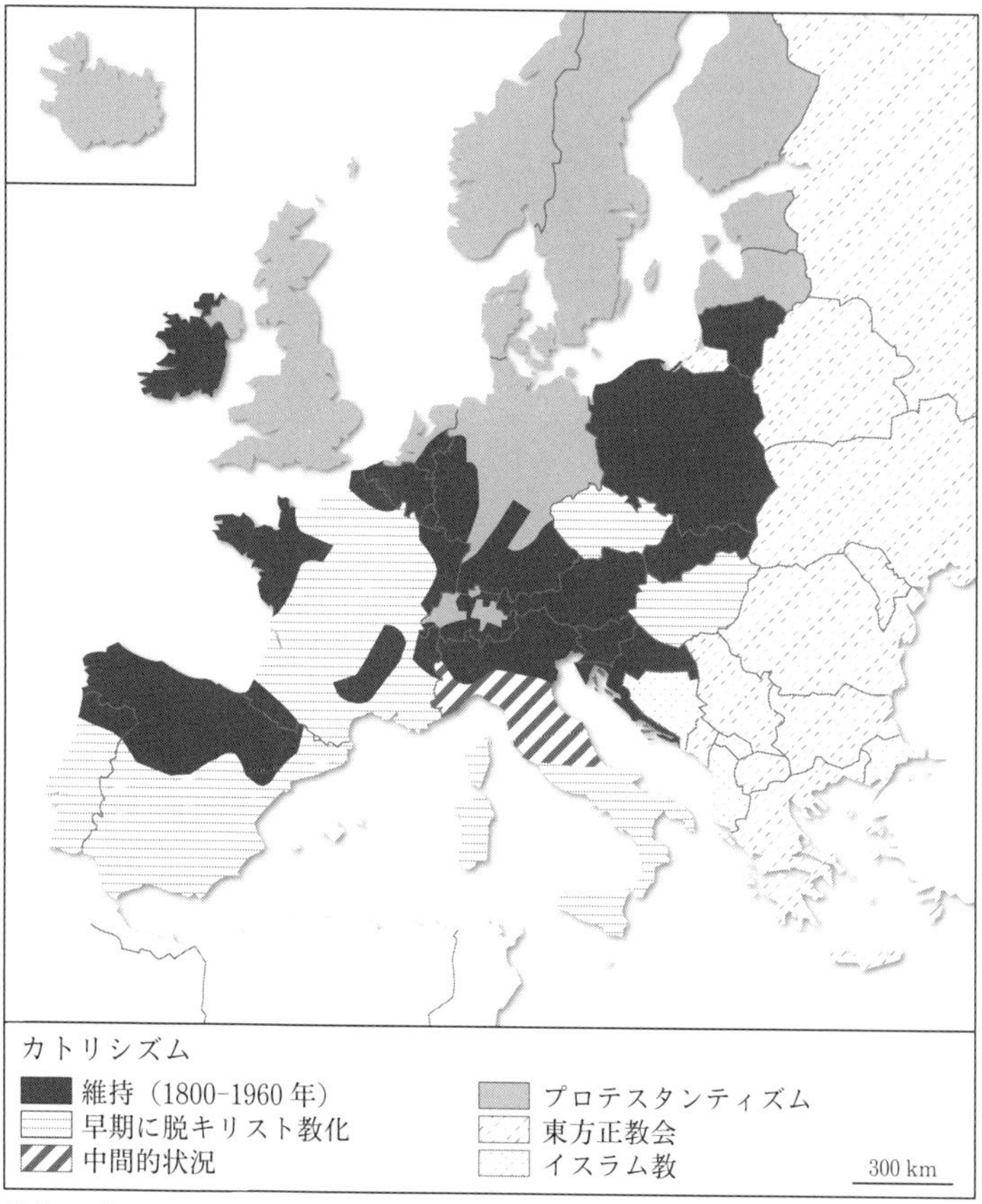

出典：西ヨーロッパについては、Emmanuel Todd, *L'Invention de l'Europe*, Paris, Seuil, 1990 et « Points Essais » n° 321, 1996, p. 199–207.〔『新ヨーロッパ大全 I』石崎晴己訳、藤原書店、1992 年、209〜218 頁〕
ポーランドにおける宗教実践については、Jerzy Kloczowski et *al.*, *Histoire religieuse de la Pologne*, Paris, Le Centurion, 1987, p. 632, 地図 47.

無頓着〕である地域が、一八世紀末以降もカトリシズムを維持した地域の大半を構成していた。一八〇〇年を境に、カトリック教会は、平等および権威との関係において、もともと唱道していたのと反対の方向性で行動するようになる。エドガー・キネ〔フランスの歴史家、思想家、一八〇三〜一八七五〕が著作『キリスト教とフランス革命』（一八四五年）で看破したとおり、一七八九年以後、革命勢力こそが、初期キリスト教の自由および平等という普遍的メッセージを担ったのである。この転回は、信念・信仰が家族構造に根ざしていることに関心を抱く者にとっては絶対的なまでに論理的だ。なぜなら、フランス革命で生まれた共和国は、平等主義核家族構造に特徴づけられるパリ盆地のただ中に自らの基盤を見出したのだから。ちょうど、初期のキリスト教教会が後期ローマ帝国都市部の平等主義核家族の原型に基盤を見出したように、である。北フランスでは、農民たちは、読むことを学んだとき、自由と平等の原則をごく自然なものと感じ始めた。まさにこうした経緯こそが、フランス共和国とカトリック教会との間でその後続いていく血なまぐさいぶつかり合いの背景にある皮肉な事実なのだ。なにしろ教会は、一七九一年以降、国王への恭順の理想を擁護し、一八七〇年には第一バチカン公会議で教皇の無謬性を正式に宣言するに到ったのであった。

プロテスタンティズムの崩壊——一八七〇年〜一九三〇年

カトリックの世界よりも遥かによく識字化されていたが、平等という人類学的原則を持っていなかったプロテスタントの世界は、おおむね、一八世紀の宗教的危機を免れた。それどころか時折、産業革命がもたらした苦しみの中で、信仰心の熱い炎を取り戻しさえした。一八世紀末および一九世紀前半のイギリスでは、小ブルジョワ階層と、労働者階級の上層部が、信仰の内に重要な精神的支柱を見出した。われわれはそのことの谺《こだま》を、一八〇八年に刊行されたウィリアム・ブレイクの詩、『エルサレム』に聞き取ることができる〔この詩は、元はこれと異なるタイトルだったが、後年合唱曲（イングランドの事実上の国歌）の歌詞となったため、その曲名『エルサレム』で知られている〕。

《［…］ And was Jerusalem builded here
Among those dark Satanic mills?》
〔ここにエルサレムが建っていたというのか／こんな闇のサタンの工場のあいだに？〕

プロテスタンティズムの諸宗派やイギリス国教会内の低教会派（lowchurch）〔司祭の権威や典礼を重んじず、プロテスタント的傾向が強い〕のプロテスタンティズムは、イギリスでは今なお文化的・経済的・社会的進歩の媒体である。フランスにおける進歩の伝統的概念は、進歩を本来的に宗教的信仰に対立するものとするが、そのような概念は、当時産業社会を生み出し、さらに……サイエンス・フィクションを生み出したかの国には馴染まない。

カルヴァン派やルター派のヨーロッパでは、科学革命の二度目の最高潮、すなわち一八五九年にダーウィンが発表した『種の起源』を俟って初めて、世俗化が始まる。当時、当該地域の社会全体が旧約聖書とその創世の物語の文字どおりの解釈に依っていただけに、信仰が一気に醒めた。一八七〇年から一九三〇年までに、ヨーロッパの北部と北西部の一帯で、プロテスタントの牧師採用数が激減した。世俗化がついに、ヨーロッパ大陸上で最も高度に教育されていた部分に及んだのであった。この世俗化が、ヨーロッパにとって、最大限のイデオロギー的不安定の時代、二つの世界大戦と、ナチズムという恐怖の頂点を含む時代の幕開けとなった。

宗教の崩壊とイデオロギーの時代

一九〇〇年頃すでに、テクノロジーの発達が素晴らしい未来を告げるように見えたのだった。ところが、経済主義がここにも現れ、二〇世紀の充全な理解を妨げてしまったようだ。実際、人びとは絶え間なく一九二九年の経済恐慌の影響を誇張し、ナチズム発生に大きな役割を果たしたとして、保護主義に罪を着せる。ところが、精神的な危機はそれよりずっと前に始まっていたのである。こんなことに注意を喚起せねばならぬとは情けない話だが、第二次世界大戦の前に、第一次世界大戦があったのである。狭いものの見方から脱出するために、思い出すべきは、フランスの歴史学派が一九五〇年から一九八〇年までの間に、一七世紀および一八世紀の研究のために一連の知的道具を練り上げたことだ。それらの道具を適切に使えば、二〇世紀のさまざまな危機と暴力を理解することも可能になる。

エマニュエル・ル＝ロワ＝ラデュリ、ピエール・ショーニュ、ミシェル・ヴォヴェルらによる心性《メンタリティ》の歴史は、ルイ・アンリおよびジャック・デュパキエの歴史人口学を支えにしながら、一方で識字化、世俗化、出生率の低下を確認し、他方でイデオロギー的・政治的危機を捉え、両者の間に意味深い一連の相互作用があることを明らかにした。さらに、イギリス人ローレンス・ストーンの重要な貢献を忘れないようにしよう。英仏においても、またロシアにおいても識字化と革命のあいだに因果関係があったことを彼こそが最初に示唆した。

いま挙げたような諸要素が積み重なり、フランス革命に到ったのだ。一七四〇年から一七八〇年にかけてパリ盆地および都市部で識字化が進展し、宗教が崩壊した結果、いち早く出生率が下がり、そしてたちまち、大衆がイデオロギー的に活発化し、一七八九年の大革命へという流れになったのである。当時西ヨーロッパで人口が最大だった国を揺り動かし[4]、その大革命はその後二五年にわたる危機の幕を切って落としたのだった。

『新ヨーロッパ大全』[5]で、私は、「識字化、世俗化、出生率の低下、イデオロギー的危機」というこの一続きの展開をヨーロッパ大陸全体に当てはめた。知的構築はここではもっぱら経験主義的で、世俗化の第Ⅱ局面において時系列的メカニズムが見事に存在するという観察にもとづいている。プロテスタンティズムの世界で宗教的実践の崩壊が一八七〇年から始まり、それが一八七〇年から一八九〇年にかけて、いたるところで出生率の低下を引き起こした。この現象の舞台となったのは、ヨーロッパの北部および北西部に位置し、すでにずいぶん前から識字化されていたが、支配的宗教であるプロテスタンティズムが世俗化の第Ⅰ局面を免れていた地域である。そこでは一八七〇年頃まで、結婚年齢の高さと独身率の高さだけが人口抑制の要素だったのだ。

宗教的空白と、性的行動の変化に起因する精神的混乱が組み合わさり、ポスト宗教改革の世界で諸々のイデオロギーが擡頭しやすい環境が生じ、擡頭したイデオロギーが第一次世界大戦へとつながっていった。

社会主義には数多くのヴァリエーションがあるわけだが、いずれにしてもここでは最重要の要素ではない。プロテスタンティズムのヨーロッパでは、社会主義は基本的に改良主義的であり、穏健であった。ナショナリズムこそが、擡頭した果てに大陸全体を第一次世界大戦の渦中へと引きずり込んでいったのだ。イデオロギー的・精神的危機の震源がドイツであったことは明白だが、しかし忘れてはならないのは、一九一四年以前にはイギリスでさえ熱に浮かされたような状態にあったということだ。そうでなければ、一九一四年から一九一八年の四年間で七四万人もの死者を出すなどという事態を、あの国が受け容れることはあり得なかった。なにしろ、大陸での直接的武力介入と人的損失を避けようと腐心するのがイギリスの軍事的伝統で、これと完全に矛盾する事態だったのだから。

宗教の退潮と文化的――人口学的・イデオロギー的――危機のあいだに関係があることの証拠は、時間的連続性の精密さの内にある。のちほど、われわれは同じ符合を、カトリックにとどまっていた諸地域の一九六〇年代半ばからの展開の内に、すなわち世俗化から出生率の低下へ、そしてイデオロギー的変容へという連鎖の中に確認するだろう。もっとも、宗教の退潮のこの最後の段階が到来するのは、遥かにより一般的な人類学的転換の文脈、西洋に属するすべての人類学的・宗教的エリアに及ぶ「一九六〇年代西洋の変容」という文脈においてではある。

しかるに、二〇〇〇年紀の初めの今日、中学生や高校生は何を教わっているのか。ナチズムの擡頭について、我らがエリートたちは何を知っているつもりでいるのか。ナチズムの擡頭が、第一次世界大戦がもたらした幻滅に部分的に起因したこと――それはそのとおりだ――、そして、部分的には一九二九年の経済恐慌に起因したこと――これまたそのとおりだ。しかし、根本的なことを忘れている。根本的なこととは、一八七〇年から一九三〇年にかけて起こったプロテスタントの宗教的信仰の崩壊にほかならない。それこそが、ヴィルヘルム二世の不穏な外交から始まって一九四五年のソビエト赤軍によるベルリン攻略に到ったシークエンスの、真の歴史的・精神的背景だったのである。

この観点から見て、ルター派の分布図と一九三二年のナチ党への投票分布図――この二つはきわめて似ている――の比較こそ最優先で取り組むべき、しかも今日とりわけ有益といえる資料研究ではないだろうか。[6] カトリシズムが維持されていた諸地域は、一九六〇年代の半ば以来、ヨーロッパの世俗化の最終段階を生きている。ここでもまた、形而上学的空白が、経済的不安定を背景として、人びとを存在の不安に導き、スケープゴート探しへと向かわせている。

移行期の危機とイデオロギー

一七世紀から二〇世紀にかけて人類史がわれわれに見せてくれるのは、さまざまな社会が世界中で、しかし異なる日付に、まったく一定ではないリズムで、同じ近代化の軌道――識字化、世俗化、出生率の低下、イデオロギー的危機――を辿っていく光景である。日本は、この運動を元々のヨーロッパ圏・キリスト教圏の外で生きた最初の国だ。その日本では、明治時代（一八六八年〜一九一二年）の初めに、世俗化の波が仏教の宗教システムに及んだ。日本の仏教は宗派によってかなり多様だが、中心的な派だった浄土真宗は、キリスト教のルター派に近い恩寵と救済を表象するに到っていた(7)。西方浄土が天国に相当する。ヨーロッパの中世教会建築の正面のペディメントもまた西の方、沈む太陽の彼方を向いている。日本仏教の危機は、こう言ってよければ「古典的な」パターンにしたがってナショナリズムの擡頭を招き、そのナショナリズムがあの国を台湾、朝鮮の征服へ、広大すぎる隣国・中国への侵入へ、そして遂には強大すぎる敵国に刃向かう真珠湾攻撃へと導いた。明治時代にエリート層によって育てられた国家神道は、農村共同体の平和的なアニミズムともコメ信仰とももはや大して関係のないものとなっていた。ただ、日本のナショナリズムは、仏教に対抗するかたちで自己定義したとしても、宗教全般の拒否はしなかったので、そのことは確認しておく必要がある(8)。

一九五〇年以降、前章で見たとおり、識字化の世界的プロセスも、伝統的信仰の問い直しも加速する。三〇〇〇年紀の初頭にあたる今日、今度はイスラム圏とヒンズー教圏が大々的に、識字化、世俗化、そして出生率の低下という現象の影響を受けている。こういった宗教圏の近代への移行期の危機にともなう暴力を前に、われわれは恐怖に駆られている。インドでヒンズー教徒がキリスト教徒に仕掛ける攻撃への恐怖は、その度合いが少し小さいかもしれない。なぜなら、ヒンズー教徒はムンバイその他の都市でイスラム教徒にも敵対しているし、またわれわれは、それをイデオロギー的にどう扱えばいいのかよく知らないからだ。

とはいえ、最初にすべきことは、一六四〇年から一九四五年まで、つまりイギリスの一つ目の革命〔ピューリタン革命〕からナチズム敗退までのヨーロッパ史もまた、近代化と宗教的断絶が混ざり合う危機の連続だったという事実を思い起こすことであろう。われわれがあまりにも易々と忘れてしまうのは、事の初め、イギリスの一つ目の革命、すなわちクロムウェルを立役者とした革命が一六四二年から一六五一年にかけて社会を近代化し始めたのは、神の名において、聖書を振りかざしてのことだったということだ。人は言うだろうか、あの内戦はさほど血まみれではなかったと。おそらくそれは、識字化がまだ田園地帯の大衆にまで到達していなかったからにすぎない。次に、われわれが拒みがちなのは、ヨーロッパ大陸に継起したイデオロギーの擡頭を、具体的にはフランス革命、一八九〇年〜一九一四年のナショナリズム、ロシアの共産主義、ドイツのナチズムなどのそれぞれを、一つの論理的なシークエンスとして捉えることだ。しかし、どのケースにおいても、識字化と世俗化という同じ組み合わせがイデオロギーの出現に先立ってきたのである。シークエンスはときに非常に長い。なにしろドイツのプロテスタント地域の場合、二〇歳〜二四歳の男性の五〇%という識字化の閾値が超えられたのは一六七〇年頃で、ナチス擡頭が危機的になったのは一九三三年だから、その間に二五〇年以上もの年月が経過したわけだ。なぜなら、宗教の崩壊が、一八七〇年から一九三〇年にかけての時期までは起こらなかったからである。フランスでは、動きがもっとスピーディだったと言えそうだ。広域にわたるパリ盆地で識字化の閾値が超えられたのが一八世紀初頭で、続いて一七三〇年から一七八〇年にかけて宗教が急速に衰退し、一七八九年には革命が起こった。ロシアについては、現在までの先行研究によっては宗教の崩壊を年代づけできないので、当面、識字化の閾値超えを一九〇〇年頃に位置づけ、一九一七年の革命を確認するシークエンスで満足するほかはない。

改めて、ヨーロッパの外に目を向けよう。中国で識字化の閾値が超えられたのは一九四〇年頃であり、共産主義が勝利したのは一九四九年だ。イランでは、識字化の閾値が一九六四年に超えられ、一九七九年に革命が起こった。イランのシーア派の社会は、イスラム圏のスンニ派地域に比べて非常に先進的なのだが、そこにわれわれは、近代化と宗教の間のアングロサクソン的な結びつきを見出す。つまり、信仰に対抗するかたちで自己定義するのではなく、むしろ宗教の最後の奮起を支えにするタイプの革命プロセスを見出す。というのも、見誤ってはいけない、プロテスタントのピューリタニズムとイスラム原理主義が表しているのは、歴史の「長い持続」の中では、同じ一つの現象の二つのヴァリエーションにすぎない。その現象とは、信仰の最後の硬直化であり、それは世俗化への道のワンステップなのである。

地震計さながらに、出生率という指標は、メンタリティの推移のリズムを追うことを可能にしてくれる。その値が女性一人につき二人の子供という基準を下回っていれば、当該集団はまさに集団として古い宗教システムから脱却していると確信できる。その宗教システムがユダヤ教、キリスト教、あるいはイスラム教のように旧約聖書から派生したものの場合には、特に強くそう断言できる。その場合、聖書の諸宗教に本来的な出産奨励主義――産めよ、増やせよ――が消えてしまっているのだ。因みに、二〇一六年のイランの合計特殊出生率は、女性一人につき子供一・七人であった……。

識字化のプロセスは、歴史の中で必ず、息子たちは――次に娘たちは――読むことができるけれども、親たちは読むことができない、という局面を作り出す。家族内の権威や社会内の権威の揺らぐ段階が、こうして予めプログラムされているかのようだ。出生率の低下のほうは、人びとの性的行動の変化や、男女関係の再編成を含意している。これもまたこれなりに、移行期を生きる人びとの精神の不安定化をもたらす。したがって、次々に危機に襲われるのが、ほかでもない離陸する社会、経済的に進歩し、より幸せになり、より安定するだろうと単純に期待されるはずの社会であることは、歴史的分析がこの段階まで来れば、もはやさほど大きな謎ではない。

家族構造とイデオロギー

移行期の危機が「離陸途上」の社会を襲うという現象が普遍的であることは、早くも一九六〇年にW・W・ロストウが『経済成長の諸段階』(9)の中で申し分なく認めていたことだ。ロストウのこの書のサブタイトルは、歴史の試論には珍しいタイプで、「一つの非共産主義宣言」というものだった。ロストウがこの本を書いたのは、ロシア、中国、ユーゴスラヴィアで革命が起こってからまだ間もない時期で、彼はマルクス・レーニン主義を、否応なく拡がる「水たまり」のように感じていたのである。彼によれば、どの国も、進歩によって不安定化すると、上昇過程において共産主義の脅威に直面するのだった。しかし……と彼は考えていた。移行期の危機の間、レーニン主義政党による権力奪取を阻止しておきさえすれば、やがて熱が冷め、危険が遠のき、必ずやアメリカ的な民主主義の考え方が勝利する、と。

ロストウはしたがってすこぶる論理的に、ベトナム戦争の間もタカ派で通し、他の論者とともに、大々的な軍事介入を要求したのだった。ところが、アメリカ人が五万人死んでも共産主義の拡大を食い止めることはできず、ローカルには共産主義が勝利した。とりもなおさず、ロストウ理論の最初の、そして劇的な破綻だった。破綻の露呈はこれにとどまらなかったのだが、ときにそれは逆方向で起こった。なぜなら、いくつかの破綻は、共産主義はある種の社会には根づく能力がないということの証拠立てになっていたからだ。理論的観点から見て、その種の破綻も、ベトナム戦争の帰趨が示したものに劣らず重要である。

たとえば、ロストウの分析モデルは、タイにおける移行期の深刻な危機を告げていたが、実際のタイでは、共産主義ゲリラが現れても、それはとるに足らない勢力で、一度として既成の体制とその軍隊、その王様を脅かすに到らなかった。国の近代化が教育、人口、そして経済の面で継続し、節目節目で起こった軍事クーデタも、およそ活動的ではないが国民の崇敬の的となっている君主が神秘的な眼差しで見守る中での出来事でしかなかった。タイの支配的イデオロギーは、今日なおはっきりとは捉え難い。

米国の介入によって戦争に引きずり込まれたカンボジアでは、蜂起した共産主義集団が、もはやマルクス・レーニン主義とはほとんど無関係の、ジェノサイドに走るようなニヒリズムに変異した。結局は、共産主義者たちによって南北再統一を果たしたベトナムが軍事介入し、カンボジアという国を安定させるほかはなかった。この解決を、西洋各国は卑怯な安堵感をもって受け容れたのだった。

移行期の危機は、ロストウが予感したとおり世界共通ではあるのだが、しかしそれぞれの場所で独特な形をとって現れる。なぜこの場所ではこの形をとり、あの場所ではあの形をとるのか。これこそ、歴史を理解しようとする者にとって中心的な問いである。私は一九八三年に、『第三惑星――家族構造とイデオロギー・システム』(10)の中で、この問いへのひとつの解を提案した。あの本で私は、一九七〇年代に私の師であった歴史家たちが成し遂げた発見をその究極の帰結に到るまで適用したにすぎない。一九七〇年代当時、ケンブリッジ大学の歴史人類学派は、イギリスについて、絶対核家族から経済的または政治的な近代自由主義への展開をひとつのシークエンスとして確立したばかりだった。ピーター・ラスレットは早くも一九六五年に、『われら失いし世界——近代イギリス社会史』[11]の中で、一七世紀初頭のイギリス家族が核家族であったことを明らかにした。そして一九七八年、アラン・マクファーレンが『イギリス個人主義の起源——家族・財産・社会変化』[12]の中で、その核家族がイギリスのその後の歴史的発展の人類学的基盤であったという理解を示した。

自分の研究と、とりわけ、一九七一年から一九七五年までの時期にケンブリッジで出会い、議論し合った研究者たちの研究成果のお蔭で、私は、イギリス、ドイツ、オーストリア、中国、パリ盆地、フランス南西部、イタリア中部および南部、日本、ユーゴスラヴィア、ロシア、スカンジナビア半島などの農村の伝統的家族形態を深く突っ込んだところまで知ることができた。すると、次の事実が脳裡に浮かび上がったのだった。自発的に共産主義化した国々の分布図——当時そこに含まれていたのは、ロシア、中国、ユーゴスラヴィア、アルバニア、キューバ、ベトナムに加えて、共産党系が高い得票率を得ていたイタリア、フィンランド、フランスの中央山岳地帯、インド東部の西ベンガル州、インド南部のケーララ州に存在するいくつかの孤立した地域であった——が、共同体家族型の分布図と合致していたのだ。共同体家族はたいてい父系制で外婚制だったが、例外として母系制がケーララとキューバにあり、双系制もフランスの中央山岳地帯に見られた。ケーララに住むカースト集団ナーヤルのタラワードと呼ばれる母系制大家族は、兄弟姉妹を際限なく同居させ、「夫たち」は自分とは異なるタラワードのメンバーである妻のもとに通うという方式だった。キューバの黒人家族は女系を軸に組織され、母方居住の共同体家族の例となっていた。フランス中央山岳地帯の北西部では、兄妹もしくは姉弟が、二人とも結婚している場合でも同居することができた。

その後、世界の多様な諸国をカバーする、より一層網羅的な家族形態のリストが私に明らかにしてくれたのは、何らかのタイプの共同体家族が存在していない場所では、共産主義が深く、広く浸透する可能性がゼロだということだった。たとえばタイでは、結婚した娘たちが一時的に自分の両親と同居することを推奨する柔軟な核家族システムが支配的だった。その融通無碍《むげ》さは、制度のあらゆる点で、ベトナムの家族システムの父系的厳格さと対立していた。こうして、ロストウ理論の知的・政治的破綻の説明がつく。共産主義は、権威主義的で平等主義的なドクトリンなので、共同体家族の権威主義的で平等主義的な価値観に支配されている地域、たとえばベトナムのような地域でのみ実現する可能性を有するのである。それに対して、権威主義的とも、平等主義的とも記述され得ないタイの人類学的空間には、共産主義はまったく適応できない。タイでは、イデオロギー的な諸価値と体制の摑みどころのなさに、家族組織の未分化性が反映されていると言える。

これまた『第三惑星』の中でのことだが、私は、リストアップした単純な家族類型と、移行期の危機の間に現れてくる可能性のあるイデオロギーを対応させて、以下のように提示したのだった。若干、ドミトリ・メンデレーエフ〔ロシアの化学者、一八三四～一九〇七〕の元素周期表をモデルにして――。

- 英米の絶対核家族には、自由主義的だが非平等主義的なイデオロギーが呼応する筈である。
- パリ盆地の平等主義的核家族には、普遍的人間の概念において頂点に達するような、自由と平等への信念が呼応する筈である。
- 外婚制共同体家族には、権威主義的で平等主義的な、これまた普遍主義的な共産主義が呼応する筈である。
- 直系家族には、権威主義的で不平等主義的なイデオロギー、すなわち社会民主主義、キリスト教民主主義、ナチズムが呼応する筈である。

・外婚制でない家族システム――アラブ世界の内婚制共同体家族や、核家族ではあるけれども、父系で集合する強い傾向と、交叉イトコ婚モデルの実践をともなうインド南部の家族――は、必ずしも反宗教的ではない独特の移行形態を生み出す筈である。

きれいな規則性をもって見えてくるのは、否応なく進歩する大衆識字化に下支えされるイデオロギーが宗教の後継となる様子である。しかしながら現代の観衆は、このプロセスにどんな調和も看て取ることができない。移行期の危機はしばしば血みどろのものとなるからだ。その上、平等主義的であったり、不平等主義的であったり、権威主義的であったり、自由主義的であったりする伝統的イデオロギーが各地でとる特殊な形が、現代人の目にはまったくランダムに選ばれたものと見えるからだ。大きな時間的ずれの中にあるさまざまな国や地域の歴史的軌跡、つまり、イギリス（絶対核家族）、フランス（その中央部は平等主義核家族）、ドイツ（直系家族）、ロシア（外婚制共同体家族）、日本（直系家族）、中国（外婚制共同体家族）、ベトナム（外婚制共同体家族）、タイ（一時的母方同居を伴う核家族）、カンボジア（未分化核家族）、イラン（弱い内婚制の共同体家族）、アラブ世界（強い内婚制の共同体家族）、インド南部（父方居住で交叉イトコ婚の核家族）、ルワンダ（一夫多妻制の直系家族）などの多種多様な歴史的軌跡の中に、いったいどうやって秩序立ったひとつのシークエンスを捉えるのか。

今日では世界中から、圧倒されるほど大量の情報が続々と届く。その中にひとつの論理を見抜くには、個々の国について、識字化の閾値との関係におけるその国のポジションと、その国の家族システムに内包されている潜在的価値観を鑑定しておく必要がある。そうすることで、この国やあの国のイデオロギー的未来を予見することまではできないにしても、少なくとも可能性の範囲を絞ることはできる。このようなアプローチは、移行期の危機に最も遅れて直面し始めたアフリカ大陸に関しては特に実り多いものとなろう。たとえば、一九九四年にルワンダでナチズムにも劣らぬほど残忍な殲滅的レイシズムが跋扈《ばっこ》したが、もし一九八三年に私が提示しておいた仮説が受け容れられていれば、あのような事態の可能性も予感され得たであろう。フツ族とツチ族に共通するルワンダの直系家族システムは、たしかに、あの国の農業の高い効率性と人口の稠密性の源ではある。しかし、権威と不平等を価値として宿しているので、危機の時期には、社会的諸問題の人種主義的解釈を生み出しかねないのだ。

宗教と近代イデオロギー

宗教と近代イデオロギーは、移行期のあいだ一体になることが時折ある。すでに考察したとおり、ヨーロッパのメンタリティの大変容の直後、早くも一七世紀の半ばから、イギリスの新興宗派のプロテスタンティズムは自由主義革命を胚胎していた。今日、われわれの目の前で、男性識字率五〇%の閾値超えを機に、イスラム原理主義や政治的ヒンズー教が擡頭している。イデオロギーと宗教のこうした重なりの内に、過剰に特殊な人類学的・歴史的状況の表現を探すのは控えたほうがよい。実際、人が「宗教」と「イデオロギー」を露骨に対立させるのは、宗教的な集団的信仰を本質的に形而上学的彼岸を目指すものと想定し、イデオロギーのほうはより水平的に理想の地上社会を求めると想定するからであろうが、おそらくそれが間違いなのである。

宗教システムの内に、神（々）、悪魔（たち）、復活、転生、天国、地獄、煉獄といった概念が存在するからといって、われわれは、社会学者の立場に立つとき、宗教が提供する報いと罰はまずもって地上的なものだということを見失うべきでない。デュルケームは、かなり強引ではあったが、少なくとも一理ある根拠をもって、宗教を社会が自らに捧げる信仰と定義し、そうすることで、宗教という事実をきっぱりと地上の現実の中に位置づけたのだった。

本書第4章に長々と引用した社会学者のロドニー・スタークは、改宗者が宗教への帰依の内にリアルに見出したもののリストを作成した。古代キリスト教徒の場合、彼らが見出したのは、永遠の生よりも明らかに前に、安定的で、道徳的で、信頼のおける集団に直接組み込まれることであって、それによって彼らは、経済的な渾沌と、ギリシア＝ローマ帝国の諸都市のアノミーから逃れたのであった。私はまた、ユダヤ教が、永遠の生を信じるか否かをオプションとして各人の判断に任せる宗教であることを確認した上で、そのユダヤ教への帰依によってもたらされる地上的な報いに言及した。また、プロテスタントの宗派のうち、さまざまな点であんなにもユダヤ教に近い諸宗派が、永遠の生というものを、キリスト教の教義の中で第二義的な要素でしかないと見なすに到った可能性もなしとしない。たしかにカルヴァンは、人間は神によって死または生へと予定されていると宣言したが、しかし、人がしばしば抱く印象からいえば、彼の神学から派生した数多くの宗派にとって、個人とその家族の地上的成功こそが神に選択されていることの実体であるように見える。

集団の統合機能と同程度に、しかしより明示的に地上的なのが、諸宗教の初期から見られる経済的・社会的プログラムである。ユダヤ教、キリスト教、イスラム教は、貧者たちのことを心配し、富裕者の義務を定める。聖書に基づく諸宗教はその初期から、再配分という要素を内包していた。仏教も同様である。宗教は近代的イデオロギーの到来を俟たず、地上の人びとの間の経済関係を語ったのだ。この明白な事実の確認がすこぶる有用と思えるのは、一九八〇年から二〇一〇年にかけての西洋社会、つまり宗教的信仰と移行期イデオロギーが消滅した直後の西洋社会に注目し、物質的に恵まれた者たちにおいて経済的な無責任さが全面的に際立ってきたこと、すなわち、クリストファー・ラッシュ〔米国の歴史家、社会批評家、一九三二〜一九九四〕が没する少し前に告発したあの「エリートの反逆」〔『エリートの反逆——現代民主主義の病い』森下伸也訳、新曜社、一九九七年〕を観察するときである。

対称的に、さまざまな近代的イデオロギーの、フランス革命の、共産主義の、ナチズムの有する形而上学的非合理性も過小評価しないようにしよう。拡大・普及の段階で、イデオロギーは宗教同様に個々人を統合する心理的機能を果たす。提示するプログラムが実現するより遥か以前に、イデオロギーは孤独から逃れる避難所となり、すこぶる地上的なアノミーに抗する治療薬となる。イデオロギーは漠然とした未来に「彼岸」を位置づけ、倦むことなくそれを喚起する。曰く、理想の共和国、搾取なき共産社会、千年帝国《ライヒ》……。初期の賛同者たちは、信念を共にする者ばかりの集団への帰属によって安心し、初期キリスト教徒にも劣らず英雄的に振る舞うし、自己犠牲も厭わない。「自由か、死か」といったスタイルの標語を掲げて行動する。信じるイデオロギーが実は地上に、ある種の隷属を確立しようとしている場合でさえも。

第9章　イギリスというグローバリゼーションの母体

二〇一五年頃の時点で、英米世界は四億五〇〇〇万人の人口を擁し、すでに、イギリスとアイルランドの分を差し引くと四億三八〇〇万人にしかならない欧州連合の総人口を凌駕している。各種の将来予測によると、二〇五〇年に、EUの推定人口四億四〇〇万人に対し、英語圏の住民は五億六〇〇〇万人にまで膨らむようだ。私はここで、アイルランドとカナダのフランス語圏を英米世界に含めている。なぜなら、アイルランドの歴史を除外したイギリス史や、ケベック州史を含まないカナダの歴史は考えられないからである。これは、インディアンと黒人の存在を抜きにした米国史、アボリジニーを無視するオーストラリア史、マオリ族を無視するニュージーランド史などが想像不可能であるのと同じことだ。英米世界の到るところに、拡大傾向の「われわれ」と結びつけられた形で、内部の「彼ら」、包含された「他者」が存在している。

人口動態がこうして示すのは、西洋の中で、文化的にイギリス系といえる中心部がまもなく多数派を占めるということだ。しかし、一〇六六年にイングランドを征服したウィリアム一世〔在位一〇六六年〜一〇八七年〕が、一〇八六年に王国内の荘園と家族を調査させ、その結果を記録した台帳「ドゥームズデイ・ブック」(Domesday Book)を作成させた時、イギリスの人口はせいぜい一五〇万人だったのだ。当時、フランスの人口は、現在のフランスの国土を当時もそうだったと仮定するならば約六〇〇万人を数えていた。イギリスはまだ固有の言語を有していなかった。征服者階級のノルマン人が用いるフランス語が、彼らに先立つ侵入者だった階級のサクソン語の上に積み重なるように付け加わっていった。そのサクソン語も、元からあったブリテン諸島のさまざまな方言に取って代わっていたのだが、それらの方言も消えたわけではなく、ウェールズ、コルヌアイユ地方〔現在のフランス、ブルターニュ半島の一部分〕、イングランド北西部、スコットランドの半分強の地域になお残っていた。教会内では、ローマ人入植者たちが三世

紀半にわたる帝国支配ののちに撤退した四〇九年のあとも、若干のラテン語が生き延びていた。(1)

英語は、アングロサクソンのさまざまな民衆方言と貴族階級のフランス語の混合体であるが、ジェフリー・チョーサーの『カンタベリー物語』が証拠立てるように、一四世紀後半には充分形成されていたようだ。一四〇〇年、黒死病大流行の半世紀後、イギリスの住民は三〇〇万人にしか達していなかった。フランスの人口は当時一二〇〇万人、相変わらず四倍だった。同じように、ヴォルテールが彼の『哲学書簡』〔一七三四年〕の中でイギリスの自由主義的近代を称揚する頃になっても、フランスが人口二四〇〇万人だったのに対し、イギリスは六〇〇万人にとどまっていて、グレート・ブリテンとアイルランドを合わせた連合王国にアメリカの植民地人口を加えても、一二〇〇万人だった。ちなみに、当時カナダは人口三〇万人だった。後年のアメリカ合衆国は人口二〇〇万人を数え、すでに一一〇〇年頃のイギリスの人口を上回っていた。

したがって、成熟の段階に到達してもなお、イギリス・モデルは、人口規模においてはフランス王国の一部分と同等程度しか代表していなかったのである。

イギリスは、同質性が相対的に高い。もちろん、イングランド、スコットランド、ウェールズ、そしてアイルランドの間には、人類学的差異がある。また、イングランドの北部と南部にはニュアンスの違いがある。しかし、イングランドに限れば、そこに、フランスの大きめの一地方の内部に存在する以上の多様性はない。国土が比較的コンパクトで、しかも島国なので、あの王国は、独特の単一性とまとまりの良さに恵まれている。ドゥームズデイ・ブックは、たしかにノルマン人の行政上の天分の表現ではあったが、しかしイギリスが広大でなく、識別しやすい自然の形状を持っていたからこそ実現可能だったのだ。ウィリアム・ペティ〔一六二三〜一六八七〕、グレゴリー・キング〔一六四八〜一七一二〕といった一七世紀イギリスの統計学者の仕事に接すると、当時、イギリス社会を全体として考える能力――おのずから国単位でのアプローチをおこなう能力――が、「経済的生産物の総量」〔今日のGDPにもつながる〕という概念の芽生えをともなって早期に発達していたことが再確認できる。

一九世紀以降は、イギリスで産業革命が起こり、米国で領土拡大が進んだ結果、英米世界の発展が一気に本格化した。これを後押ししたのは、まず人口増加であった。また、ブリテン諸島からだけでなく、一九世紀の最後の四半世紀以後はヨーロッパ各地から、そして最後には世界中からやって来た移民たちの入植地における同化という事実であった。今日では、英語圏は、ドイツ系、スウェーデン系、イタリア系、ユダヤ系、日系、中国系、韓国系、南アジア系、アラブ系、南米系、アフリカ系など数億人を数えており、その全員が二世代か三世代のうちに英語を話すようになっただけでなく、絶対核家族モデルで暮らすようになっている(2)。

こうして、今日英米世界を構成する五億人が、一一世紀末にはその三〇〇分の一の人口しかカバーしていなかった人類学的システムに属している(3)。人類学者の視点から見れば、英米世界の擡頭は、一一〇〇年から一六五〇年までの間にごく小規模なひとつの王国に現れたマトリックス（母体）の成功にほかならない。絶対核家族は、人類の原初の未分化核家族に近いけれども、それと同一ではない。「絶対」という言葉はここでは、一組のカップルとその子供たちから成るグループを超える親族網の機能が消滅していることを示す。成人した子供たちはもはや、両親と一時的な同居もしてはならないのだ。兄弟姉妹の相互扶助は社会的に無意味となる。そして、イトコ婚は完全にタブーとなる。

アラン・マクファーレンの画期的な著作『イギリス個人主義の起源――家族・財産・社会変化』は、イデオロギーのヴェールを破り、イギリスの自由主義的な政治気質と経済的可塑性の下に、私が絶対核家族と呼ぶ家族システムを識別した。私はこの本を、初版の出た一九七八年に『ル・モンド・デ・リーヴル』〔日刊紙『ル・モンド』に週一回付く一種の「文芸付録」〕で激賞した。しかし、この本の主要部分は、イギリスの過去を神話化し、さらに絶対核家族の過去をも神話化する内容だといわなければならない。イギリスの農民――彼らはけっして本当の農民ではなく、中世の初めから近代的な個人主義者だったというのがマクファーレンの説だ――と、東ヨーロッパ、ロシア、インド、あるいは中国で共同体を営む本当の農民たちの二項対立を骨子としているのである。マクファーレンは自らの「英国陶酔」（anglotrip）に引きずられ、イギリス史の解釈上のたくさんの誤謬は、最近の著名なイギリス中世史学者のうちにE・A・コスミンスキー〔ロシア人の中世史家、一八八六～一九五九〕、ポール・ヴィノグラドフ〔ロシア出身で、ロシア革命後イギリスに帰化した法制史家、一八五四～一九二五〕、マイケル・ポスタン〔ロシア出身で、ロシア革命後イギリスに帰化した経済史家、一八九九～一九八一〕のような東ヨーロッパ出身者が少なくなく、彼らが中世のイギリスをロシアと同一視しようとし過ぎることに起因している、とまで示唆している。

中世イギリスの専門家が、本人がどこの出身であれ、ロシア史に取り憑かれているなどということはけっしてない。まず目を向ける先は、ヨーロッパ大陸の西部だ。イギリスの社会形成において、ケルト的過去、ローマの痕跡、アングロサクソンの基底、ノルマン人による征服などに由来するものを評価するためである。マクファーレンは、三世紀半にもわたってブリテン島を占領したローマ人たちのことを忘れ去った。ところが、ローマ人たちは実際に、道路網の要所となるロンディニウム〔紀元後一世紀頃の集落で、のちのロンドンの原型〕を造り、夥しい数の野営地――これがのちに町（chester＝castrum）〔チェスターは、「城」や「城壁をめぐらした町」の意。カストルムは、古代ローマで軍事防衛拠点または野営地となった場所または建物群の名称〕になった——を設置し、また田園地帯には、ローマ帝国中心部のヴィッラ〔カントリー・ハウス。帝国崩壊後はガロ・ローマ文化圏の自給自足型農場〕の古典的様式を踏襲する大きな領地と邸宅をこれまた無数に設営したのだ。彼らの事蹟をマクファーレンが忘れたのは許すことにしよう。しかし、イギリスと対比すべきモデルとしてのフランスを無視することは、職業上、許されない。中世イギリスの専門家はフランスに目を向けるほかなく、中世フランスの専門家も、イギリスに注目しないわけにはいかないのである。なにしろ、イギリスとフランスの君主制は、一〇六六年のノルマン征服《コンクエスト》から百年戦争〔一三三七年～一四五三年〕の終わりまで、「奇蹟をもって病を治癒させる王たち」[4]という当時英仏共通だった象徴体系が証拠立てるように、相互作用の中で推移したのだから。ドーバー海峡を挟む両国のいずれにおいても、国王はただ手で触れるだけで瘰癧《るいれき》を治すとされていたのだ。

　イギリスとフランス、ヨーロッパで最も古いこの二つの国民国家は一緒に生まれた。その後も互いを鏡に映し合うかのように、ただし大抵の場合、イギリス君主制のほうが一歩先を行くようなかたちで推移した。シャルル・プティ＝デュテイ〔フランスの歴史学者、一八六八～一九四七〕は、比較研究の著作『フランスとイギリスにおける封建君主制』で、カペー王朝〔パリ伯ユーグ・カペーから始まった中世フランスの王朝。九八七年から一三二八年まで存続〕が、行政においてより近代的だったプランタジネット朝〔フランス貴族のアンジュー伯アンリがイギリス国王に即位して始まったイングランドの王朝。一一五四年から一三九九年まで存続〕の「逆を行く」やり方をあえて採り、プランタジネット朝の帝国的膨張〔プランタジネット朝はフランスに大きな所領を有したのでアンジュー帝国とも呼ばれた〕に抵抗していたことを明らかにした。[5]彼によれば、一二世紀末の時点で、フランスは約一世紀遅れていた。[6]そして、あの百年戦争は、一一世紀以来の両国の競合の（中世における）最後の段階にすぎないのだった。競合が一八世紀に再開されたことは周知のとおりである……。

イル＝ド＝フランス〔パリを中心とするフランス中北部の地域〕とノルマンディ地方はいずれもセーヌ川流域であるし、イングランドはフランスのノルマン人に征服されたのであったから、中世において、イギリスとフランスは果たして区別されるべき二つの国であったのかどうか、われわれは自問してみてもよいくらいだ。それを思えば、イギリス史が他とはつながりのないユニークなものであることを証明すると自負する著作において、イギリスの農民とフランスの農民の比較を控えるのは、手品をやってみせようとするに等しい。マクファーレンの試論の最終章は「比較史におけるイングランド」と題されており、そこに抑圧されていたもの、つまりフランスが俄然、戻ってきている。しかしながら、考慮されるパラメーターに応じてイギリス史からこのフランスという「母」あるいは「姉」を締め出したいというマクファーレンの欲求は抑えられないものだったらしく、彼はそこで旅行ガイド書にも劣るレベルに転落し、躍起になって、すべての時代においてイギリスはフランスとは異なっていたのだと説いている。

究極のところで、彼の説明「システム」の要《かなめ》が見えてくる。すなわち、ノルマン征服には意味がなく、イギリスは純粋にアングロサクソンなのだ、という明示的断定だ。そして、この反歴史的な百面相芸に付き合わされた挙げ句、読者の行き着く先に待っているのは、「ゲルマン的自由」という常套句である。しかも、マクファーレンはこれをフランス人、モンテスキューから借用している。フランス貴族たち自身が自らのゲルマン的出自について譫言《うわごと》を言う傾向が強かったのに、おそらく彼はそれを知らなかったのだろう(7)。

家族システムの分析の観点から見れば、マクファーレンの主張がばかげていることはたちまち明らかになる。なるほどマクファーレンの本は、彼によれば頗るイギリス的なものである長子相続にたびたび言及しているが、彼は、それが非核家族の複合的モデルの一つである直系家族を生み出す源となった制度だということを理解していないようだ。長子相続は世界中の大陸で見つかるのに、彼はそれを地球上に稀だと確信している。彼はまた、ヨーロッパで最初に長子相続が現れたのがフランスにおいてだったという事実を知らないようだ。その事実を正しく指摘したイヴリン・セシル〔イギリスの貴族で政治家。一八六五〜一九五二〕の著作『長子相続』が、ほかでもないロンドンで、しかも一八九五年には上梓されていたのに――。しかし、一番いけないのは、マクファーレンが次の事実を隠していることだ。イギリス法の砕けた表現では、財を長男に引き継がせる男子長子相続の慣習を《borough French》〔borough は元々は要塞化された場所を指し、現在、通常は行政単位「区」の意〕と言い、これに対し、財を末子に引き継がせる末子相続のほうは《borough English》と呼ばれている。家族を専門とする歴史家にとって、長子相続はごく単純に、イギリス文化におけるフランス系ノルマン人的要素のうちの中心的なものである。末子相続は、子供たちのうちの最も若い者が年老いた両親を引き取ることを認めていた未分化核家族の名残《なごり》にすぎない。(8)

こんなふうだから、高望みはできないのである。最高の社会科学も、最高の歴史学者も、その測定・推定において、またその結論において、イデオロギーの拘束を免れない。マクファーレンが画期的な解明をやってのけたのは、ナショナルな情念のおかげだった。『イギリス個人主義の起源』が発表されたのは一九七八年、つまりイギリスが経済的に衰退した時期の果ての年だった。翌年にはマーガレット・サッチャーが権力を奪取し、彼女の革命はネオ・リベラルであると同時に、それに劣らずネオ・ナショナルな性格を帯びていた。マクファーレンの本の強迫的なまでにナショナリスティックな面に、当時の私はショックを受けなかった。もしかするとそれは、その頃フランスが好調で、私自身がナショナルな煩悶にあまり敏感でなかったからかもしれない。おそらくは何よりも、ケンブリッジ大学における私の博士論文の審査員で、偉大な研究者で、感じのよい開放的な人物であったアラン・マクファーレンの人柄のイメージが、当時の私の眼から、彼の試論に宿るナショナルなナルシシズムを隠してしまっていたのだろう。

イギリス史の固有性をでっち上げて実体化すれば、袋小路にしか行き着かない。アングロサクソン王国の時代に遡る家族関係のデータは稀だが、それらが証言してくれるのは、王族内の諸事の営み方がゲルマン的であるどころか、普遍的といえるものであったことだ。確定されていない相続の規則、権力の座における父親・息子たち・兄弟たちの結びつき、兄弟間の水平相続、家族より広い双系的親族関係の中で選ばれる国王、諸王国の王族における外婚制など[9]、これらはすべて、ゲルマン、ケルト、スラブなど、他のすべての民族にも見出せる要素なのである。

イギリスにおける家族と集団

私はのちほど、イギリス家族の中世以降の歴史を図式的に再構成することを試みるつもりだが、事柄のそうした深奥へ入っていく前に、中世よりずっとあとの年代に関し、ピーター・ラスレットによって同定された核家族について、くれぐれも正確かつ完全なビジョンを持つようにしなくてはならない。ラスレットが用いた主要な標本は、一〇〇の住民リストを含み、一五七六年から一八二一年にわたるものだ。最も古く、ラスレットの考察にとって最も重要な二つの教区資料は、ロンドンに近いミドルセックス州〔一九六五年まで存在したイングランドの州。ロンドンの北西部を含んでいた〕のイーリングの一五九九年の資料と、より北方、ノッティンガムシャー州〔イングランド中北部の州〕のクレイワースの一六七六年の資料である。この二つの教区については、ラスレットのおかげで、われわれの手元に、世帯の構造についての詳細な分析が存在する。イーリングでは、八五世帯のうち一世帯だけが二組のカップル、すなわち両親と既婚の子供のカップルから成っていた。また、一組のカップルに加わるかたちで成人の個人がいたのは四世帯だけで、そのうち半数はカップルの子供、残りの半数はカップルの兄弟または姉妹であった[10]。クレイワースでは、全七八世帯のうちに、結婚したカップルが二組同時に含まれているケースはなかった。八世帯には、カップル以外に独身の個人がおり、そのうち四人はカップルと垂直〔親子〕の関係を持ち、三人は水平〔兄弟姉妹〕の関係にあった[11]。

これ以外の一七世紀の住民リストも、ニュアンスの差こそあれ、イギリス家族の核家族性を確認させてくれる。個人別に居住形態を見ると、イーリングでは一二人が、クレイワースでは八人が独居していた。したがって、われわれはここで、エリザベス一世の治世(一五五八年〜一六〇三年)の終わり頃のイギリスについて、絶対核家族の成立を語ることができる。とはいえ、年代に関して一抹の疑問が残る。ラスレットの主要標本を成している一〇〇の住民リストのうち九五が一六六〇年以降のものなのだ。ところが、一五五〇年から一六六〇年にかけての文化的変容は、西および中央ヨーロッパ全域でと同様、イギリスでも著しかった。それゆえ、一七世紀末の統計の占める割合が過大であることは、絶対核家族の成立を確実に年代づける上で軽視できない問題なのである。特に、プロテスタント宗教改革によるイギリス文化の変容よりも前の時代に位置づけられるような絶対核家族のどんな描写も、われわれは手元に持ち合わせていない。

それにしても、こうした純粋な核家族状況において、年齢によって、あるいは配偶者ないし親のような近親者の死によって孤立した個々人、つまり老人、寡婦、孤児などはどのようにして生きること、ないし生き延びることができたのだろうか。つまり、ラスレットが「核家族的逆境」(nuclear hardship)[12]の問題と呼んだものは、社会的にどう扱われたのだろうか。リチャード・スミス〔イギリスの歴史地理学者、一九四六年生まれ〕、デイヴィッド・トムソン〔イギリスの歴史学者、一九一二〜一九七〇〕とその他数名の研究者がこの問いを研究し、答えを出している。

イギリスの地域共同体は、いち早く考案した社会税制でこの問題に対処したのだ。一五九八年と一六〇一年の救貧法が各教区に税金の徴収を要請し、地域農民の上層または中間層が教区の民生委員（Overseer of the poor）のような存在となり、これを地域ごとに管理した。数少ない極端で例外的なケースだけに対処する異例の措置と想像してはならない。教区記録簿（昔の民事身分記録簿）と貧民台帳を組み合わせることによって計二〇の共同体の標本が識別可能となり、一六六〇年から一七四〇年までの一一万件の給付の分析が可能になったのだが、その統計的分析が明らかにしたのは、人口の五％が週ごとに給付を受けていたこと、その比率が都市部では八ないし九％に達していたこと、六〇歳以上の人口に限ると四〇〜四五％にも達していたことだった。[13] 六〇歳以上についていえば、給付の平均水準は農業労働者の給料に相当していた。

イギリス・イデオロギーの最初のネオリベラリズム的方向転換の直後、一八三〇年代の諸改革は、親族に責任を負わせるべく、その義務を前面に押し出した。しかし、デイヴィッド・トムソンの計算によれば、一八四〇年代の初めに到っても、七〇歳以上の女性の三分の二が給付を受けていた。さらに、七〇歳以上の男性の半分、六五歳〜六九歳の女性の半分も給付を受けていて、女性の五五歳〜六〇歳の年齢層でも、過半に満たないとはいえ、かなりの人数が給付対象となっていた。一方、メアリー・バーカー＝リードは、一七世紀末ないし一八世紀のケント〔ロンドンの南東に位置する州〕の村落共同体における引退の平均年齢を男性で七〇歳、女性はそれよりも三、四歳低い年齢としている。[14] 狩猟採集民の研究で明らかになった七〇歳という年齢の閾値がここでふたたび見出されているわけだ。

D・トムソンは、ある驚くべき論文で、イギリスの社会保障の歴史の継続性を、より正確にはその循環的性格を示した。給付額の上昇と下降だけでなく、給付水準や、家族および個人の負うべき責任の程度がどうあるべきかという議論までもが繰り返されてきたというのだ。彼は、農村の老人たちに割り当てられた給付金の購買力を、青年労働者の平均賃金の七〇%~九〇%と見積もっている。

《テューダー朝〔一四八五年に始まり、一五四一年にはアイルランドの王朝にもなって、一六〇三年まで続いた、絶対王政全盛期のイングランドの王朝〕やステュアート朝〔スコットランド起源で、一六〇三年以降はイングランドをも統治した王朝。ピューリタン革命で倒された一六四九年から王政復古の一六六〇年までの時期を挟み、一七〇七年にはグレート・ブリテン連合王国を成立させて一七一四年まで続いた〕時代の教区民は、一九九〇年代のイギリスにタイムスリップしたら、知らないものばかりで面喰らうにちがいないが、しかし、福祉についての悩ましい議論にはすでに慣れていて、戸惑わないだろう[15]》

偉大な中世史家リチャード・スミスは、エリザベス時代の救貧法に先立つ時代に、引退した高齢の農民への定期的な給付がおそらく存在していただろう、それは保有農〔領主から土地を半永久的に貸与されている農民〕たちと、彼らの親族でないこともあり得る相続者たちとを結びつける支払いで、もっぱらローカルに管理され、多くの場合、荘園裁判所（manorial court）の監督下に置かれていたのだろう、と示唆している[16]。

しかし、こうした集団的な仕組みから、閉鎖的な地域共同体をイメージするのは誤りだ。事実はその正反対だったのだから。教区の世話になる大半の老人たちの息子や娘は、成人すると親元から離れていったのである。核家族システムはそうした移動性を奨励する。子供たちは非常に若くして「住み込み使用人」となり、あちらこちらの大きな農場で働く。富農の息子たちでさえ、派遣（sending out）の慣行で余所へ送られ、住み込み使用人を経験する。こういうことの結果である地理的移動性は極度に大きかった。その事実は、クレイワース村と、クックナウ村〔イングランド中部、ノーサンプトンシャー州に所在〕を対象とするピーター・ラスレットの先駆的研究[17]が掘り起こしたとおりであった。

キース・ライトソン〔イギリスの歴史学者、英国近世史が専門、一九四八年生まれ〕は、ターリングという村〔イングランド東部、エセックス州に所在〕の人口を調べ、世帯主の五〇%〜六〇%が、親が同じ村に住んでいない世帯主であったことを割り出した。もっとも、この村は、エセックス州に所在し、当時の巨大都市ロンドンからも六〇キロしか離れておらず、格別に先進的で繁栄していた村ではあった[18]。一五八〇年から一六九九年までにターリングで結婚し、その後そこで少なくとも一児を成した者のうち、地元の教区で洗礼を受けた者は、僅かに男性の二五%、女性の三三%であった。つまり、男性の移動性が七五%、女性のそれも六七%、という高率だったわけである[19]。結婚したら新居に住むのが通例だったといえよう。なにしろ、生まれた村から出て結婚し、生活するのが普通だったのである。

ターリングには、母方居住への軽い偏りが認められる。女性の移動性が男性のそれよりも若干低いからである。この母方居住への偏りは村人のうちでも庶民層に集中している。寡頭支配階層にあたるヨーマン（yeomen）〔独立自営農民〕においては、男子長子相続が支配的であったから、それにともなって必然的に父方居住への偏りが現れる。ここでわれわれが直面しているのはおそらく、ヨーロッパで、そして双系親族システムにおいてすこぶる一般的な事実であろう。すなわち、社会的差異化に人類学的分極化がともなうのであり、その作用により、家屋と土地をコントロール下に置いている安定した支配階層では父方居住が進み、決まった土地に固定されていない被支配階層では母方居住が増えるのである。このメカニズムを、私もかつて、一八世紀のアルトワ地方やバス＝ブルターニュ〔フランス、ブルターニュ半島西部の一地域〕の村落共同体のデータに、また、一九世紀初めのスコーネ地方（スウェーデンの南端で、デンマークの対岸にあたる地域）のデータに確認することができた[20]。

イギリス農民の移動性は、たしかに一七世紀には極度に高かった。しかし、それが過去における移動性のなさと対照的だった、というふうに想像するのは誤りだ。ヨーロッパの民衆は厳格な外婚制の規則を遵守していたのであり、そうである以上、各人は自分の生まれた村から外へ出ないわけにはいかないのだった。イギリスの村落共同体の平均的人口規模は一七世紀には二〇〇人程度だったはずで、この条件では、人びとの移動性が高くなければ、近親者同士の婚姻が避けられない[21]。したがって、われわれがここに見出すのは、産業革命以前の村落共同体がホモ・サピエンスの規範に則って機能し続けるありさまだと言える。原初の狩猟採集民は、本書がすでに明言したとおり、外婚制で移動生活をしていた。原初の農業も移動式だった。農業は中東で発生し、一時期は定住性に結びついたけれども、その後、ヨーロッパ、北アフリカ、南アジアの征服へと旅立ったのであった。

国家と家族

ここに述べてきたところから明らかなように、テューダー朝とステュアート朝の国家は「強い国家」であった。「強い国家」の社会保障システムが、絶対核家族の機能を下支えしていたのだ。ただし、その国家には官僚機構が欠けていた。ヨーロッパでいち早く機能した国家ではあったが、実際には大概、議会を通して中央集権的に国法を発布するだけに甘んじ、それらの法を各地域に強制する手段は持っていなかった。救貧法が教区ごとに具体化されたのは、地元のほぼ自主的な意志を基礎にしてのことだったのであり、その管理運営に当たったのも地域の上層農民であった。

早期に発生したイギリスの中央集権国家を理解するために援用すべき良き概念は、スティーブ・ヒンドル〔イギリスの歴史学者、一九六五年生まれ〕の適切な区別を踏まえて、「権力」よりも「権威」である[22]。人びとから物を奪う捕食性の弱いこの国家は、抑圧の手段を持ち合わせないにもかかわらず人びとの服従の対象であった。この「権威」は二種類の説明を必要とする。まず、イギリスが島国で、国土がこじんまりしていて、文化的同質性が相対的に高いことが、権威の定着にとって好条件であっただろう。しかしまた、社会的ヒエラルキーに対する民衆の敬意、すなわち、キース・ライトソンが一七世紀に関してかくも見事に明らかにした恭順さの文化の影響も大きかっただろう。国家の権威も、大地主たちのそれも、農民上層部のそれも、大多数の民の異議申し立ての対象とならなかった。この恭順さの文化は、私見によれば、家族システムにおける平等の価値の不在に起因している。

救貧法のメカニズムは、集団全体の利益のために裕福な農民たちによって管理されていたわけだが、それを観察すると、イギリスの典型的な村落共同体の基底的な二元性が見えてくる。遺産相続のやり方が富農の場合と貧農の場合とで異なっていたので、そこからはその二元性の底の深さが読み取れる。中世から引き継がれた理論上の規則は、男子長子相続である。しかし、一五四〇年から一六四五年までの間に遺言の自由が確立され、その自由が、結果的に軍事独裁となった事実にもかかわらず基本的に個人主義的な性質のものだったピューリタン革命の間に、クロムウェルの統治下で完全なものになった[23]。村落共同体レベルまで降りていく個別研究が、一七世紀以降、二通りのやり方で相続が実践されていたことを明らかにする。富農たちは、全般的に長子相続をおこなっていた。可能な場合には長男以外にもいささかの土地を振り分けて、長子相続の規則を和らげてはいたけれども。彼らより下の階層では、富農ほど豊かでないだけにいっそう積極的に財の自由分割が実行されていた。ときには、直観的な推測に反して、下層民のほうが遺言を残す比率が高いという現象も見られた(24)。

しかしながら、核家族世帯であることは、イギリスの農村のすべての社会的カテゴリーに共通していた。長子相続が導入はされても、ドイツ、日本、フランス南西部、イベリア半島北部でのように、農村社会で成人が世代を超えて同居するところまで家族が複合化する時間はなかったものと思われる。とはいえ、フランス系ノルマン人の長子相続は、征服者だった貴族階級によってブリテン島に持ち込まれ、社会構造の下層の方へも相当に広く伝搬されたからこそ、農村の上層部にまで、すなわち、基本的な農民共同体の指導グループであった、古イングランドのヨーマンたちにまで到達したのだ。長子相続に固有な不平等の価値は、したがってイギリスの最初の母体の一部分を成している。しかしその浸透は、農民集団の分厚い下層部に活きている、より柔軟な諸傾向の抵抗に遭遇したわけである。そんな中で、遺言の自由は全員に、どんな規則にもしたがわない可能性を与える。この自由は本来的な意味の革新であるかのように受け取られるべきでない。原初的な家族の未分化性が法的かつ近代的に定式化されただけだからである。結句、イギリス農民の自由は、人類の起源において狩猟採集民が生きていた自由なのだ。

絶対核家族が明瞭に把握され得るほど定着した一七世紀の後半、村落共同体の経済的二元性は、そこに文化的次元も重なることで、いっそう際立ったものになっていた。ヨーマンたちの識字率は、イングランド北部の遅れた地域では三〇%に低迷する場合もあったが、それ以外の地域では男性で七〇%前後であった。読む能力においては、富農たちは、都市部の職人および商人階級とほぼ同レベルだった。最も貧しい農民層は一般に、識字率三〇%にしか達していなかった[25]。

キース・ライトソンは、平野に所在し、住居がおよそ一カ所に集まっていて、農民の寡頭支配層と地元の貴族に統率されている教区を「閉じられた」教区と呼び、それを「開かれた」教区、すなわち、起伏のより多い土地に所在し、住居がしばしば小集落ごとに分散し、社会的恭順の原則にさほど支配されていない教区と比較し、両者の対立に注目している[26]。

イギリス史における複数のサイクル

したがって、イギリス史の最近の研究者たちは、カール・ポラニー〔一八八六～一九六四〕が『大転換』で明らかにしたもの、すなわちテューダー朝およびステュアート朝君主制による個人主義の統御・管理をふたたび発見し、確認したわけだ。一七世紀の二つの革命は、理論上、おおむね農村であったあの時代の共同体から人間を解放できる新しい法的な枠組みを設置するものだった。一八世紀には、いわゆる「囲い込み」(enclosure) が議会の決議によって完遂される結果、農耕生活から引き継がれていた集団的拘束の残滓がついに実際に破壊されてしまうだろう……。ところが、歴史的に見て、社会的責任のあらゆる伝統がイギリスの農地革命と産業革命によって打ち砕かれたわけではなかった。経済的個人主義はさらに長い期間、地域の諸権威によって統御・管理され続けたのである。実にまったくイギリスでは、自由主義的なものが勃興すると、必ず集団的なリアクションを招く。ポラニーは件の著作の一章をまるごと割いて、一七九五年から一八三四年までの間、自由な労働市場の確立を阻んだスピーナムランド法〔正確には法律ではなく、判事による法的決定〕を論じている。

改めてここで、ローカルな諸権威の役割が決定的なものとして現れる。テューダー朝の頃にもまして決定的なものになっていたとさえいえる。なにしろ、ローカルな決定の一つが当該地域を超えて一般化されるに到ったのだから。

《一七九五年五月六日——当時は大変な不況の時期であった——に、ニューベリーに近いスピーナムランドのペリカン館に会したバークシャーの治安判事たちは、賃金扶助の額はパンの価格に応じて定められるべきであり、したがって貧困者の一人ひとりの所得に関係なく最低所得が保障されるべきであるとの決定を下した(27)》

ただし、このとき、どんな給付体系も一般的に適用されるべきものとして法的に採択されはしなかったから、本当の意味での法律制定ではなかった。それでもこの決定は、農村地域の大半で、さらには都市部の一部でも追随の対象となったし、いずれにせよ、労働市場そのものに影響を与えるほどの効果を持ったのだった。

一八三〇年代に入るとすぐ、イギリス史上初めて、ハードな自由主義の時代が開幕する。一八三二年の選挙法改正で中産階級が有権者となり、彼らにも議会への道が開かれた。一八三四年には、スピーナムランド法が廃止された。どうやら、マルサス的、あるいはリカード的な経済準則を情け容赦なく適用する時代が到来したのだった。つまり、テューダー朝譲りのパターナリズム（温情主義）の終焉。史上初の「エリートの反逆」が、貧困者たちを標的にし、自助努力を欠く彼らは道徳的に堕落しているから市場法則によって精神を鍛え直されるべきだなどと唱えた。

重要なことは、労働市場に課されるかくかくしかじかの規制、あるいはその拒否がもたらす経済的もしくは道徳的な結果をめぐる議論の質を評価することではない。重要なことは、イギリス文化は元来ウルトラ自由主義だ、というイメージがひとつのフィクションでしかないと気づくことだ。たしかにイギリスは、個人主義的資本主義誕生の地ではある。またたしかに、絶対核家族とイギリス社会の可塑性の間にも、平等という価値の欠如と産業革命の暴力に対する民衆の反発の弱さの間にも、ひとつの繋がりがある。しかし、われわれが常に、そして一八三四年以降も見出すのは、デイヴィッド・トムソンが示したとおり、ほかでもない絶対核家族が、基本的な家族のユニットから落ちこぼれた個人――それは主に老人たちだが、孤児たちも含まれるし、農村から都市への人口移動の時期には、行き場を失った労働者たちも含まれる――を集団で引き受けるという措置の寄与なしには存在し得なかっただろうということなのだ。

したがって、テューダー朝の国家もまた、イギリスという人類学的母体の一部分を成している。絶対核家族と救貧法（いわば「行動する教区」）とは機能的に一体化していたのだ。まさにそれが真実だったからこそ、テューダー朝のパターナリズムが崩壊すると、スティーブン・ラグルス〔米国の歴史学者、一九五五年生まれ〕が指摘したように、一七五〇年から一八八〇年にかけて、イギリスの世帯構造がある種の複合化の様相を見せた(28)。産業革命はその効果を村落共同体の外部に繰り広げたので、新たに発生したプロレタリアートは、農民の場合以上に自分たちの家族の絆を頼りにしなければならなかった。一九世紀半ばのランカシャー州〔イングランド北西部の行政区域〕を取り上げて、この現象を詳細に分析したのはマイケル・アンダーソン〔イギリスの社会人類学者〕だ。彼の報告によれば、当時のプレストン〔ランカシャーの州都〕の工業地域の共同体では、一組の夫婦から成る核家族よりも拡大された家族が全体の二三％に及び、二〇歳～二四歳の男性の六五％が彼らの両親と共に暮らしていた。同時期に、周辺の農村部では、その比率が五三％にとどまっていたという(29)。

すでに述べたように、政治的近代へのレースにおいてイギリスは、フランス革命の一七八九年よりも遥か以前に政治的代表制とネイションを発明し、フランスに先んじた。今やわれわれは、学校の教科書で馴染みになっているもう一つの常套句、ビスマルクとドイツが社会保障を創設したという常套句を疑問に付さなければならない。否、この面でも、一番乗りしたのはやはりイギリスだったのだ。イギリスにおいてこそ、われわれはヨーロッパの最初の福祉国家を観察できるのであり、そして注目すべきことに、そのタイプの国家は、共同体家族や直系家族の家族文化よりも、むしろ個人主義的な家族文化と結びついていたのである。

過去へのさらなる遡及——田園地帯に残されたローマの痕跡

一七世紀後半に、絶対核家族がその本来の性格を具えて存在していたことが確かめられたが、このシステムは当時、ローカルなレベルで国家を体現しようとする村落共同体によってしっかり統御・管理されていた。イギリス家族の歴史をさらに遡って厳密に見ていきたいところだが、人びとが営んでいた世帯の構造を明らかにしてくれる住民リストの標本が存在しないため、それは叶わない。その代わり、階層秩序化されてかくも強力だった村落共同体の由来を捉えることは可能だ。実際、中世史を掘り起こしていくと、その奥底でわれわれは「マナー（荘園）」（manor）に出会う。そしてマナーは、まず間違いなくローマ帝国のヴィッラ（villa）を引き継いだものと目される。

一三世紀のイギリスで支配的だった農地システムは、中世史家たち、特にロワール川とライン川との間に位置するカロリング朝ヨーロッパの中央部分の専門家たちが熟知しているシステムである。村は、耕地の真ん中のひとかたまりの集落であった。全耕地が三つの輪作地に分けられ、その一つひとつがさらに帯状に細分されていた。農民は、三つの輪作地のそれぞれに含まれる保有地（領主から半永久的に貸与されている土地）を耕した。耕地の一部分はその地域の領主またはその代官の直轄で、これは領主の留保地であったが、これもまた保有農たちが耕した。[30] 三圃《さんぽ》式農業なので、毎年、輪作地のうちの一つが冬小麦の栽培に、もう一つが春小麦の栽培に割り当てられ、三つ目の畑は土地を休ませるために休閑地とされた。すべての農民が、三圃制を成立させるために必要な集団的規律に服した。輪作地のいずれにも含まれる耕地片を合わせた全部が各農民の固有の保有地だったけれども、規律への服従は維持された。もちろん、近隣同士の相互扶助はきわめて重要だった。放牧や落ち穂拾いの権利は共同体のすべてのメンバーに無差別に認められていて、それが、このシステムのただでさえ強い集団的次元を補完していた。地域の領主は、特別の経済的権利を行使した。場合により、村の（「領主所有の」ともいわれた）風車、葡萄圧搾機、竈《かまど》などを専有し、その使用を強制したのである。農民たちは農奴であって、土地に縛りつけられていたが、その身分のあり方は奴隷のそれと同一視できるものではなかった。彼らはそれぞれの領主に帰属していたが、慣習法上の諸権利を有していて、そのうちの一つは、自分の保有地を一人または数人の子供に譲渡する権利であった。

かつてマックス・ウェーバーは、中世の農奴と古代の奴隷の根本的な違いを指摘した。奴隷と違って農奴は、結婚し、家族を儲ける権利を持っていたというのである。[31] ウェーバーは古代ローマの農学者たちを参考にして、ローマ時代のヴィッラを正真正銘の兵舎のように描写した。そこには、通常の家族生活・性生活を奪われた下等人間である奴隷たちがひしめき合っていたという。したがって、ウェーバーによれば、かつてローマ帝国の版図に入った西洋のあらゆる地域に考古学的な名残が見出されるヴィッラは、自らの人口の再生産を担うことができなかった。戦争によって獲得する奴隷の定期的調達が途絶えれば、ヴィッラは消滅するか、他のものに変化するかしかなかった。パクス・ロマーナ（ローマの平和）は奴隷労働力の補給を干上がらせ、結果として自らの危機と農耕生産様式の変化を誘発した。これがウェーバーの説であり、この説には大きな説得力がある。

しかしローマは、西ヨーロッパ全域に農村の個別基礎集団のイメージを残した。ヴィッラの痕跡は、当該地域がローマ帝国に征服された頃、農業面で後進的であればあるほど深く刻まれることになった。かくしてローマの刻印を受けた地域としてとりわけ指定されるのは、ガリア〔ケルト人の住んでいた地域にローマ人が与えた名。現在の北イタリア、フランス、ベルギー一帯〕の北部、ゲルマニア〔ゲルマン人の住んでいたライン川東部の広大な地域にローマ人が与えた名〕の西部、そしてイギリスにほかならない。

先述のとおり、農奴制は農業労働者たちを自由の身にはしなかったが、結婚する権利・家族を儲ける権利は彼らに返した。農奴は物ではない。好き勝手に移動させ得る動産ではない。とはいえ、ヴィッラの主人のあとを継いだ領主は、個人および家族に対して下級裁判権を行使した。ちなみに、死刑執行権は国王だけのものとされていた。また領主には、遺産相続や共同体の外との婚姻をめぐって農奴の家族に対して行使できる領主権も存在した。名目上、領主所領は君主から封土として保有を許されている土地だったわけだが、「自有地」と呼ばれる自由な保有地があったのと同じように、封建システムの外のものと認められる領主所領も存在した。

イギリスの荘園

「マナー」（manor）と呼ばれるイギリスの荘園は、歴史に登場したのこそフランスの領主所領よりも少し遅かったが、完成度は遥かに高かった。フランスの著名歴史家、マルク・ブロック（一八八六〜一九四四）は一九三六年に、歴史の講義でこの二つを比較しようとした。その講義は未完に終わったのだが、マルク・ブロックはその中で、イギリスの荘園とフランスの領主所領のいずれをも、経済的機能と政治的組織を混合して封建システムを構成するローカルな要素と見て、主権集団と定義した。[32]

　イギリスの荘園は、農民層を政治的に統合し、外部から隔離する装置として、きわめて完成度の高い具体的形態だった。マイケル・ポスタン（一八九九～一九八一）はこの点に関して、歴史学の著名な先駆者の一人であるフレデリック・ウィリアム・メイトランド（一八五〇～一九〇六）〔イギリスの法制史学者〕の説を踏襲し、イギリスの荘園の場合は「領地、それは国家である」（《the estate is the state》[33]）と示唆した。領地のそういう性格を背景として、いくつかの荘園は驚異的な量の荘園裁判所記録文書（manorial court rolls）を残した。イギリス史において「下からの」農地革命がなかったことが、そうした古文書の保存のよさと厖大さを一面で説明するのも事実ではあるが、それにしても驚異的であることに変わりはない。中世の農民生活を法的に制御していた荘園裁判所はおそらく、イギリスと、さらにそれを超えて英米世界を特徴づける法治主義の独自の源泉であろう。

　一三世紀のイギリスの村落共同体の中にすでに、一七世紀の社会階層が見出される。ポスタンは、イギリス南部の典型的な例として、保有農のうち富農が二二％、中間層が三三％、貧農が四三％という数値を提示している。[34]

　このような階層構造が、もちろんもっと下方へずれた形でだが、まだ奴隷がいて、農民の半数以上が農奴であった時代にも存在していたわけで、それは一〇八六年のドゥームズデイ・ブックに表れている。ドゥームズデイ・ブックは、ノルマン人の、あるいはル・マン〔フランス中西部に古くから存在する都市〕出身の聖職者および行政官らがラテン語で書いた台帳であり、その記述対象は、当時、フランス語を話す領主たちに最長で二〇年前から服従していたアングロサクソン語話者たちの諸共同体であった。まず、最も古い時代の痕跡、古代の身分カテゴリーの残滓から挙げよう。人口比で、奴隷（servi）＝九％、自由民（liberi homines）＝四％、ソークマン（sokemen, sochmanni、本人の身分は自由だが、隷属性の下にある土地を耕作している者）＝八％であった。残りは農民集団であり、社会の階梯を降りていく順序で、農奴（villani）＝三八％、小作地農および小屋住み農（bordarii および cotarii）＝三二％であった。富農たちのグループは、当時はまだ農奴の集団から抜け出していなかった。

一二世紀ないし一三世紀以降のイギリスにおいて、地域の集団組織が強力だったこと、上位の階層によってかくも明白にいわば「施錠され」、閉じ込められた農民集団が存在していたことをどう説明すればよいのだろうか。ノルマン人によるアングロサクソン諸王国の再編が肝要なファクターであったことは言うまでもない。イギリスの村落共同体に外から貼り付けるように適用され、その共同体を変革したのは、すでに概念化されていた封建システムであった。アングロサクソンの指導層が除去され、長子相続が押しつけられた。ノルマン人の行政的・法的精神が、また彼らの国家理念が、習俗の中に浸透した。しかし、イギリスで荘園を創設したのも、農奴制を敷いたのも、ノルマン人ではない。ローマに言及することで私はすでにこれを示唆したが、「遡及的」歴史はノルマン人登場のところで停止するわけにはいかないのである。カロリング朝時代の、あるいはアングロサクソン人が支配していた頃の大領地の起源は、最終的にはローマのヴィッラに行き着く。ヴィッラは、ヨーロッパ北西部一帯の耕地がまとめ上げられていく過程でとても重要な要素だったのだ。ライン川とロワール川の間に位置する所領に関しては、それはあまりにも明白なので、ほとんど議論の余地がない。イギリスの場合には、次々に征服者となったアングル人〔五世紀末以降イングランドに定着したゲルマン系部族〕、サクソン人〔北ドイツの低地で形成されたゲルマン系部族〕、ジュート人〔五～六世紀にブリテン島に渡ってケント王国を建国したゲルマン系部族〕が、征服地の言語ばかりか、ブリテン系やラテン系の地名まで撲滅したため、事柄がいちじるしく見えにくくなった。その上、一八九〇年からはイギリスにゲルマニスト（ドイツ研究者）の学派が生まれ、この学派の「尽力」により、明白な事実が曇らされた。その結果、「ローマ由来ないしフランス系ノルマン人由来のどんなラテン的特性・文化の影響も被っていないイギリス」という、ヴィクトリア朝末期の幻想が拡がったのである[35]。

私はといえば、こう言ってよければ、この問題は提起される前にすでに解決されていたと考える。中世の村落を研究した最初の偉大なイギリス人歴史学者、フレデリック・シーボーム〔一八三三～一九一二〕によってである。一八八三年に出版された著作『イギリスの村落共同体――荘園および部族のシステムとの関係、また畜産のための牧草地の共有ないし開放のシステムとの関係における考察[36]』の中で、シーボームは、歴史に現れたイギリスの村落共同体の理念型を描いた。彼は現実に目の当たりにすることのできた町、ヒッチン〔イングランド東部のハートフォードシャー州に所在〕の耕地から出発して、システムのローマ起源にまで遡ったのだ。私見では、シーボームこそ――メイトランドではなく――イギリス中世史研究の真の天才である。マルク・ブロックの実践よりも五〇年も早く展開されただけに、彼の「遡及的」で比較研究的なアプローチには瞠目させられる。彼がイギリス・システムと諸部族のシステム――アイルランド人の、ウェールズ人の、ゲルマン人のシステム――の間に提示する対立は、月並みな民族カテゴリーを超えている。実際、シーボームがイギリスとの間に用語および概念の親縁性があると見抜くのは、大陸のゲルマン系諸民族のうちでも、ローマ帝国内部でローマの刻印を受けた民族だけなのだ。注目すべきことに、「ドイツ寄り」の歴史学者たちが犯す子供じみたエラーの一つは、ほとんど常に、ローマが村や町の構造化においても、言語の文字化においてもドイツ文明の形成にもたらしたものを、その貢献を忘れることなのである。

いずれにせよ、われわれが歴史の最も深い部分に降りていって、ノルマン人の影響を受けたイギリスの荘園に見出すのはローマの痕跡だ。荘園がすなわち国家であるのは、それがローマに由来するからである。ローマこそがヨーロッパの北西部一帯に、諸々の地中海文明と、さらにその向こうの中東文明が獲得したもののすべて、つまり、文字、都市、国家、そしてここでより特定して言うならば、農業を組織的に営む集団のあり方をもたらしたのである。たしかに、イギリスの荘園、すなわち「マナー」はもはやローマのヴィッラではない。その中心的農場はもはや全耕地を占めておらず、耕作に従事するのももはや奴隷ではない。しかし、イギリスの中世の農村は組織されていたし、政治的性格も有していたわけで、個人的でもあり集団的でもあるその生産様式は、漠然とした諸部族の過去に由来するものではまったくなく、まさにローマとその秩序の原則を喚起する。それに対して、部族的なものは、ローマの政治的・行政的・文化的影響の外にしか存在しない。

未分化核家族から絶対核家族へ

われわれの手元にいくつかの要素が欠けているので、イギリスの農村の地域ごとの多様な姿を明確に描くことはできないが、しかしそれでも、荘園の、したがって一三世紀の地域共同体の理念型を確定することとは可能なわけである。だからといって、中世の家族のありようが依然として、その主要部分において解明できない状態にとどまっている事実に変わりはない。

もっとも、ジョージ・ホーマンズ〔米国の社会学者、一九一〇〜一九八九〕は、遺産相続の規則が長子相続か、末子相続か、財の分割を可能としているか否かに注目し、それぞれの規則の地理的分布を根拠として、中世におけるイギリス家族を再構成しようと試みた。しかし、ホーマンズが信じているらしいこと[37]に反して、どんな住民リストを参照しても、一三世紀に長子相続が核家族より拡大された家族形態を前提としていたことは確認できない。一般的に長子相続の規則の定着に続いて世帯が漸進的に稠密化することを考慮すれば、イギリス家族が後世において核家族であった事実が示唆するのは、むしろ逆に、成人の二世代が同居するのが標準的であるような状態は一三世紀には存在していなかったということである。やはり、核家族タイプに分類できる家族型が一般的だったのにちがいない。しかし、中世のこの核家族型を「絶対」と形容して描写ないし想像するのは、果たして妥当であろうか。それとも、それは依然として「未分化」型だったのだろうか。**表9-1**は、左側に未分化核家族の理念型の特徴を、右側に一七世紀後半にイギリスで観察された絶対核家族の特徴を配し、中央には、一三世紀のイギリス家族システムについて、既知のことと未知のことを表示している。

・中世中期に関して、確実に分かっていることは二つだけだ。いずれもカトリシズムの禁止事項であって、一つは一夫多妻に関すること、もう一つは親族同士の結婚に関することである。一三世紀の核家族は、原初の核家族の「穏健な」単婚制と「穏健な」外婚制からすでに離脱していた。

・婚姻カップルの居住に関する規則〔どこに住むか、誰と住むか等〕がその両親との関係で厳格でなかった、つまり柔軟であった、とは断定できない。しかし、柔軟であったというのが真実らしいと考えられる。なぜなら、一七世紀まで時代を下ってもそれはなお柔軟であったのだから。

・判定の不確実性がさらに一層大きくなるのが、相続の方式に関してである。これは古代の理念型にお

表9-1　13世紀の英国ではどんな核家族が一般的であったか？

特徴	未分化核家族の理念型	13世紀英国における核家族	17世紀英国における絶対核家族
双系親族関係	活性	?	非活性化
婚姻カップルの居住	柔軟	（柔軟）	柔軟
核家族性	穏健	?	厳格
単婚	穏健	厳格	厳格
相続	柔軟	?	柔軟
外婚	穏健	厳格	厳格

いても、またイギリスの場合は近代の家族型においても、厳格ではなく柔軟である。G・ホーマンズの論文はたしかに長子相続の諸規則の影響を過大視している。なにしろ、すでに指摘したように、一七世紀に到っても、その影響は全体として柔軟なシステムの中で富農層にしか及んでいなかったのだから。とはいえ、彼の説を考慮すれば、当該の欄を空白にしておかざるを得ない。

・一三世紀に、核家族性が依然として一時的同居を許容していたかどうかについては、何も判明していない。

・一三世紀に、双系的親族関係が依然として、未分化核家族の理念型におけるように活性状態にあったか、それともすでに非活性化されていたかという点は不明だ。確かなことは、一七世紀にはそれが非活性化され、最貧困層の老人に対する給付金制度などによって、人生サイクルを部分的に支えるようになった地域共同体に取って代わられていたということである。一三世紀には、プロテスタンティズムのもたらす深い変容が親族網を解体する、といったことは起こらなかった。

今われわれの手元に、じつに見事であるけれども、このジャンルのものとしては唯一の研究論文がある。一二六〇年から一三二〇年までの期間について、サフォーク〔イングランド南東部に位置する行政州〕のある荘園における兄弟関係の機能を調べたリチャード・スミスの論文だ[38]。兄弟同士の相互作用はその荘園では明白で、父子の間のそれにもまして重要な役割を果たしていた。スミスは親族関係における側面性〔親子の垂直的関係に対する兄弟姉妹の関係〕の優位を強調している。側面性の優位は未分化核家族システムの中心的要素なので、この唯一の研究論文に信を置いて、一三世紀にレッドグレイヴ〔前記のサフォーク州に所在する村〕の荘園では絶対核家族化のプロセスは進行していなかったと断定してよさそうだ。もっとも、その荘園は当時、残された記録文書の質の高さが証拠立てるとおり、強力な集団的統御・管理機能を提供していた。ともあれそこでは、イースト・アングリア〔イングランド東部の地方名で、「東のアングル人の土地」の意〕のサフォーク州に所在した荘園の大半においてと同様、遺産を分割していたのであり、これは古代的特徴である。すぐ北のノーフォーク州〔サフォーク州と合わせてイースト・アングリアの大部分を成す〕と、テムズ川の南のケント州でだけ、つまりイングランドの東端の地域でだけ、さらなる遺産分割がおこなわれていた。翻って西の方では、ウェールズでガヴェルカインド（Gavelkind）〔遺産の土地を息子たちが均等に相続する慣習〕による土地分割が全面的に実施されていた。改めてレッドグレイヴに目を向けると、元荘園のその村は、一三世紀の村落共同体の理念型が分布していたイングランドの中央ゾーンの東の周縁部に位置している。したがって、レッドグレイヴが当時の代表的荘園だったことを示すものは何もない。むしろその逆のほうが真実だったように思われる。実際、例のドゥームズデイ・ブックが、二世紀前の一〇八六年に、レッドグレイヴの所在するサフォーク州がすこぶる型破りな土地柄であったことを教えてくれる。人口構成が、自由民＝三五％（イギリスの平均は四％）、ソークマン＝五％（平均は八％）、奴隷＝四％（平均は九％）、農奴＝一四％（平均は三八％）、小作地農および小屋住み農＝三〇％（平均は三二％）だったのだ[39]。つまり、そこはイースト・アングリア、その地名が示すとおり、かつて大陸から侵入してきたアングル人の到着地だったのである。

レッドグレイヴ荘園でとても活性的だった側面的親族性によって証明され得るのは、このアングル人到着地には「ゲルマニスト」派のモデルが当てはまるということだ。ただし、その結果は、このモデルを支持する人びとにとって思いがけないものとなる。大挙して入植してきたゲルマン民族の侵入者たちは、既存の荘園と農奴に対する支配権を握るよりも、むしろ元からの住民たちに取って代わったのだろう。自由民の比率が高いのはその結果だと考えられる。しかし、そうだとすれば、「ゲルマン的なもの」として残るのは、皮肉にも、親密な兄弟関係など、活性状態にある親族関係という月並みなもの、つまり、アングロサクソンの王族の系譜がすでに浮かび上がらせていて、問題のゲルマン人を古代のケルト人やスラブ人に、また一九世紀初めのアイルランド人やポーランド人に近づけるものでしかない、ということになる。

一三世紀に、イギリスの中央エリアには開放耕地が拡がり、グループ化した村々が点在し、主に農奴たちが理論上は保有地を長子相続によって子孫に引き継がせながら暮らしていたはずだが、そのエリアについては何ひとつ述べることができない。イギリスのその中心部に一三世紀に存在していた家族構造を研究する者がいつの日か充分に再構成するに到れるかどうか、その可能性を私は疑う。この段階で、われわれは相変わらずジレンマに直面している。すなわち、一方では、荘園というローカルな集団の力を思えば、中世中期という非常に古い時代における家族の絶対核家族化もあり得たと考えられる。しかしながら他方で、法律、経済、宗教、人口、教育、司法など、家族生活に密接につながる諸領域できわめて重大な社会的変容が一五五〇年から一六五〇年までの間にあれほど多く起こったことを考慮するとき、「真実らしさ」の原則によってわれわれは、絶対核家族の出現を一三世紀より後の時代に位置づけるよう促される。このようなプロセスにおいて、やはり一五五〇年〜一六五〇年の一〇〇年間が決定的であったように思われる。

一五五〇年～一六五〇年の間の変容

ここで改めて、イギリス史の中で家族の推移を条件づけたかもしれない一連の要素の継起を単純化し、一つのシークエンスとして捉えてみよう。農奴制の弱体化は一二世紀に始まった。しかし、一時的な再生が一三世紀に起こり、農奴制が解消されたのは一三四八年の黒死病（ペスト）大流行の後だった。この黒死病大流行は、人口の四〇％～四五％を死にいたらしめたのだが、結果として賃金を上昇させ、また、相当数の農場の完全な私有化が初めて実現することにつながった。いわゆる「囲い込み」（enclosure）のこの早い段階で、農耕地が牧草地に転換された。[40] 農奴制と、それにともなっていた諸権利の消滅から想起されるのは、村との関係における個人の移動性増大の可能性であり、さらには、もしかすると、個人がそれぞれの親族から距離をとる可能性であろう。

ところで、一五五〇年～一六五〇年の一〇〇年間は、ヨーロッパ全域と同様にイギリスでもメンタリティ大変容の時期だった。まさにその時期にすべてが動いたのだ。ヘンリー八世の下で、イギリスは一五三二年から一五三六年にかけてローマ＝カトリック教会から離反した。プロテスタント宗教改革が人びとの精神を変えるなどして本格的にその効果を発揮するのは、エリザベス一世の治世以降であり、その治世が始まったのは一五五八年だ。美術史、文学史、科学史は、エリザベス時代をイギリスの文化的離陸の時期と見なしている。

とはいえ、ヘンリー八世の治下ですでに遺言の自由は公式に認められていた。一五四〇年には、「軍事的」義務遂行の見返りとして得る土地（封地）の三分の二と、その他の土地の全部を自由処分することが可能になった。革命下で軍事的保有地の考え方がまったくの時代錯誤となり、「長期議会」〔チャールズ一世が一六四〇年に召集し、ピューリタン革命の舞台ともなり、一六五三年の解散まで続いた〕は一六四五年に、私有財産の処分に関する完全な自由を確立した。もっとも、貴族階級は、個人の自由の例外となる長子相続を二世代にまたがって維持できる限嗣《げんし》（entails）〔親族内で相続の順序を定めること〕という手続きによって、「イギリス的自由」から子息を保護することとなった。

同時的で混乱した多くの変化を眺めるとき、絶対核家族は一五五〇年から一六五〇年までの間に姿を現したのだろうという印象が拭いがたい。われわれはここで、数量歴史学のいちじるしい進歩の恩恵に与ることができる。トニー・リグリーとロジャー・スコフィールドは、先述のように、一五五五年頃に生まれた世代と一六〇五年頃に生まれた世代の間で結婚年齢が上がったことと、結婚しない個人の比率が八％から二四％に上がったことを示してくれた[41]。その現象は、イギリスから見ると、本書の第6章で言及した結婚モデル、ジョン・ヘイナルが捉えた西ヨーロッパ流結婚モデルの出現であった。

そうだとすれば、それによって家族が変形されない筈はない。若者の結婚が遅くなるのはさまざまな事情の結果だが、とりわけ、彼らが一〇代のうちから実家を離れ、自分の親の農場とは別の農場へ働きに行くことが背景にある。生涯独身者の増加はといえば、大勢の個人を人口再生産のサイクルの外に位置づけることにほかならない。

社会の深い層の動向を示す他の指標も、一五五〇年〜一六五〇年のイギリスにおけるメンタリティの激変を物語っており、それらの指標の揺れが家族生活と何の関係もないとは考えにくい。

たとえばデイヴィッド・クレシー〔米国の歴史学者、一九四六年生まれ〕は、一五三〇年〜一五五〇年頃から一六〇〇年までに、識字化が、農村部の下層民の大部分には未だ及んでいなかったものの、貴族、富農、商人、職人の間では大きく進展し始めていたことを確認させてくれる[42]。もちろんそれは、全員が聖書を自分で読むよう要請するプロテスタント宗教改革の影響であった。その時期、農村部のエリートたちは俄然熱心に、無教養な住民の風紀を正そうとした。道徳主義と杓子定規な厳格主義が当時の社会的・政治的生活に色濃く反映され、それが西洋に「ピューリタン」という言葉を残すことになった。

ローレンス・ストーンは、一三〇〇年から一八〇〇年に及ぶ期間の個人間暴力をテーマとする論文の中で、一六世紀末に関して、テッド・ロバート・ガー〔米国の政治学者、一九三六〜二〇一七〕によって突きとめられた「殺人の減少」という当時の一般的な動きの内部で、一種精神的な熱病のようなものが急速かつ広範に昂じていたことに言及した。すなわち、社会的な絆の断絶や個々人の孤立と怒りを含むもの、エミール・デュルケームなら「個人主義」という言葉で特徴づけたであろうものが顕在化していたという指摘だった。[43] キース・ライトソンとデイヴィッド・ルヴィンが、裁判所での個人間の争いの増加をとおしてここでは「何か」が起こっていると感じたエセックス州の村、ターリングの例から出発して、ストーンは次のように一般化する。

《その「何か」はただ一つの村の事象ではなく、ホームサーキット[44]のすべての州のデータが示すように、社会全体に関与していた。一六世紀末から一七世紀初めのイギリスに関して、社会の瓦解とアノミー状態を示す指標としては、これ以外にも、非嫡出子の比率の高さ、村人の間での魔女狩りの頻度の高さ、近隣同士で性的逸脱を告発する頻度の啞然とするほどの高さ、近隣同士（主に女性）でのあらゆる種類の名誉毀損に関する訴追頻度の高さがあった。これらのすべてが、一五六〇年から一六二〇年にかけて、社会的アノミーを示すさまざまな指標が急上昇したことを示し、共同体の中で紛争を当事者同士の合意で解決する方法が崩壊していたことを示唆している[45]》

個人主義における内面化

ユーラシア大陸の最西端で海に面している西洋に限った歴史描写なら、イギリスにおける一五五〇年〜一六五〇年のこの局面を「個人主義の擡頭」の局面として特徴づけてよいだろう。限定されたローカルな意味では、この表現は何ら問題なく受け容れることができる。たしかに柔軟ではあったが拡がりを持っていた親族網が解体され、その代替となったのは国家であった。その国家は、ローカルなレベルでは、孤児たちや老人たちの面倒を見ることのできる農民集団によって体現されていた。このようであったから、実際、未分化性から絶対的な核家族性への移行は、ある意味で、「個人主義の擡頭」というように解釈できるだろう。

しかし、この表現は、別の地域に適用するや否や、到底すんなりと受け容れられるものではなくなってしまう。ここでいう別の地域とは、同じ時代に、イギリスとは歴史的傾向が正反対で、家族システムの稠密性が増す方向に、いいかえれば、個人の周りに近親者の拘束が凝縮していく方向にあったような国や地域である。たとえば、〔イギリスから見て〕ライン川の向こう側や、フランスの中央山岳地帯やアルプス山脈などを越えたその先では、件の表現は無効になってしまう。つまり、同じ時期をとおして、ドイツや南仏オック語地域のように直系型であれ、中部イタリアのように共同体型であれ、本質的に反個人主義的で稠密性の高い家族構造が擡頭していた国や地域では、「個人主義の擡頭」という表現は場違いでしかないわけだ。

「個人主義」(individualisme)という言葉は家族システムを形容する際に用いるものとし、一五五〇年から一六五〇年までの一〇〇年間に進行した人格のあり方の変容プロセスを記述するには「個人化」(individuation）という言葉を用いよう。この区別が格別重要なのは、具体的な歴史をとおして個人化のプロセスの進行と家族内における個人主義の失墜が同時に見えてくるような諸地域、宗教改革以降のドイツのような諸地域を問題にするときである。「内的に自由な人間」と「外的に隷属する人間」という古典的なドイツ風の対立、そして、より一般的にいえば「自由／隷属」というルター的レトリックの二元性は、個人主義の後退の中での個人化というこの複合的な動きをかなりよく物語っている。

「個人主義」という言葉を用いるときに概念面で慎重であることは、イギリスのケースを扱う場合にも必要だ。核家族はイギリスでは純化するので、たしかに、家族内における個人主義の擡頭を指摘できる。プロテスタント宗教改革はイギリスでもまた、ドイツでと同じように、「個人化」という効果をもたらした。ところがイギリスでも、ドイツやスウェーデンでと同じくらい、プロテスタント的内面性は、個人の道徳と素行に対する共同体の監視や規制の強化をともなったのである。私が「メンタリティの大変容」に関する章の結論部で指摘したように、個人化のプロテスタント的「過剰」は、個人に対する地域共同体や国家の影響力の増大にその補償を見出す。

イギリスにおける家族内の自由と政治的支配

今やわれわれは、地理的かつ歴史的にイギリスをユーラシア大陸の発展の中に位置づけることができる。イギリスは紀元前四〇〇〇年頃、中東から農業を学んだ。まずローマ帝国に征服され、次にノルマン人に侵入された結果、イギリスには多くの基礎的村落共同体が形成され、それらは国家に類似する性格を有した。

かなり時代を下ってから、イギリスでは、ケルト人、ゲルマン人などの「野蛮人」の未分化核家族が絶対核家族に変形した。双系親族システムが非活性化し、兄弟姉妹の連帯がローカル集団の機能の根幹を担う部分ではなくなった。そのことにより、世帯の核家族的性格が徹底したものになった。ついに、イギリスの絶対核家族の純化された型が姿を現したのだった。それは、異なる世代間の同居を嫌う家族システムであった。

しかし、未分化核家族の基本的価値のいくつかは絶対核家族型においても依然として鮮明だ。遺言の運用は原初的未分化性のいわば明文化バージョンである。絶対核家族は平等主義ではなく、あからさまに不平等主義でもない。もっともイギリスでは、フランス系ノルマン人の貴族階級によってもたらされた、貴族における長子相続という概念が重要性を帯びたので、そのことは指摘しておかなければならない。たしかにイギリスでは、長子相続の理想は直系家族の発生には結びつかなかった。しかし、絶対核家族の多くの特徴を、われわれは長子相続制の影響として――それが受け容れられたのであれ、逆に拒否のリアクションを生じさせたのであれ――解釈できる。

影響が受け容れられた結果のアクションとして、次のようなことがある。直系家族の垂直性の原則は父親と息子の絆を強調し、兄弟を分離させるので、当然、未分化核家族の時代に協力し合っていた複数の家族間の側面的連帯を消滅させるのに一役買ったにちがいない。

では、拒否はどんなリアクションとなって現れるか。直系家族には、父親とすでに成人した息子の同居という拘束を徐々に確立していく傾向がある。まさにその同居の回避こそイギリス家族の中心的特徴なので、われわれはそこに、ジョルジュ・ドゥヴルーが提示した「異文化への統合失調症的な否定的適応」の例、つまり提案されるか押しつけられるかした規範を逆転させる例を見ることができる。

絶対核家族の歴史的出現がとりわけ明らかにするのは、この家族システムが周囲に何もない「真空」のような環境ではいかに機能しないかということだ。絶対核家族は、孤児たちや老人たちの扶養費を税によって賄い得るほどに強固な村落共同体と共に、ひとつの機能的全体を成す。イギリスは、絶対核家族と同時に福祉国家を発明したといえよう。個人を地域共同体に組み込む力の強さも、イギリスという人類学的母体を成す要素の一つである。しかもそこには、その共同体が、男であれ女であれ個人がある共同体から別の共同体へと移ってしまうような、極度に高い移動性を許容するというパラドクスまで付帯している。

個人主義的な家族型はイギリスで、ある上位の権威の存在なしにはけっして機能しなかっただろう。その権威は、「ノルマン人の権力」、「貴族階級」、「ジェントリー」（gentry）〔貴族のすぐ下の階層で、地方の名士であることが多かった〕、あるいは「農民の寡頭支配層」として捉えることができる。イギリスの「個人主義」はこのように、ひとつの「支配」の文脈の中で姿を現す。社会的垂直性の中に捕らえられているのである。では次に、それが大西洋の彼方でどうなったかを見てみよう。アメリカ独立革命はその垂直の次元を意識的に拒否し、支配原則の撲滅を試みたのであるから。

第10章　ホモ・アメリカヌス

一七世紀ないし一八世紀の米国の家族は核家族に分類できるが、しかし、絶対核家族かどうかということになると、前章で同じ時代のイギリスの家族に適用した「絶対」という形容の適合する程度が、米国の核家族の場合には低くなる。北米植民地の礎を築いたのはたしかにイギリス人で、彼らは、イギリス流の価値観と社会編成についての観念を抱いて新大陸に上陸したのだった。それだけではない。デイヴィッド・ハケット・フィッシャー〔米国の歴史学者、一九三五年生まれ〕は、さまざまな入植地のあいだの諸々の差異の内に、それぞれの土地に最初に到着した移民たちの出身地の地域文化の痕跡が、たとえばマサチューセッツ州にはイースト・アングリアの、ヴァージニア州にはイングランド南部の、ペンシルヴァニア州にはイングランド中北部の、そして「辺境」(Back country) にはグレート・ブリテン島北部の痕跡が見出せるということまで指摘している。家族組織に見られるさまざまなニュアンスを粗描する際に、彼がやや無理に特色を際立たせようとしたとはいえ、それなりに重要な指摘であろう(1)。しかしながら、それでも入植地では、社会組織のあり方がまさに変化したし、平行して家族もまた変化した。

南部では、奴隷制が社会に偏りを与えた。北部では、広大な土地のおかげで人口の大半が独立農民となり、家族経営の農場が支配的となった。南部の大農場主たちの世界を別にすれば、農場主たちの間の富の差は、ゼロではなかったものの、同じ時代のイギリスの田園地帯に観察できたものと比べれば、とるに足らないレベルだった。しかし、植民地時代の米国は、入植地のどこにおいても、個人の自由という理想に当初から合致していたわけではない。いたるところで、「年季奉公人」(indentured servants) の男女が、大西洋横断のために借りた費用を返済すべく、何年にもわたって契約による隷属状態に置かれていた。

一七世紀のピューリタン入植者たちの歴史から、ローカルな集団を営むイギリス的感覚が大西洋の東側から西側へ移送されたことが分かる。とはいえ、アメリカでは、急進的なプロテスタンティズムの場合には意志的なものである宗教的帰属の感情が、中世イギリスの荘園から引き継がれていた垂直的統合の感覚に取って代わる。イギリスには、地域全体を支配するジェントリー（郷紳）の権威を村レベルで肩代わりする寡頭支配層の富農たちによって掌握される、階層的な地域共同体がたくさん存在していたわけだが、そのモデルはニューイングランドには当てはまらない。ケネス・ロックリッジ〔米国の歴史学者〕が示唆したように、米国には当初から寡頭支配は存在していたが、それは、予定説と恩寵に関するカルヴァン主義の教えに適合するかたちで、格別に徳のある人士として選良に属しているということを権威の裏付けとする「道徳的な」寡頭支配であった。(2) 人間の平等などはほんのわずかも信じないまま（なにしろ、ある者は選ばれており、別の者は地獄落ちと決まっているのだから……）、ニューイングランドに形成された最初の村落共同体の住民たちは大勢で一体となって決定プロセスに参加した。最初のアメリカ人たちの集団感情は、イギリスの農民のそれと比べて、強固さは同等だったけれども、性質を異にし、垂直的であるよりも水平的であった。

実質的に拡大された家族がふたたび重きをなすようになった。実際、当時の米国の経済的・社会的生活に、純粋な核家族性は馴染まなかった。もはや、イギリスのように大規模な農園が多く存在し、住み込みで働く農夫がその間を往き来するシステムが存在し、若者たちが年若くして親元から離れる、といった現象は見られない。富農たちの間の長子相続制は廃れ、ある種の「優先的可分性」(preferential partibility)がそれに取って代わった。一方で、遺言のすこぶる自由な活用はまぎれもなくイギリスからの継承であった。親の世代は、自らの農場が一定の規模を保って持続していけるように配慮しつつ、財産を複数の子供に分配しようと努めた。このシステムはたしかに平等主義的ではなかったが、子孫の大半が元の土地を離れずに生き延びていくことを可能にしていた。

というのも、逆説的に感じられるだろうけれども、新大陸の人びとは当初、旧大陸の人びとほど移動性を持っていなかったのだ。(3) たしかに、子供たちのうちには、他の土地を少し開墾しに行く者もいた。しかし、大体において、一七世紀には、地域共同体はそれぞれ、敵対的な世界のただ中で生き延びる孤島のような具合だった。その目指すところは征服ではなく、自己保全であった。したがって、一八世紀の中葉になると、そこかしこに人口過密の孤立地帯が現れてきて、その結果、農村人口密度が高くなり、社会経済的な極の形成が進んだ。

植民地時代のアメリカでは、フィリップ・J・グリーブン〔米国のアメリカ史学者、一九三五年生まれ〕が指摘したように、核家族が、イギリスにおけるよりも同居人数が増える拡張性をともなっていた。おそらくは、大農場の存在によってイギリスと同じ核家族化効果が生じていた奴隷制の南部だけがその例外だったのだ。(4) この結論に行き着くために、グリーブンは、マサチューセッツ州アンドーバー〔エセックス郡の西端に位置する町〕のコミュニティを対象とした見事な研究論文において、調査記録に残っている家族――核家族――の数と家屋の数を比較した。すると、家屋の数が足りなかった。複数の家族が同居する家屋があったのに違いなかった。グリーブンは、一七世紀の「家父長制的」家族のモデルを描いた。このモデルにしたがえば、父親たちは息子たちに対して長いあいだ支配権を行使できた。息子たちのほうには、母親が寡婦となったときに、母親を自分の家に引き取る義務があった。家族の周りに、親族網が再形成される傾向にあった。父親の世帯、息子の世帯、そしてその兄弟の世帯が近接していたからだ。平均結婚年齢はヨーロッパにおけると同様に高く、同時期のイギリスのそれが二六歳〜二八歳だったのに対し、アメリカの二世代目の男子の平均は二六・七歳であった。この現象を、グリーブンはいみじくも、息子の結婚を父親がコントロールしていたしるしとして解釈している。(5)

遺産相続は、平等主義的ではなかったものの、トービー・ディッツ〔米国の歴史家、一九五一年生まれ〕が指摘したように、取り分の少ない兄弟姉妹に対する補償を想定していた。娘たちは大概、土地の相続から除外されていた。ディッツは、コネチカット州の共同体における相続のやり方を「外戚的拡張」として特徴づけた（extended cognate inheritance practices）[6]。そこに改めて現れてきていたのは、複数の兄弟が、たいていは一時的にではあったが、農地を共有するケースである。こうした「側面化」が示すのは、親族の領域においても、コミュニティの機能においても、ある種の水平性がふたたび表面に姿を現したということである。

メアリー・P・ライアン〔米国の歴史学者〕がもう少しあとの時期について、そしてもう少し西の方の、ニューヨーク州のオンタリオ湖およびエリー湖に近い地域に関して提示したモデルをとおして、アメリカへの最初の入植者たちの家族の様態を細部にわたって確認することができる。彼らの家族は当初、異なる世代の間の、また兄弟姉妹の間の結びつきを維持し、男女の分業も実践していたようだ[7]。

したがってアメリカの家族は、その出発点においては、イギリスの絶対核家族の特徴が強化されたバージョンではなく、むしろ逆に、その特徴がいちじるしく弱められたバージョンだったといえる。つまり、あらゆる領域で未分化核家族へと後戻りしていたわけで、そのことが、同居集団の拡張、遺産が分割される頻度の増大、兄弟姉妹間の相互関与の復活などに表れていた。実に、あの植民地時代のアメリカの家族のあり方は、親族関係の非活性化が最大になっている今日の米国家族の標準からは大きくかけ離れていたのだ。

女性たちのステータスもまた、現在の米国社会からは大きくかけ離れていた。たしかに、かのアレクシ・ド・トクヴィルを含むすべての観察者がこぞって、米国建国期におけるアメリカ人女性たちのステータスの高さに注目した。ピューリタン農民の妻たちは、当初から、宗教的・社会的生活において尊重されていたし、能動的でもあった。しかし彼女たちは、土地と家屋の相続からは排除されていた。そしてそのことは、当該女性の家族がプロテスタンティズムのどの宗派に属しているかとは関係がなかった。たとえば会衆派でも、クェーカー教徒でも、この点では変わりがなかった[8]。

経済的・社会的生活の性別分業は、アメリカ植民地化初期のプロテスタントにおいて、太古の狩猟採集民においてそうだったのと同様、融通の効かない規則であった。創設期の米国において財産の分配が女性に不利だったことは、父系制への革新が始まった結果としてではなく、ホモ・サピエンスの労働にもともと存在していた男女分業に由来するものとして解釈されなければならないように思われる。T・ディッツが指摘したように、当時の男性優遇が系族の確定を目的としていなかった以上、それを父系制の端緒と解釈するわけにはいかないのである[9]。

ただし、相続の面で、アメリカ女性の当初のステータスは、同時代のフランス・パリ盆地の農民女性のそれに比べるとずっと低かった。なにしろ、パリを中心とする広い地域一帯の女性たちは当時、彼女たちの兄弟と同等に相続していたのだから。しかしながらこれは、フランスのシステムのほうが自然でなく、独特だったのだ。そのシステムは、ユスティニアヌス法典に明文化された後期ローマ帝国の男女平等主義から、ひとつの長い歴史過程をとおして派生したものだったのである。

ニューイングランドを築いた植民者たちは、彼らにとって文字どおり聖なる書だった旧約聖書を携えて大西洋を渡った。彼らは、ヨーロッパのカルヴァン主義者たち以上に、ユダヤの民に自らを投影することができた。まさに「約束の地」に定着しつつあり、その「約束の地」を現地の異教徒たちから、つまりインディアンたちから奪い取らなければならないのだった。彼らはすべての行動において、古代のイスラエルの民の歴史を再現すべく努めた。植民地時代を対象とする固有名詞研究がリストアップする名前といえば、ベニヤミン、ヤコブ、ソロモン、エズラ、サラ、ラケル、エステル、レベッカ〔いずれも旧約聖書由来の名前〕だ。米国聖公会の信者たちは、ニューイングランドおよびペンシルヴァニア州より南の地域に暮らしていたわけだが、彼らもまたプロテスタントで、英国国教会の伝統につながり、彼らなりの仕方で旧約聖書の読者であった。

旧約聖書が語る家族史は、本書ですでに見たとおり、空想の所産である。それでも、イギリスの絶対核家族が大西洋横断の過程で被った変形が旧約聖書に何かを負っているのではないかとは、やはり問うてみるべきだ。旧約聖書は、第4章で述べたとおり、未分化核家族にとどまった家族文化の、現実には適用されなかった夢にほかならない。そこには、父系長子相続がほとんど強迫観念のように現れているが、それがつねに次男以下の息子たちや母親たちに妨害されている。その旧約聖書が、植民地時代のアメリカに適用されると、もはやさほど「絶対」的ではなくなった核家族の規範にしたがって機能する社会の中で、父系長子相続の夢を紡いでいくことができた。植民地時代のアメリカにおける旧約聖書と不完全な核家族の共存は、逆説的なことに、私が提示した古代イスラエル像、すなわち、「未分化核家族」と「直系家族型の旧約聖書」の組み合わさった古代イスラエルというイメージが、どれほどまで現実にも可能であったかを教えてくれる。

そして実際、当時のアメリカでイギリス型の絶対核家族が未分化性へといささか後戻りした事実に関して、旧約聖書の一時的影響を除外することはできない。P・J・グリーブンとT・ディッツの研究によって指摘された親族網の一時的な再活性化は、旧約聖書に見出される家族関係のビジョンと矛盾しないどころか、高度に相容れる。しかしながら、野生の世界に理想の共同体を創設したピューリタン的ユートピアもやがて衰弱し、未分化性をもたらす要因の除去と、イギリス型の絶対核家族モデルへの回帰を招来せずにはいなかった。われわれは、そのプロセスを年代的に特定することができる。

純粋な核家族性への回帰

マサチューセッツ州の町、アンドーバーについてのP・J・グリーブンの研究のおかげで、アメリカにおける純粋な核家族モデルの擡頭は入植の第三世代におずおずと起こり、第四世代で明白になったと推定できる。つまり、そのプロセスが進行したのは、一七二〇年から一七七〇年までの間だということになる。この時期、男性の平均結婚年齢が、父親の世代では二七・一歳だったのに、二五・三歳に低下した。[10] また、地理的移動性が増大した（一七世紀イギリスのクレイワースやクックナウの教区に見られた移動性のレベルには達しなかったけれども）。[11] グリーブンは、この当時の核家族のニューイングランド全域への分散を確認している。[12]

より西方のオナイダ郡〔ニューヨーク州の中部〕はメアリー・ライアンが研究対象とした地域だが、そこでの家族形態の移行はより遅い時期に起こった。実のところ、一七九〇年頃もなおひとつのフロンティアにとどまっていたその地域では、いったん家族関係が強化され、そのあとで純粋な核家族性に回帰するという一連の現象の全体が、時期的に後ろにずれたのだ。当該地域では一八〇〇年から一八六五年までの間にようやく、遺産相続の前での娘たちと息子たちの平等化が進んだ。[13] 一八五〇年から一八六五年にかけては、複数の家族間の経済的パートナーシップの頻度が急落したのだった。[14]

「フロンティア」の西方への移動は一九世紀に加速し、これにつれて、同一の人類学的サイクルが絶え間なく生まれる波のように繰り返されていった。まず家族の複合化が起こるが、その後きまって、共同体の安定化を経て漸進的に核家族モデルがふたたび確立していったのだ。こうした現象の満ち引きの経済的・社会的文脈を成していたのは、企業のほとんどが個人的な小企業という状況だった。米国の産業革命はイギリスのそれよりもずっと遅かったのである。W・W・ロストウは米国の経済的離陸を一八四〇年としている。[15] 一九世紀の初めには未だ、米国人勤労者の五人中四人が個人事業主のように働いていて、いわゆる勤め人ではなかった。一八七〇年頃には、その割合が三人中一人となっていた。[16] その後、産業社会が生まれ、給与所得生活をする大衆が出現するとともに、イギリス型の核家族モデルへの回帰が確定的になっていった。

理念型としての絶対核家族――一九五〇年～一九七〇年

実際、二〇世紀を俟って初めて、米国の家族はイギリスのそれを想起させるほど完全な核家族性に回帰した。スティーブン・ラグルスによれば、米国では、夫婦だけでなく親も同居している世帯の割合が一九〇〇年には一六％あったのだが、それが一九六三年には一二％に、一九七三年には五％に低下した。[17] これらの数値には、完全な核家族性への前進の足音が反響している。給与生活がすっかり一般化すると、その影響で二次的家族関係――成人した兄弟姉妹やイトコ同士の関係――の絆が解きほどかれ、かつて一七世紀のイギリスの村落共同体に存在したような、絶対核家族の開花にとって理想的な環境が再構成された、と言ってよさそうだ。二〇世紀の資本主義企業が近世イギリスの大農園に代わって給与の供給者となった。しかし、地域共同体がもたらしたのは、昔のイギリスのような救貧の施しであるよりも、むしろ学校だった。しかし、ルーズベルト大統領のニューディール政策によって設置された社会保障が高齢者のための年金の保証となったことも事実だ。一九五〇年～一九七〇年の米国では、国家が、かつてテューダー朝およびスチュアート朝時代のイギリスでそうしていたように、絶対核家族の型の完成に貢献したのであった。

この時期、男女関係の様態は、原初のホモ・サピエンスが営んでいたタイプの、平等の中での分業という形に立ち帰りつつあったように見える。つまり、男が外で働き、その妻が、新しい家電設備に助けられながら家の中を管理するという形だ。この性別分業は、戦後のベビーブームを可能にし、合計特殊出生率を再上昇させた。女性一人当たりの子供の数が、一九五〇年には三・一人だったのが、一九六〇年には三・六五人になった。一九四〇年には、これが二・三〇人にまで落ちていたのである。一年間に生まれた子供のうちの非摘出児の比率は一九五〇年に、歴史上稀に見る低率の四％にまで下降した。しかも、それは米国の人口全体を考慮するときの割合であって、米国社会の中心部分である白人層だけに限った場合、その比率は一・八％にまで低下したのであった。

一九五〇年〜一九七〇年の年月はまさに、米国における絶対核家族の絶頂期であった。親族網から分離された婚姻カップルがかつてなかったほど大勢を占めたのである。

われわれはのちほど、ルーズベルト的な福祉国家が新自由主義によって見直された結果、今日、家族間の相互扶助がふたたび擡頭し、家族形態の核家族性が弱まってきていることに注目するであろう。この今日的現象はイギリスにも見出すことができる。

ともあれ、事の全体を俯瞰するとき、数百年または数十年単位の揺れはあるにせよ、アメリカは歴史の長い持続の中で、核家族的個人主義への執着においてイギリスほどには教条的でない姿を呈している。

二〇〇〇年代の初めに、ある研究が、米国と英国に関して、人生の一時期を三世代同居の世帯で過ごした個人の比率を推定した。(18) 米国では、その比率がヒスパニック系人口では二一％、アジア系人口では三〇％だったが、白人に分類される人口に限れば一八％でしかなかった。しかしこの一八％という比率は、とるに足らない数値ではない。というのは、英国の「白人」では、わずか六%だったからである。最後に、これはのちほど改めて言及するポイントなのだが、ひとつの重要な差異を指摘しておこう。すなわち、米国では、黒人か白人かによって家族関連の行動が大きく異なるのだ。黒人人口においては、人生の一時期を三世代同居の世帯で過ごした者の比率が三四%に達していた。これは、白人に関して確認された頻度の二倍に近い数値だ。ただし、この差の大きさから、何らかの固有の「黒人文化」が存在するという仮説を引き出すことは控えよう。なぜなら、英国の黒人のうちではその比率は七%でしかなく、英国の白人の六%とほぼ同水準であることが確認できるからだ。米国の「黒人」家族は、まぎれもなく、ほかでもない米国の家族なのである。

核家族性の理想と宗教熱の高まり

宗教心のいささかの回復が、米国の核家族の純化にともなった。一九四〇年から一九六〇年までの間に、宗教実践が盛んになったことを示す記録がある。日曜礼拝に参列する率がその時期に三九%から四八%へ上昇したというのである。こうした統計値は、世論調査から引っ張って来られたものなので、やはり冷静に距離を置いて受け取る必要がある。それほどに、これらの数値は現実の実践率を過大評価しており、教会での出退時記帳に照らして点検された日曜礼拝参列率はこの半分くらいになる[19]。これらの数値に記録されているのは、宗教実践であると同時に、偽善の率でもあるのだ。とはいえ、一九四〇年〜一九六〇年に宗教熱が上昇傾向にあったという事実には異論の余地がない[20]。

国家による垂直的統合の弱い国である米国では、ある教会、もしくはある宗教の教団への帰属が、水平的な社会的統合の重要な要素となる。地域に密着した何らかの宗教グループに属していることが、個人や核家族の安全にとって不可欠の要素であり得るのだ。現代でも米国には、北西ヨーロッパより強い宗教色が残存しているが、あれはおそらく、新大陸の住民が形而上学的思弁に傾く特別な素質を持っているからではなく、米国における国家の統合力の相対的な弱さに起因している。米国人たちの現代的な神は穏やかで、およそ厳格ではないし、ほとんど抑圧的でもなく、もはや旧約聖書の神ではない。峻厳な超越性を背景にしているわけではなく、特に脅威を感じさせるような権威を帯びているようにも思われない。いずれにせよ、一九四〇年～一九六〇年における宗教実践率の高まりは、中産階級が都市近郊の空間で自由に自己実現していた時期に、地域共同体による社会統合が強力に働いていたしるしにほかならない。それゆえ、アメリカ風の神がなんだかやや軽いからといって、その存在を社会学的な次元で軽視するようなことは自戒しなければならない。というのも、否みがたい類似関係がここにもまた浮かび上がってきているからだ。今度は、第二次世界大戦後の米国の都市郊外と、一七世紀イギリスの強力な村落共同体の間の類似関係である。すでに述べたとおり、一七世紀イギリスの村落共同体もプロテスタンティズムによって構造化されていて、絶対核家族がよく機能するために必要な環境を成していた。

最後に次の点に注目しておきたい。二〇世紀のアメリカでも、一七世紀イギリスのクックナウ、クレイワースといった村でも、地域共同体の強力さによって人びとの地理的移動性が阻まれることはなかった。[21]それどころか、米国では、家族が核家族性を強めた時期こそ、人口の地理的移動性が増大した時期だった。過去五年間に元いた州から別の州に移った人びとの割合は、一九〇〇年には総人口の六％だったのが、一九五〇年には一三％に増えていた。[22]ただし、地理的移動性の高さだけでなく、近隣の人間関係における順応主義と、地域共同体による生活の監視もまた、当時の米国人たちの生活の特徴であった。

移民現象の限定された効果

一九世紀と二〇世紀初頭に米国に大量に移住した人びとや家族の価値観は、核家族的価値観ではなかった。すなわち、ドイツ人、スウェーデン人、西ノルウェーの人びとは直系家族風の価値観の持ち主だったし、アイルランド人とユダヤ人が持っていたのは、彼らの家族モデルであった未分化核家族の価値観であった。[23] 南イタリア出身の人びとは平等主義核家族の価値観を帯びていた。これらすべてのグループにおいて、移住にともなう試練の下、最初の時期に起こったのは家族的連帯の再確認・再強化であった。が、それから三、四世代下るうちに、どのグループでもそうした連帯が徐々に除去され、生活態度も米国の中心的な家族類型のそれに倣ったものとなっていった。しかも当時、その中心的な家族類型自体も、イギリス標準の絶対核家族モデルに改めて合致しつつあった。[24]

とはいえ、大量移住はイギリス型の家族モデルを変形した。子供たちに自律の権利以上のもの、現実に家族の中心であるような位置づけを与えたのだ。イギリスの人類学者ジェフリー・ゴーラー〔一九〇五～一九八五〕が一九四八年に、米国の国民性についてのユーモアに満ちた試論の中でこの現象を捉えた。[25] 彼によれば、同化プロセスのせいで、各家族の歴史の中のある時期に、子供が他のどんな米国人の子供(the all American child)と比べても遜色なく英語を使いこなす一方で、父親が英語を不完全にしか使えないために米国での生活にもたつき続けるという事態が発生する。すると、息子が家族内で文化的に頼りにされる存在となる。[26] ゴーラーは父親の力の沈下を指摘している。

しかし、彼はそこにとどまってはいなかった。父親の権威の失墜によって、母親の役割の増大と、母親であったり、姉であったり、小学校の女性教員であったりする女性一般の擡頭も説明できるであろう……。ゴーラーはこうして、アメリカに「マザーランド」(motherland)〔「母国」ならぬ「母親の国」〕を見た。[27]

このイギリス人によれば、禁酒法という啞然とせざるを得ない代物が社会に押しつけられたのも、過剰な権力を与えられた米国人女性のせいなのだった。しかし、当時、米国人女性の有する権限が行き過ぎていると見たのは彼だけではなかった。もっと重大な悪事を米国人女性のせいにした論者たちもいた。第二次世界大戦の直後、米国の精神医学界は、子供を統合失調症に導きかねないものとして母親の過剰なパワーに言及した[28]。なるほど幾人かの研究者が、計算で浮かび上がってくる相関関係を相対化すべく、統合失調症患者のうちに庶民階層に属する者の占める割合が大きいことへの注意を促している。しかし、そのような確認は、労働者階級に旧来から存在する母権性への偏りを考慮に入れれば、論点のあり方を大きく変えるものではない。

統合失調症を生じさせる母親というこのテーマが広く知られるようになった頃、著名な社会学者タルコット・パーソンズ〔一九〇二～一九七九〕が好んで語った家族類型の夫婦家族が、社会的実践の現実の中でちょうど最高潮に達しようとしていた。当時は、家庭内に母親が絶対的に君臨し、共同生活上の機能の性別の専門化と分業がこの上なく徹底していた。

まさにその時期に、米国で、何事につけ押しの強いユダヤ人の母親という、中央ヨーロッパの伝統の内にはまったく前例のないイメージが現れた[29]。これは、ユダヤ人の家族システムが米国に移ってきて被った変形を物語っている。しかし、実のところこの変形もまた、移民してきた人びとの他の家族型の場合と同様、その後消滅したのだ。なにしろ、三世代が入れ替わるうちに米国のユダヤ人家族は、比較的近かったり、遠かったりする親族の重視、すなわち未分化性の次元をともなわなくなったのである。

一九六五年以降は、大量移民の再開により、家族構造の一時的複合化という、お馴染みのメカニズムがふたたび活性化されている。なぜなら、アジア系やヒスパニックの移民が背負っている家族システムは非常に多様であるけれども、いずれも絶対核家族よりも稠密だからだ。彼らのケースについては、核家族化、子供中心への傾斜、女性のステータスの急上昇などを含む同化シークエンスの繰り返しを予測できる。ただし、二〇世紀の初め頃までの移民のケースに比べて、絶対核家族システムへの同化をスムーズにするための環境は劣っている。米国社会の中心を占める白人の世界でも、福祉国家の縮小と経済状況の厳しさのせいで家族間の相互扶助関係が一定程度強化されているほどであるから。

米国における外婚制

アメリカでは、限定的ながらも生じた家族の未分化性への回帰が、結婚モデルにも影響を与えた。一七世紀には、西ヨーロッパ全体が、生涯独身の個人の割合が大きくなったことにより、結婚に関するホモ・サピエンスの原初的な型から遠ざかっていた。アメリカは、そのようなマルサス的（人口制限論的）なモデルから解放された結果、結婚を当たり前のこととする自然なモデルにかなり迅速に立ち帰った。たとえば一八六〇年には、五〇歳で独身の女性の比率がイギリスで一二%に、フランスで一三%に達していたが、米国では六%に低下していた。

しかしながら、キリスト教的外婚性の規範は、アメリカでも一度として減じなかった。ピューリタンは、ヨーロッパのすべてのプロテスタントと同様、理論上は親族内結婚に関するカトリック的な禁止を弛め、旧約聖書的なイトコ婚許可に立ち帰っていた。しかし、彼らは特に積極的な熱意をもってそうしたのではなかった。イトコ婚の頻度が最も高かったのは、南北戦争の前夜、米国聖公会（すなわち、アメリカの英国国教会）派が支配的だった南部の、奴隷制に頼る大農園主たちの階層においてだった。ノースカロライナ州で、婚姻の一〇%がイトコ同士および又イトコ同士の結婚であった[30]。私は、米国の他の地域で、内婚率が何らかの形でヨーロッパよりも高くなっていたかどうか、はなはだ疑問だと思う。

それどころか、米国では一八四〇年から一九二〇年にかけて、旧大陸には類例のないイトコ婚恐怖症の擡頭が観察された。当時、旧約聖書に反する抑圧法制が敷かれた。この革新の震源は、カンザス州など、比較的新しく創設された西部諸州に特定され得る。マーティン・オッテンハイマー〔米国の人類学者、カンザス州立大学名誉教授〕は、純粋な外婚制のこの再主張の波を自然の野蛮さに戻ることへの恐怖に帰している。これは、あえてずばり言ってもよければ、可笑しな話ではある。実は外婚こそ自然なのであって、どのような意味においても文明の成果ではないのだから。ともあれ、われわれがここで確認したのは、周縁部の揺らぎにすぎない。米国全土での本イトコ同士の結婚の率はおそらく一度も一%を超えたことがなく、一九五〇年代には〇・〇一%に低下していた(31)。このような比率は、ユダヤ系の人口の中でもイトコ婚が徹底的に除去されていたことを示している。

ホモ・アメリカヌス、ホモ・サピエンス

今やわれわれは、ホモ・アメリカヌスをホモ・サピエンスの一般通史の中に位置づけることができる。一七世紀イギリスの絶対核家族という母体は、それ自体、双系性、核家族性、外婚制、そして平等主義的な、もしくは公然と不平等主義的な相続規則の不在などの特徴において、原初的な家族類型に近かった。しかし、複数の世代の一時的同居を禁じていた点や、キリスト教世界全体がそうであったようにイトコ婚を絶対的タブーとしていた点では、原初的な型から遠ざかっていた。これに対して、ホモ・アメリカヌスは、当初、同居に関する規則の柔軟化によってホモ・サピエンスの原初の家族形態にむしろ近づき、その後ふたたびそこから遠ざかったのだった。ただし、誰もが勘づくであろうとおり、新たな接近の可能性が

つねに開かれた状態で保全されている。

実際、家族という第一の母体を定義するだけに甘んじず、そこに地域集団の構造化のあり方を加味して比較対照すると、米国文化は、強い垂直性原理の不在によって、社会組織と諸々の心性を上から取り締まる超越的要素、すなわち社会的・国家的中枢の消失によって、イギリスという母体の文化と基本的なところで異なる。アメリカ革命は、国王への忠誠をやめ、長子相続制の残滓を抹消した。国家と教会による地域共同体の統制を廃止した。アメリカを創設したイギリス人たちの全員に共通だったプロテスタンティズムが、米大陸ではさまざまな宗派（セクト）に分岐した。かくしてアメリカは、イギリスから受け継いだ双系性、核家族性、外婚制という特徴に、原初的人間集団に存在していた水平性へのある種の回帰をつけ加えたのだ。

人類史の初めにホモ・サピエンスの型を体現した狩猟採集民の集団生活もまた、水平の原理で営まれていた。隣り合い、協力し、ぶつかり合い、集団間で配偶者交換をしていた。そこには、垂直の組織原理はいっさい存在していなかった。安定した社会的差異化の体系として、国家としての垂直性を考えるにせよ、あるいは、諸地域の集団に共通の宗教的超越性としてのそれを考えるにせよ、垂直の原理は働いていなかった。

この段階まで来ると、われわれは米国という国のパラドクスに接近し始めることができる。

教育、テクノロジー、経済を考慮して言えば、一九〇〇年から二〇〇〇年にかけて、米国は間違いなく世界のトップランナーだった。しかし、誰もが認識しているその現代性・先進性を超えて、われわれは今や、アメリカなるものの人類学的基底が、イギリスのそれにもまして原始的――あるいは、もう少し中立的な言葉を用いるなら原初的――と見做されざるを得ないことを知っている。事柄を解釈するためのこの新しいカギを手に入れたわれわれは、今後このカギを用いて、米国の社会的メカニズムに固有の、一見当惑させられるような多くの要素をついに解明し得るのだ。おそらくは受け容れることさえもできるだろう。それらの要素が表現しているのは、われわれの社会よりも人類の原初の状態により近い社会が大西洋の向こうに存続しているという現実にすぎない。アメリカの精髄は、原初的ホモ・サピエンスの精髄にほかならない。それが偉大なことを成し遂げてきたという事実を、われわれはやはり認めるべきだろう。

では改めて、米国人の諸特徴を見てみよう。

米国人は州から州へと、ヨーロッパでは考えられないほど速いリズムで移動する。あれほどまでに彼らに特徴的な地理的移動性は、太古には狩猟採集民に典型的だった要素だ。農耕民の定住性を人類の昔からの素地と思い込むのは、ありがちな誤謬である。本当は、農業そのものも移動性に多くを負っている。たしかに農業は、中東、中国、中米ないし南米、アフリカ、ニューギニアにいくつかの人間集団が定住したおかげで発明されたのだが、それを地球全体に行き渡らせたのは、ホモ・サピエンス元来の移動生活に立ち帰った人びとだった。それに、多くの人間集団が長い間、焼き畑式の移動農業を営み続けた。

自然資源への依存性が大きいことは、米国経済の元々からの特徴である。大地を、原油を、水と森を浪費する傾向は、原初の人間を特徴づけていた捕食生活のモデルを想起させる。粘り強い農地改良や、資源刷新への配慮はその後の革新であって、それは歴史の中で、系族の存続を可能にするタイプの家族型の出現と連動していたのである。

アメリカなるものの特徴の一つである身体的暴力は、それ自体、まさに未開人モデルを延長する太古性にほかならない。ヨーロッパ人集団に関しては、正確にいつの時点で人間関係から身体的な激しいぶつかり合いが基本的に除去されたかが、すでに判明している。他殺率が、一六〇〇年から一六五〇年までの間に急落したのだ。ちょうど、平均結婚年齢が上昇し、独身者の割合が増え、絶対主義国家が擡頭した時代である。フランスの歴史学者ロベール・ミュッシャンブレは、君主国家が長い間私的な暴力行使に対しては寛容で、罪人に赦しを与える役割を担っていたのに、どのようにして最後には、自ら暴力の独占権を要求するに到ったかを著述で示した[32]。彼が「身体刑の時代」と表現した時代は、国家が、臣民たちの暴力を禁じるために自らの有する暴力を演出した移行期であった。イギリスでも、いくつかの特殊事情はあったものの、一五〇〇年から一七〇〇年までの間に他殺率が大きく低下した[33]。

一〇万人当たり二〇件から一〇〇件という中世の状況から出発して、西ヨーロッパにおける他殺の発生は、今では各地で一〇万人当たり一件という水準を下回っている。一九三〇年頃に注目すると、一〇万人当たりの発生件数がすでにイギリスで〇・五件、スウェーデンで〇・九件、フランスで一・九件、ドイツで一・九件、イタリアで二・六件、スペインで〇・九件、そして、国家との関係のあり方という観点から見て「ヨーロッパ」と見做せる日本で〇・七件でしかなかった。アメリカ的自由の拒否から生まれたカナダではそれが一・九件だったが、米国では依然として多く、八・八件だった[34]。アメリカ社会は歴史上ずっと継続して暴力的で、そのことは統計の数値（これは簡単には取得できないのだが……）に表れている。一九〇〇年から第二次世界大戦にかけて、米国内の他殺率は一〇万人当たり六件から、一〇件近くにまで上がった。一九五〇年代にはそれが四件を少し上回る程度にまで下がり、その後一九七〇年～一九八〇年にふたたび上昇して一〇件に達した。それが今日ではまた下降して五件となっている[35]。米国社会に多分に残っているこの暴力性は、ごく単純にひとつの太古性なのである。この太古性が保全されているのは、国家による正統な暴力の独占が不完全で、社会に垂直的原理が欠けていて、結局、人類学的なある種の水平性が維持されているからにほかならない。米国社会で一般市民が拳銃やライフルを所持するのは、中世ヨーロッパにおけるナイフの日常保持の永続化である。

米国における男女関係の様相の不可思議さもまた解明可能だ。実際、男性優位主義（マチズモ）とフェミニズムとの、男の空威張りと女の独立との奇妙な混合が米国文化を特徴づけている。よりニュートラルに、ここで語るべきはむしろ、米国風の生活において男女それぞれの役割が同時に肯定されていることであり、今日的なフェミニズムの勃興より遥かに前から、両性間の関係に構造的緊張が存在していることだと思う。歴史の中に女性の解放を探索することは次章に予定しているので、ここではひとまず、大昔に狩猟採集民を特徴づけ、狩猟への男性の専門化と採集および子育てへの女性の専門化を組み合わせていた性的分業が、今なお米国社会の深い部分で永続していることを確認しておこう。

ただし、それにつけてもここでG・ゴーラーとともに認めておくべきは、米国では事の始めに、女性のステータスを相対的に押し上げる方向への偏りが加えられたということだろう。その背景には、アメリカへの移民体験をとおし、先に言及したメカニズムにより、新たな環境への適応において息子たちのほうが父親に優越するという事態の発生があった。

それにしても、米国文化が内包している最も重要で、最も危険なパラドクスはやはり依然として、「白人」と「黒人」という二つのカテゴリーを対立させる二分法的組織を未だに乗り越えられないでいる近代性、というパラドクスである。ここでもまた、ホモ・アメリカヌスをホモ・サピエンスに近い存在として捉えることで、われわれは科学的にも倫理的にも合点のいかぬ状態から脱出することができる。実際、アメリカなるものがこの問題で体験しているのは、おそらく、ホモ・サピエンスの原初的な精神様態、早くも一八世紀にアダム・ファーガソンが看取し、捕捉したとおりの精神様態の効果にすぎないのだ。[36] ファーガソンのあとを受けて私が本書第3章の末尾に書いたように、いたるところで人間集団は、他の人間集団との関係において自らを定義する。絶対的な「アイデンティティ」など存在しないのだ。（少なくともヨーロッパ統合前の）旧大陸の世界では、国家原理による支配と、諸国民としての人びとの組織化が、この基盤的な原理の適用を違和感のないものにした（あるいは覆い隠した、あるいは転移した）のだった。国家が、各ネイションの内部で個々人の同等性を確定すると同時に、他方では、集団の自己定義に必要な「他者」を指定し、国境の外に位置づけた。そうした「他者」が、イギリス人、ドイツ人、フランス人、ロシア人等々であった。これに対してアメリカでは、国家がそのような能力を欠いた。その結果、水平性が存続している。ネイションも、脅威となる近隣のネイションによって定義されることがない。とはいえ、「われわれ」が「われわれ」として存在するためには、「他者」がいなければならない。したがって、内部の者が「他者」となるだろう。インディアンたちは除去されてしまった。してみると、「他者」は黒人だということになる。

黒人バージョンのホモ・アメリカヌス

「他者」が内部の者であって、建国時から「われわれ」白人と共存しているのなら、その「他者」が生きている文化は米国的なもの以外ではあり得ない。

米国の黒人に目を向けるとき、人は、家族構造の歴史において稀に見る不連続性のケースに直面する。エドワード・フランクリン・フレイザー〔米国の社会学者、一八九四〜一九六二〕が、一六五〇年から一九三〇年まで黒人の家族が安定した組織として立ち現れるのがどれほど困難だったかを描写した著作『米国における黒人家族』[37]の中で指摘したように、アフリカから強制移送された奴隷たちが受け継いでいた伝統は、米国では入念に打ち砕かれた。

異なるエスニック集団の黒人たちを混在させ、家族的なまとまりの萌芽をつぶすのは、政治的選択として実行されたことであった。歴史を眺望するわれわれは、なんと新大陸の世界に、マックス・ウェーバーの分析対象となったローマ帝国の奴隷と同じような、家族を形成して家庭を営む権利を奪われた奴隷たちを見出す。米国の黒人たちは、自らの家族史を思い出すことができなくなった。唯一存続したように見えるのは、君主の系譜に関していくつかの家族の内に残るいくつかの神話だが、その発明も歴史的にはかなり時代を下ってからのことのようだ。第一、もし何らかの継承があったとすれば、その影響は、現実に観察されることに反して、米国の黒人の家族文化が父系制の方へ偏るというかたちで表れたはずだ。なにしろ、奴隷の大半は父系制の強い西アフリカで買われたのだから。たしかに、すでに確認したとおり、西アフリカでも沿岸部では父系制は比較的弱い。しかし、奴隷化された多くの黒人は、非常に父系制の強い内陸部で捕獲され、その後、家畜同然に大西洋の反対側へと強制移送されたのである。父系制的特徴が生き延びることができたのは、ハイチのようなアンティル諸島の一部分でだけだった。

黒人家族が被った破壊は、まずもって男性の、そして父親の役割の破壊だった。米国の黒人の遺伝子構成には、その痕跡が残っている。大農園で、白人の主人たちは、レイプによって、あるいは支配的立場からの誘惑によって、遠慮なく黒人女性たちと性的関係をもった。それゆえ、現代遺伝学の測定によれば、米国の黒人の先祖の四分の一はヨーロッパ系だという。また、その遺伝子の一部分を構成するヨーロッパ系の要素のうち、男性が一九%である一方で、女性はわずか五%であることも確認されている[38]。黒人男性と白人女性の間の性的関係は、「年季奉公人（indentured servant）」としての身分にともなう準隷属の一環とされ、たしかに無視できるものではなかったが、しかし統計的重要度からいえば、奴隷所有者たる白人男性による黒人女性の性的使用の比ではなかった。

E・フランクリン・フレイザーは後年、一九六五年の「モイニハン・レポート」〔米国の政治家で、社会学者でもあったダニエル・パトリック・モイニハン（一九二七〜二〇〇三）がジョンソン政権で労働次官補を務めていた一九六五年に大統領府に提出した、黒人貧困問題に関する報告書〕の中で妙に諷刺されてしまった。しかし彼は、米国史における人種間の関係や家族関係について、客観的でニュアンスに富んだ全体像を提示した。彼の著作に見出せるのは、黒人の家族における女性たちの優位性と「おばあちゃん」の重要性、つまり暗黙のうちに認められた母系的つながりというテーマだけではない。そこには、夫および父のステータスが、多くの社会的・経済的衝撃によって、また奴隷制廃止とそれに続いた北部への大移動によって絶え間なく脅かされつつ、徐々に、またさまざまな困難に遭遇しながら確立されてきた経緯もよく描かれている。

米国の黒人があれほど強く宗教と旧約聖書に執着するのも、部分的には、家族と男性の役割を安定化させるための努力の表れとして受け取ることができる。旧約聖書は、父系制の夢であり、ユダヤ人や米国の白人にとっても、双系制に対抗する錘《おもり》である。男性の役割を再構築するためのイデオロギー的支柱になり得るわけだ。

フランクリン・フレイザーに先入観があったとすれば、それは母権制から父権制への進化という図式である。ただしこれは、彼の時代の人類学者やイデオローグが一般に共有していた紋切り型で、ヨハン・ヤーコプ・バッハオーフェンや、ルイス・ヘンリー・モーガン、フリードリッヒ・エンゲルス〔ドイツの社会思想家、一八二〇〜一八九五〕の言説に由来していた。一方、フレイザーがこの上ない独創性を発揮したのは、彼が黒人コミュニティの中の階層差を明確に示したときである。彼の件の著作の最後の二つの章は、それぞれ「褐色の中産階級」、「黒人プロレタリアート」と題されている。

ヨーロッパでは、産業社会での生活の影響はむしろ、労働者階級においては女性により大きな権限を与える方向、母権的な方向への変化要因となった。これは、このテーマを扱ったすべての個別研究が確認している点である。そして、そうした研究の内には、古典的な価値を持つマイケル・ヤングとピーター・ウィルモット〔イギリスの社会学者、一九二三〜二〇〇〇〕の共著『東ロンドンにおける家族と親族関係』[39]も含まれている。しかし米国では、産業の発展は、豊かな「ミドル・クラス」を早々と生み出す性質のゆえに、黒人層にとってはむしろ男性の役割を安定させる好機となった。安定した所得の源泉が、夫に、父親に、核家族のバランスに必要な権威を与えたのだ。

米国産業が繁栄の頂点にあった一九五〇年頃の米国の家族の推移として注目すべきは、したがって、白人たちの生活が男女それぞれの役割を分離する絶対核家族モデルに合致していったことだけでなく、黒人の家族が、白人支配によって起こっていた当初の母権的変形の痕跡を残しつつも、白人の家族モデルと一致する傾向にあったということでもある。たしかに、黒人男性の不安定性はなお現実であった。なにしろ、当時、黒人女性の一八%が夫と離婚ないし別居していたのだから。白人女性の場合は同じ境遇のケースが四%にとどまっていた――。しかし、この数値を裏側から読めば、既婚の黒人女性の八二%に安定した夫がいたという事実も確認できる[40]。本書のさらに先の方で、どのようにしてグローバリゼーションに起因する米国人労働者層の破壊があの国の黒人家族を正面から痛撃したかを見ることになろう。そのとき、われわれはフレイザーにしたがって、今日米国で「黒人コミュニティ」を構成している異なる諸階級を区別するだろう。また、より深い次元で、米国の白人家族の母権的な方向への推移が、庶民階層で暮らす黒人家族をどのように不安定化したかにも言及することになるだろう。

いずれにせよ、これは強調しておく必要があると思うのだが、米国の黒人家族は、その歴史のすべての段階で、米国史を構成する諸要素の一つにほかならない。つまり、黒人たちもまたホモ・アメリカヌスにほかならないのであり、いわば、ホモ・アメリカヌスの内で被支配的な立場にある一変種なのである。

今やわれわれは以前よりも高度な知的武装に到達したので、次に述べる疑問によりよく挑戦できる。実際、アメリカなるものは事あるたびに、われわれヨーロッパ人にそれ自体として矛盾した二重の印象をもたらす。最も先進的だという意味で「モダン」を体現しているように見えるアメリカが、それでいて同時に「未開」だとも感じられるのは一体なぜなのか。われわれは前々から訝《いぶか》しく思ってきた。いつも心の中で、「彼ら（米国人）は明らかに先を行っている。そのくせ、およそまったくと言ってよいほど洗練されていない」と呟いている。だが、そう呟くとき、実はわれわれは知らずして、ごく単純なひとつの真実と紙一重のところにいるのだ。

彼らは、ほとんどまったく洗練されていないからこそ、先を行っているのである。ほかでもない原初のホモ・サピエンスが、あちこち動き回り、いろいろ経験し、男女間の緊張関係と補完性を生きて、動物種として成功したのだ。他方、中東、中国、インドの父系制社会は、女性のステータスを低下させ、個人の創造的自由を破壊する洗練された諸文化の発明によって麻痺し、その結果、停止してしまった。

なお、直系家族という中間的で特殊なケースの提示する問題は本書全体を貫くテーマでもあるので、そのテーマには、さらに先の章で立ち帰るつもりだ。直系家族は父系制レベル1であり、過剰な完璧さをもって規範に適合した人類学的典型となってしまわないかぎり、成長を加速させる力を持っている。イギリスには、フランス系ノルマン人に由来する直系家族的構成要素があった。実は米国にも、その要素が存在した。それは、ちょうどあの国の産業の離陸にとって決定的に重要だった時期に、ドイツおよびスカンジナビア半島で人格形成された人びとが移民として大挙到着したおかげだった。一八七〇年から一八九〇年までの期間、ドイツ人が、到着する移民の中で最大多数のグループを構成していたのである。それに加え、米国文化は、ユダヤ文化と同様に旧約聖書を字義どおりに読み、そこに、自らの水平性とバランスをとるために不可欠な錘を見出した。それがすなわち、超越的で厳格な神、一度も現実には存在したことのない垂直的直系家族の夢であった。

まずイギリスを、次に米国を人類学的母体として認め、そのいずれもがホモ・サピエンスの原初の型に近いことを明確にした今、われわれは一七世紀以来の世界の近代化を理解することができる。まさに一七世紀に、英米世界がユーラシア大陸の変革におけるリーダーとなり、自らのモデルを提示し、自らのリズムを他に押しつけるようになった。最初にイギリスが、一六四二年〜一六五一年の革命〔清教徒革命〕と一六八八年の革命〔名誉革命〕によって、当時のイギリスのささやかな規模においてではあったが、産業的離陸の制度的諸条件を明確化した。イギリスは、ヨーロッパ大陸全体と、とりわけフランスが絶対君主制にのめり込んでいったまさにその時期に、代表制による統治を「発明」した。一七七六年〔独立宣言〕から、またそれ以上に一八二〇年〔ミズーリ協定、奴隷制をめぐって対立していた北部と南部の妥協〕から、米国が民主主義を「発明」した。ここで、改めて確認しておきたい。今度はイギリスではなく、米国においてだったわけだが、やはり政治的変革が経済における擡頭に先行したのである。

しかし、民主主義を「発明」するという表現には留保が必要だろう。というのも、家族構造と政治的イデオロギーの間に何らかの結びつきがあり、かつ、当時イギリスと米国を特徴づけていた家族構造が太古のそれに類似し、ユーラシア大陸の大部分を占めていた家族構造と比べて旧式だったとすれば、「発明」の意味合いが通常とは異なることになるだろうからである。次章で私は、太古的な家族構造の上に設置される近代民主主義が、それ自体も相当広範に太古的なものであることを明らかにするつもりだ。ルイス・ヘンリー・モーガン以来、未開人の原始的な民主主義と西洋人の近代民主主義を対立させる言説が伝統化している。ところが、われわれが次章で目の当たりにするのは、民主主義がある意味でつねに原始的だという事実なのだ。

(39) Michael Young et Peter Willmott, *Family and Kinship in East London*, Première édition, Abingdon-on-Thames, Routledge and Kegan Paul, 1957, révisée Londres, Pelican, 1962.

(40) Lee Rainwater and William Yancey, *The Moynihan Report and the Politics of Controversy*, Cambridge（MA）, MIT Press, 1967. この文献には「モイニハン・レポート」のテクストが含まれており、本書本文のこの箇所で引いた数値はそのテクストに基づいている。

(26) 同上。chapitre 3〔『アメリカ人の性格』第 3 章〕.

(27) 同上。chapitre 2〔『アメリカ人の性格』第 2 章〕.

(28) Ruth Lidz and Theodore Lidz, 《The Family Environment of Schizophrenic Patients》, *American Journal of Psychiatry*, vol. 106, 1949, p. 332–345; Suzanne Reichard et Carl Tillman, 《Patterns of Parent-Child Relationships in Schizophrenia》, *Psychiatry*, vol. 13, 1950, p. 247–257; J. C. Mark, 《Attitudes of Mothers of Male Schizophrenics Toward Child Behavior》, *Journal of Abnormal and Social Psychology*, vol. 48, 1953, p. 185–189; C. W. Wahl, 《Some Antecedent Factors in the Family Histories of 568 Schizophrenics of the United States Navy》, *American Journal of Psychiatry*, vol. 113, 1956, p. 201–210; Melvin Kohn et John Clausen, 《Parental Authority Behavior and Schizophrenia》, *American Journal of Orthopsychiatry*, vol. 26, 1956, p. 297–313.

(29) William Novak et Moshe Waldoks, *The Big Book of Jewish Humor*, New York, Perennial Library, 1981, p. 268.

(30) Martin Ottenheimer, *Forbidden Relatives. The American Myth of Cousin Marriage*, Champaign (IL), University of Illinois Press, 1996, p. 27.

(31) 同上。p. 59.

(32) Robert Muchembled, *Une histoire de la violence*, 前掲書、et *Le Temps des supplices*, Paris, Armand Colin, 1992.

(33) Laurence Stone, 《Interpersonal Violence in English Society, 1300–1980》, 前掲論文、p. 22–33, p. 26 のグラフ。

(34) Jean-Claude Chesnais, *Histoire de la violence*, Paris, Laffont, 1981, p. 35.

(35) Eric Monkonnen, *Murder in New York City*, Berkeley, University of California Press, 2001, p. 11.

(36) 本書上巻、第 3 章、151〜155 頁を参照のこと。

(37) 1939 年初版。ここでは 2001 年の再版に準拠。Franklin Frazier, *The Negro Family in the United States*, Notre-Dame (IN), University of Notre Dame Press.

(38) Katarzyna Bryc et *al.*, 《The Genetic Ancestry of African Americans, Latinos, and European Americans across the United States》, *The American Journal of Human Genetics*, vol. 96, n° 37–53, janvier 2015, p. 43.

(17) Steven Ruggles, *Prolonged Connections. The Rise of the Extended Family in 19th Century England and America*, Madison (WI), University of Wisconsin Press, 1987, p. 5 のグラフ。

(18) Natasha Pilkauskas and Melissa Martison, 《Three-Generation Family Households in Early Childhood: Comparisons between the United States, the United Kingdom, and Australia》, *Demographic Research*, vol. XXX, article 60, http://www.demographic-research.org.

(19) Kirk Hadaway, Penny Marler and Mark Chaves, 《What the Polls don't Show: a Closer Look at U. S. Church Attendance》, *American Sociological Review*, vol. 58, décembre 1993, p. 741–752.

(20) Robert Putnam and David Campbell, *American Grace. How Religion Divides and Unites US*, New York, Simon and Schuster, 2010, p. 83–84〔ロバート・D・パットナム、デヴィッド・E・キャンベル『アメリカの恩寵——宗教は社会をいかに分かち、結びつけるのか』柴内康文訳、柏書房、2019年、89〜90頁〕.

(21) Peter Laslett, *Family Life and Illicit Love in Earlier Generations*, 前掲書、《Clayworth and Cogenhoe》, p. 65–86.

(22) Raven Molloy, Christopher Smith et Abigail Wozniak, 《Internal Migration in the United States》, *Journal of Economic Perspectives*, vol. 25, n° 3, p. 173–196.

(23) アイルランド人については、私はここで、かつて『移民の運命』に書いたことを訂正する。その本ではアイルランド人は、20世紀に実施された複数の個別研究に基づき、直系家族文化を担っていたかのように記述されている。しかし、『家族システムの起源Ⅰ』に提示した歴史的分析が示すように、アイルランドにおける直系家族の擡頭はきわめて遅く、「大飢饉」(1845年〜1852年)より後に位置づけられる。直系家族システムへの移行と米国への移住は、「大飢饉」の2つの結果であり、平行して進行したとも考えられる。新大陸へのアイルランド移民の大半は、直系家族よりも古い家族システムを背景にしていたと言えよう。

(24) ノルウェー人とユダヤ人における家族システム・モデルの破壊については、以下の文献を参照のこと。Emmanuel Todd, *Le Destin des immigrés*, 前掲書、p. 75–80〔『移民の運命』99頁〜103頁〕.

(25) Geoffrey Gorer, *The American People. A Study in National Character*, New York, Norton, 1948, édition révisée en 1964〔ジェフリー・ゴーラー『アメリカ人の性格』星新蔵・志賀謙訳、北星堂書店、1967年〕.

第 10 章

(1) David Hackett Fischer, *Albion's Seeds. Four British Folkways in America*, Oxford, Oxford University Press, 1989.

(2) Kenneth Lockridge, *A New England Town. The First Hundred Years* [1970], New York, Norton, 1985.

(3) 同上。p. 64 et p. 139–140.

(4) Philip Greven, 《The Average Size of Families and Households in the Province of Massachusetts and in the United States in 1790: an Overview》, in Peter Laslett, Richard Wall et *al.*, *Household and Family in Past Time*, 前掲書、p. 545–560. しかしながらこの論文は、以下の論文によって批判されている。John Demos, 《Demography and Psychology in the Historical Study of Family Life: a Personal Report》, 同上、p. 561–569.

(5) Philip Greven, *Four Generations. Population, Land, and Family in Colonial Andover*, Ithaca, Cornell University Press, 1970.

(6) Toby Ditz, *Property and Kinship. Inheritance in Early Connecticut, 1750–1820*, Princeton, Princeton University Press, 1986.

(7) Mary Ryan, *Cradle of the Middle Class. The Family in Oneida County, New York, 1790–1865*, Cambridge, Cambridge University Press, 1981.

(8) Daniel Snydacker, 《Kinship and Community in Rural Pennsylvania, 1749–1820》, *Journal of Interdisciplinary History*, vol. 13, n° 1, été 1982, p. 41–61. クェーカー教徒の家族については、以下の文献も参照のこと。Barry Levy, 《"Tender Plants": Quaker Farmers and Children in the Delaware Valley, 1681–1735》, *Journal of Family History*, vol. 3, n° 116, 1978.

(9) Toby Ditz, *Property and Kinship*, 前掲書、p. 165.

(10) Philip Greven, *Four Generations*, 前掲書、p. 206.

(11) 同上。p. 212.

(12) 同上。p. 214.

(13) Mary Ryan, *Cradle of the Middle Class*, 前掲書、p. 252.

(14) 同上。p. 255.

(15) 本書上巻、第 7 章、253 頁、表 7–1 を参照のこと。

(16) C. Wright Mills, 以下の文献からの引用。Mary Ryan, *Cradle of the Middle Class*, 前掲書、p. 14.

れは、ドイツ工業の隆盛を前にして時代の先行きを案じる本だった。早くもその頃、そんな事態だったのだ！　というわけで、イギリスの歴史におけるローマの重要性の認識が再確立されたのは、第2次世界大戦後のことだった。2017年におけるヨーロッパの状態を見れば、ドイツが優勢なので、ドイツ寄りのイギリス史観が新たに擡頭するかもしれない……。Frederic W. Maitland, *Domesday Book and Beyond. Three Essays in the Early History of England* [1897], Londres, Fontana, 1969.

(36)　Frederic Seebohm, *The English Village Community, Examined in Its Relation to the Manorial and Tribal Systems and to the Common or Open Field System of Husbandry*, 1983, Réédition, Cambridge, Cambridge University Press, 2012.

(37)　George Homans, *English Villagers of the 13th Century* [1941], New York, Harper and Row, 1970.

(38)　Richard Smith, 《Families and Their Land in an Area of Partible Inheritance: Redgrave, Suffolk 1260–1320》, in Richard Smith et *al.*, *Land, Kinship and the Life Cycle*, 前掲書、p. 135–195.

(39)　以下の文献を参照のこと。Frederic Seebohm, *The English Village Community, Examined in Its Relation to the Manorial and Tribal Systems and to the Common or Open Field System of Husbandry*, 前掲書、p. 86–87の地図。

(40)　Michael Postan, *The Medieval Economy and Society*, 前掲書、p. 160–173〔『中世の経済と社会』〕.

(41)　Tony Wrigley and Roger Schofield, *The Population History of England, 1541–1871*, 前掲書、p. 260.

(42)　David Cressy, *Literacy and the Social Order*, 前掲書、p. 159–163のグラフ。

(43)　識字化と革命の関係については、以下の文献を参照のこと。Laurence Stone, 《The Education Revolution in England 1560–1640》, *Past and Present*, n° 28, juillet 1964, p. 41–80, et 《Literacy and Education in England, 1640–1900》, *Past and Present*, n° 42, février 1969, p. 63–139.

(44)　ホームサーキットは、ロンドンの周辺と、エセックス、ハートフォードシャー、ケント、サリー、サセックスの各州をカバーする。

(45)　Laurence Stone, 《Interpersonal Violence in English Society, 1300–1980》, *Past and Present*, n° 101, novembre 1983, p. 22–33, 引用はp. 31–32から。

(27) Karl Polanyi, *The Great Transformation* [1944], Boston (Mass.), Beacon Press, 2001, p. 82 (*La Grande Transformation. Aux origines politiques et économiques de notre temps*, Paris, Gallimard, 2009)〔カール・ポラニー『新訳　大転換――市場社会の形成と崩壊』野口建彦・栖原学訳、東洋経済新報社、2009 年、136 頁〕.

(28) Steven Ruggles, *Prolonged Connections. The Rise of the Extended Family in 19th Century England and America*, Madison (WI), University of Wisconsin Press, 1987, 特に p. 5 のグラフを参照のこと。ピーター・ラスレットとケンブリッジ・グループの最初の研究は、イギリスの世帯構造の恒常性を誇張した。それはおそらく、ラスレットが「世帯の平均規模」(Mean household size) を長い期間にわたって観察するだけに甘んじたからだろう。例えば以下の文献を参照のこと。Peter Laslett, 《Mean Household Size in England since the 16th Century》, in Peter Laslett, Richard Wall et *al.*, *Household and Family in Past Time*, 前掲書、p. 125–158.

(29) Michael Anderson, *Family Structure in 19th Century Lancashire*, Cambridge, Cambridge University Press, 1971, p. 44 et p. 85.

(30) 「留保地」の意味で「領地」と呼ばれることもある。しかし「領地」は、ときに耕作地全体を指す。

(31) Max Weber, *Économie et Société dans l'Antiquité* [1909], Paris, La Découverte, 2001, p. 71–73〔マックス・ウェーバー『古代社会経済史』上原専禄・増田四郎監修、渡辺金一・弓削達訳、東洋経済新報社、1959 年〕.

(32) Marc Bloch, *Seigneurie française et Manoir anglais*, Paris, Armand Colin, 1967, cours professé en 1936, p. 17.

(33) Michael Postan, *The Medieval Economy and Society*, Harmondsworth, Pelican Books, 1975, p. 87〔M・M・ポスタン『中世の経済と社会』保坂栄一・佐藤伊久男訳、未來社、1983 年、105 頁〕.

(34) 同上。p. 145〔『中世の経済と社会』167 頁〕.

(35) この幻想の成り行きはまた、ドイツのプレステージの浮沈に結びついていたようだ。フレデリック・ウィリアム・メイトランド〔イギリスの法制史学者、1850〜1906〕は、下記の文献の中で、自らの時代の社会構造を原初の諸民族に結びつけようとするドイツ人の歴史家たちに倣ったが、その幻想の中心には「ドイツ的自由」なるものがあった。1896 年には、アーネスト・エドウィン・ウィリアムズというウェールズのジャーナリスト〔1866〜1935〕の著書、*Made in Germany* がベストセラーになったが、そ

と。William Newman Brown, 《The Receipt of Poor-Relief and Family Situation: Aldeham, Hertfordshire, 1630–90》, in Richard Smith et *al.*, *Land, Kinship and the Life cycle*, Cambridge, Cambridge University Press, 1984, p. 405–422.

(15) David Thomson, 《The Welfare of the Elderly in the Past. A Family or Community Responsability》, in Margaret Pelling et Richard Smith, *Life, Death and the Elderly*, Abingdon-on-Thames, Routledge, 1991, p. 194–221, p. 204, et p. 214.

(16) Margaret Pelling et Richard Smith, *Life, Death and the Elderly*, 前掲書、p. 31.

(17) Peter Laslett, *Family Life and Illicit Love in Earlier Generations*, 前掲書、《Clayworth and Cogenhoe》, p. 65–86.

(18) Keith Wrightson and David Levine, *Poverty and Piety in an English Village*, 前掲書、p. 82–87. ライトソンとレヴァンは、現在の北仏パ＝ド＝カレ県に所在する大規模農業地帯の村々、ロングネス、ウィスク、アリーヌのフランス革命前夜の状況について私自身がおこなった測定との比較をおこなっている。その比較が示唆するのは、イギリスの親族網の格別の「弛み」（緊密度の低下）である。

(19) 同上。p. 79.

(20) Emmanuel Todd, 《Seven Peasant Communities in Pre-Industrial Europe》, Thèse de Ph. D, dactylographiée, Cambridge, 1975.

(21) Peter Laslett, *The World We Have Lost*, 前掲書、p. 56〔『われら失いし世界』83 頁〕.

(22) Steve Hindle, *The State and Social Change in Early Modern England, 1550–1640*, Basingstoke, Palgrave, 2002, p. 206 et p. 236.

(23) Emmanuel Todd, *L'Origine des systèmes familiaux*, 前掲書、p. 457〔『家族システムの起源 I 』618 頁〕.

(24) 同上。p. 402–403〔『家族システムの起源 I 』547〜549 頁〕.

(25) David Cressy, *Literacy and the Social Order. Reading and Writing in Tudor and Stuart England*, 前掲書、特に p. 118–141. 以下の文献も参照のこと。Keith Wrightson et David Levine, *Poverty and Piety in an English Village*, 前掲書、p. 145–151.

(26) Keith Wrightson, *English Society, 1580–1680* [1982], Abingdon-on-Thames, Routledge, 2003, p. 179–181〔キース・ライトソン『イギリス社会史　1580–1680』中野忠訳、リブロポート、1991 年〕.

tion History of England, 1541–1871, 前掲書 et James Belich, *Replenishing the Earth. The Settler Revolution and the Rise of the Anglo-World, 1783–1939*, Oxford, Oxford University Press, 2009.

（4） Marc Bloch, *Les Rois thaumaturges* [1924], Paris, Gallimard, 1983〔マルク・ブロック『王の奇跡――王権の超自然的性格に関する研究／特にフランスとイギリスの場合』井上泰男・渡邊昌美訳、刀水書房、1998年〕.

（5） Charles Petit-Dutaillis, *La Monarchie féodale en France et en Angleterre. Xᵉ–XIIIᵉ siècle* [1933], Paris, Albin Michel, 1971. 特に p. 122, p. 127 et p. 133.

（6） 同上。p. 179.

（7） Alan Macfarlane, *The Origins of English Individualism*, 前掲書、p. 170〔『イギリス個人主義の起源』279頁〕.

（8） Emmanuel Todd, *L'Origine des systèmes familiaux*, 前掲書、p. 140–142〔『家族システムの起源Ｉ』193頁～196頁〕.

（9） 例えば以下の文献を参照のこと。Douglas J. V. Fisher, *The Anglo-Saxon Age c 400–1042*, Londres, Longman, 1973, 特に p. 118, p. 120–121, p. 122 et p. 216.

（10） Peter Laslett, 《Introduction》, in Peter Laslett, Richard Wall et *al.*, *Household and Family in Past Time*, 前掲書、p. 1–158, 特に p. 85 et p. 130.

（11） Peter Laslett, *Family Life and Illicit Love in Earlier Generations*, Cambridge, Cambridge University Press, 1977, 《Clayworth and Cogenhoe》, p. 50–101, et p. 96–97.

（12） Peter Laslett, 《Family, Kinship and Collectivity as Systems of Support in PreIndustrial Europe: a Consideration of the Nuclear-Hardship Hypothesis》, *Continuity and Change*, vol. 3, n° 2, 1988, p. 153–175.

（13） Richard Smith, 《Charity, Self-Interest and Welfare: Reflections from Demographic and Family History》, in Martin Daunton et *al.*, *Charity, Self-interest and Welfare in the English Past*, Londres, UCL Press, 1996, p. 23–49. 同論文の p. 36–38 も参照のこと。

（14） メアリー・バーカー＝リードの博士論文、Mary Barker-Read, *The Treatment of the Aged Poor in Five Selected West Kent Parishes From Settlement to Speenhamland (1662–1797)*, Londres, Open University, 1988 を引用しているリチャード・スミスに拠る。以下の文献も参照のこ

ブレーの宗教——16世紀における不信仰の問題』高橋薫訳、法政大学出版局、2003年〕.

（2） Hervé Le Bras et Emmanuel Todd, *L'Invention de la France*, Paris, Gallimard, 1981, 2e édition en 2012, p. 259–261〔未訳〕.

（3） 本書上巻、第4章、179頁を参照のこと。

（4） 1789年頃、ロシアもおよそ2600万人の人口を擁していた。

（5） Emmanuel Todd, *L'Invention de l'Europe*, 前掲書〔『新ヨーロッパ大全』〕。

（6） 以下の文献を参照のこと。Emmanuel Todd, *L'Invention de l'Europe*, 前掲書、carte 44, p. 317〔『新ヨーロッパ大全Ⅱ』地図、18頁〕.

（7） 阿弥陀信仰に与する仏教については、以下の文献を参照のこと。Emmanuel Todd, *Le Destin des immigrés*, 前掲書、p. 169–172〔『移民の運命』198〜202頁〕.

（8） 神道の概容については、以下の文献を参照のこと。Satoshi Yamaguchi, *Shinto From an International Perspective*, Tokyo, Ebisu-Kosyo Publication Company, 2012.

（9） William W. Rostow, *The Stages of Economic Growth*, 前掲書〔『経済成長の諸段階』〕.

（10） Emmanuel Todd, *La Troisième Planète, Structures fammiliales et systèmes idéologiques*, 前掲書〔「第三惑星——家族構造とイデオロギーシステム」『世界の多様性』所収〕。

（11） Peter Laslett, *The World We Have Lost*, Londres, Methuen, 1965 puis 1971〔ピーター・ラスレット『われら失いし世界——近代イギリス社会史』川北稔・指昭博・山本正訳、三峰書房、1986年〕.

（12） Alan Macfarlane, *The Origins of English Individualism*, Oxford, Basil Blackwell, 1978〔アラン・マクファーレン『イギリス個人主義の起源——家族・財産・社会変化』酒田利夫訳、南風社、1997年〕.

第9章

（1） ローマ帝国がブリテン島を属州化したのは紀元後43年であった。

（2） Emmanuel Todd, *Le Destin des immigrés*, 前掲書、chapitre 3〔『移民の運命』第3章〕.

（3） 英語圏の人口増大プロセスについては、以下の文献を参照のこと。Colin McEvedy et Richard Jones, *Atlas of World Population History*, Londres, Penguin, 1978, Tony Wrigley et Roger Schofield, *The Popula-*

Paul, 1970; Robert Muchembled, *Les Derniers Bûchers, Un village de Flandre et ses sorcières sous Louis XIV*, Paris, Ramsay, 1981.

(15) Keith Wrightson et David Levine, *Poverty and Piety in an English Village. Terling 1525–1700*, New York, Academic Press, 1979, 特に le chapitre V,《Conflict and Control: the Villagers and the Courts》.

(16) これらの数値については、以下の文献を参照のこと。André Corvisier, *Armées et sociétés en Europe de 1494 à 1789*, Paris, PUF, 1976, p. 126.

(17) Peter K. Taylor, *Indentured to Liberty. Peasant Life and the Hessian Military State*, Ithaca/New York, Cornell University Press, 1994, p. 87.

(18) 同上。chapitre 3,《Military Taxation, Recruitment Policy and the Ideology of "Das Ganze Haus"〔不分割の家〕》.

(19) Liah Greenfeld, *The Spirit of Capitalism. Nationalism and Economic Growth*, Cambridge, Harvard University Press, 2001.

(20) Akira Hayami,《The Myth of Primogeniture and Impartible Inheritance in Tokugawa Japan》, 前掲論文、p. 3–29.

第7章

(1) William W. Rostow, *The Stages of Economic Growth*, 前掲書〔『経済成長の諸段階』〕.

(2) とはいえ私は、人口学的移行がいつ始まったかを記すことはしなかった。人口学的移行が起こるときにはたいてい、その前に死亡率が低下するからである。

(3) Daron Acemoglu et James A. Robinson, *Why Nations Fail*, 前掲書〔『国家はなぜ衰退するのか』上・下〕.

(4) これは、私が1984年にスイユ社から上梓した以下の著作でおこなったことである。*L'Enfance du monde. Structures familiales et développement*〔「世界の幼少期——家族構造と成長」『世界の多様性』所収〕.

(5) Emmanuel Matteudi, *Structures familiales et Développement local*, Paris, L'Harmattan, 1997.

第8章

(1) Lucien Febvre, *Le Problème de l'incroyance au XVIe siècle. La religion de Rabelais*, Paris, Albin Michel, 1947〔リュシアン・フェーブル『ラ

第 6 章

（1） Felipe Pegado et *al.*, 《Timing the Impact of Literacy on Visual Processing》, *PNAS*, vol. 111, n° 49, novembre 2014.

（2） David Riesman, *The Lonely Crowd*, 1950, Londres, Yale University Press, 2001, p. 89–90（traduction française, *La Foule solitaire*, Paris, Arthaud, 1964 et 1992).〔デイヴィッド・リースマン『孤独な群衆〈上〉』加藤秀俊訳、みすず書房、2013 年、228 頁〕.

（3） 同上〔『孤独な群衆』230 頁〕。

（4） 本書上巻、第 2 章、126 頁を参照のこと。

（5） John Hajnal, 《European Marriage Patterns in Perspective》, in David V. Glass et David E. C. Eversley, *Population in History. Essays in Historical Demography*, Londres, Edward Arnold, 1965, p. 101–143.

（6） Tony Wrigley et Roger Schofield, *The Population History of England, 1541–1871*, 前掲書、p. 255.

（7） 同上。p. 260.

（8） Robert Muchembled, *Une histoire de la violence. De la fin du Moyen Âge à nos jours*, Paris, Seuil, 2008, et 《Points Histoire》 n° 463, 2012, p. 57.

（9） 同上。p. 31.

（10） 同上。p. 7.

（11） 同上。p. 49.

（12） Norbert Elias, *La Civilisation des mœurs et la dynamique de l'Occident*, Paris, Calmann-Lévy, 1973 et 1975（première édition allemande: *Über den Prozess der Zivilisation*, Basel, Verlag Haus zum Falken, 1939）〔ノルベルト・エリアス『文明化の過程　上――ヨーロッパ上流階層の風俗の変遷』赤井慧爾・中村元保・吉田正勝訳、法政大学出版局、1977 年、『文明化の過程　下――社会の変遷／文明化の理論のための見取図』波田節夫・溝辺敬一・羽田洋・藤平浩之訳、法政大学出版局、1978 年〕.

（13） Pierre Chaunu, *La Civilisation de l'Europe classique*, Paris, Arthaud, 1966, 2e édition 1984, p. 378.

（14） Hugh Trevor-Roper, *The European Witch-Craze of the 16th and 17th Centuries*, Londres, Pelican Books, 1969; Robert Mandrou, *Magistrats et Sorciers en France au XVIIe siècle*, Paris, Plon, 1968; Alan Macfarlane, *Witchcraft in Tudor and Stuart England. A Regional and Comparative Study*, Abingdon-on-Thames, Routledge and Kegan

Structures familiales et développement（1984）の総論的テーゼ（reprise dans La Diversité du monde, 前掲書）〔「世界の幼少期——家族構造と成長」『世界の多様性』所収〕.

（5） Unesco, *Le Défi de l'alphabétisation: un état des lieux*. http://www.unesco.org/education/GMR2006/full/chap7_fr.pdf, p. 176.

（6） 同上。p. 177.

（7） Martin Luther, *De Servo Arbitrio*〔ルター「奴隷的意志」山内宣訳、5分の1程度の抄訳、『世界の名著23　ルター』所収、中央公論社、1979年〕et Érasme, *De Libero Arbitrio Diatribe sive Collatio*〔エラスムス『評論「自由意志」』山内宣訳、聖文舎、1977年〕.

（8） Martin Luther, *Du serf arbitre*, in *Œuvres*, tome V, Genève, Labor et Fides, 1958, p. 150〔『世界の名著23　ルター』224頁〕.

（9） Martin Luther, *Du serf arbitre*, in *Œuvres*, tome V, Genève, Labor et Fides, 1958, p. 156〔この部分は既訳がないため、仏訳より重訳〕.

（10） Emmanuel Todd, *L'Invention de l'Europe*, Paris, Seuil, 1990 et《Points Essais》n° 321, 1996, p. 135–140, et p. 507〔エマニュエル・トッド『新ヨーロッパ大全Ｉ』石崎晴己訳、藤原書店、1992年、144〜150頁、『新ヨーロッパ大全Ⅱ』石崎晴己・東松秀雄訳、藤原書店、1993年、226〜227頁〕.

（11） Mikolaj Szoltysek et *al.*,《Variation spatiale des structures des ménages en Allemagne au XIXe siècle》, *Population*, vol. 69, n° 1, 2014, p. 57–84.

（12） Hans Bödeker et *al.*, *Alphabetisierung und Literalisierung in Deutschland in der Frühen Neuzeit*, Tübingen, Max Niemeyer Verlag, 1999, p. 44.

（13） 同上。p. 113.

（14） Roger Schofield,《Dimensions of Illiteracy in England, 1750–1850》, *Explorations in Economic History*, vol. 10, 4, 1973, p. 437–454.

（15） François Furet et Jacques Ozouf, *Lire et Écrire. L'alphabétisation des Français de Calvin à Jules Ferry*, tome II, Paris, Éditions de Minuit, 1977, p. 206 et p. 238.

（16） Kenneth Lockridge, *Literacy in Colonial New England*, New York, Norton, 1974, p. 39.

（17） Recensement de 1897, Tableau III a.

（18） Recensement de 1926, Livre 5, tableau 1.

Rome au IVe siècle d'après l'œuvre d'Ambroise de Milan, Rennes, Presses universitaires de Rennes, 2008, p. 88.

(34) Peter Brown, *The Body and Society, Men, Women and Sexual Renunciation in Early Christianity*, New York, Columbia University Press, 1988, p. 145（私は2008年の再版を用いている）.

(35) Stephen Neill, *A History of Christian Missions*, Londres, Penguin, 1964, p. 88–90.

(36) Rodney Stark, *The Rise of Christianity*, 前掲書、p. 107.

(37) Saint Augustin, *La Cité de Dieu*, 前掲書、XV, 16〔『神の国　4』71～72頁、〔　〕内は訳者による補足〕.

(38) Peter Brown, *Through the Eye of a Needle. Wealth, the Fall of Rome and the Making of Christianity in the West, 350–550 AD*, Princeton, Princeton University Press, 2012, p. 76（traduction française par Béatrice Bonne, *À travers un trou d'aiguille. La richesse, la chute de Rome et la formation du christianisme*, Paris, Les Belles Lettres, 2016）.

(39) Rodney Stark, *The Rise of Christianity*, 前掲書、第7章にこのカオスの驚異的な描写がある。

(40) Peter Kropotkin, *Mutual Aid. A Factor of Evolution* [1902], New York, New York University Press, 1972〔ピョートル・クロポトキン『新装増補修訂版　相互扶助論』大杉栄訳、同時代社、2017年〕; Anton Pannekoek et Patrick Tort, *Darwinisme et Marxisme* [1909], Paris, Les Éditions Arkhê, 2011.

(41) 本書上巻、第3章、153頁を参照のこと。

第5章

(1) William V. Harris, *Ancient Literacy*, 前掲書、p. 141.

(2) Egil Johansson,《The History of Literacy in Sweden in Comparison with Some Other Countries》, *Educational Reports*, n° 12, 1977, p. 9–10.

(3) Richard L. Gawthrop,《Literacy Drives in Pre-industrial Germany》, in Robert F. Arnove et Harvey J. Graff, *National Literacy Campaigns and Movements. Historical and Comparative Perspectives*, New Brunswick et Londres, Transaction Publishers, 1987 et 2008, p. 29–48, 特にp. 34を参照のこと。

(4) 以下の文献を参照のこと。Emmanuel Todd, *L'Enfance du monde.*

て).

(23) Zenon Guldon et Waldemar Kowalski,《The Jewish Population and Family in the Polish-Lithuanian Commonwealth in the Second Half of the 18th Century》, in 同上、p. 517–530; Andrejs Plakans,《Age and Family Structures Among the Jews of Mitau, Kurland, 1833–1834》, in 同上、p. 545–561; et Gerald L. Soliday,《The Jews of Early Modern Marburg, 1640s–1800. A Case Study in Family and Household Organization》, 前掲論文。

(24) Elisabeth Goldschmidt, Amiram Ronen et Ilana Ronen,《Changing Marriage Systems in the Jewish Communities of Israel》, *Annals of Human Genetics*, n° 24, 1960, p. 191–204.

(25) Myriam Khlat,《Les mariages consanguins à Beyrouth》, *Cahiers de l'INED*, n° 125, 1989, p. 93.

(26) Saint Augustin, *La Cité de Dieu*, vol. 2, Livre XV, Paris,《Points Sagesses》n° 76, 1994, p. 22〔聖アウグスティヌス『神の国 4』服部英次郎・藤本雄三訳、岩波文庫、1986年、71頁〕.

(27) Flavius Josèphe, *Contre Apion*, Paris, Les Belles Lettres, 2012, p. 93–95（強調は筆者）〔フラウィウス・ヨセフス『アピオーンへの反論』秦剛平訳、山本書店、1977年、220〜222頁、〔 〕内は訳者による補足〕.

(28) Tacite, *Histoires*, Livre V, 5, Paris, Gallimard,《Folio》, 1980（強調は筆者）〔タキトゥス『同時代史』國原吉之助訳、ちくま学芸文庫、2012年、385〜386頁、〔 〕内は訳者による補足。引用文中の「神々」とは、いうまでもなく多神教の神々である〕.

(29) Flavius Josèphe, *La Guerre des Juifs*, II, 8, Paris, Éditions de Minuit, 1977, p. 241–243.

(30) Évangile selon saint Matthieu, X, 21–22〔マタイによる福音書 10, 21–22, 訳文は日本聖書協会『聖書』新共同訳に拠る〕.

(31) Rodney Stark, *The Rise of Christianity. How the Obscure, Marginal, Jesus Movement Became the Dominant Religious Force in the Western World in a Few Centuries*, Princeton, Princeton University Press, 1996. 私は1997年の Harper Collins 版を用いている。第3章全体がこの問題に割かれている。

(32) Maristella Botticini et Zvi Eckstein, *The Chosen Few*, 前掲書。この著作の総論的テーゼ（特に p. 18 のグラフ）.

(33) Dominique Lhuillier-Martinetti, *L'Individu dans la famille à*

(8) Thomas Römer, Jean-Daniel Macchi et Christophe Nihan (éd.), *Introduction à l'Ancien Testament*, Genève, Labor et Fides, 2004, réédité et augmenté en 2009.

(9) Sarah B. Pomeroy, *Families in Classical and Hellenistic Greece*, Oxford, Clarendon Press, 1997, p. 127.

(10) William V. Harris, *Ancient Literacy*, Cambridge, Harvard University Press, 1989, p. 136, p. 239, et p. 252.

(11) Erich S. Gruen, *Diaspora. Jews amidst Greeks and Romans*, Cambridge, Harvard University Press, 2002.

(12) Shaye J. D. Cohen, *The Beginnings of Jewishness. Boundaries, Varieties, Uncertainties*, Berkeley, University of California Press, 2001.

(13) 同上。p. 307.

(14) Maristella Botticini et Zvi Eckstein, *The Chosen Few. How Education Shaped Jewish History. 70–1492*, Princeton, Princeton University Press, 2012.

(15) Shaye J. D. Cohen, *The Beginnings of Jewishness*, 前掲書、p. 185.

(16) 同上。p. 203.

(17) Catherine Hezser, *Jewish Literacy in Roman Palestine*, Tübingen, Mohr Siebeck, 2001, p. 496.

(18) William V. Harris, *Ancient Literacy*, 前掲書。

(19) 同上。p. 259.

(20) この2人の研究者の著作は歴史のモデリングに努めている点で注目に値し、是非とも読むべき著作であることは間違いないが、すべての時代に関して、ユダヤ人の場合もそうでない場合も識字人口を過大評価するという欠点だけは否定すべくもない。しかし、古代および中世の空間の中でユダヤ人たちがどう変化したか、集団としての規模はどう推移したかといった傾向の見きわめにおいては、おそらく正鵠を射ている。

(21) Joel Perlmann, 《Literacy among the Jews of Russia in 1897: a Reanalysis of Census Data》, *Working Paper* n° 182, décembree 1996.

(22) Christopher R. Friedrichs, 《Jewish Household Structure in an Early Modern Town: The Worms Ghetto Census of 1610》, *History of the Family*, n° 8, 2003, p. 481–493(家屋に関して), et Gerald L. Soliday, 《The Jews of Early Modern Marburg, 1640s–1800. A Case Study in Family and Household Organization》, 同上、p. 495–516(世帯に関し

最も粗野な状態にあってもなお、人間は他の動物たちより遥かに上にいる。（……）極度に堕落していても、人間は動物たちのレベルにまでは身を落とさない。ひと言でいえば、人間は、いかなる状況にあってもやはり人間なのである」*Essai sur l'histoire de la société civile*, dans la traduction de Claude-François Bergier, Paris, Veuve Desaint, 1783, p. 13–14.

（28）　同上。p. 64–65.

第4章

（1）　Emmanuel Todd, *Le Destin des immigrés. Assimilation et ségrégation dans les démocraties occidentales*, Paris, Seuil, 1994, et《Points Essais》, n° 345, 1997〔エマニュエル・トッド『移民の運命――同化か隔離か』石崎晴己・東松秀雄訳、藤原書店、1999年〕. 特に《l'unité contre la différence: la famille-souche et le monothéisme》〔「単一性対差異――直系家族と一神教」〕についての項、p. 168–172〔198頁〜202頁〕を参照のこと。

（2）　André Chouraqui, *La Vie quotidienne des hommes de la Bible*, Paris, Hachette, 1978, p. 159–162.

（3）　Baruch Halpern,《Jerusalem and the Lineages in the 7th Century BCE: Kinship and the Rise of Individual Moral Liability》, in Baruch Halpern et Deborah W. Hobson,《Law and Ideology in Monarchic Israel》, *Journal for the Study of the Old Testament*, Supplement Series 124, 1991, p. 11–107.

（4）　Israel Finkelstein et Neil Asher Silberman, *The Bible Unearthed. Archaeology's New Vision of Ancient Israel and the Origin of Its Sacred Texts*, New York, Simon and Schuster, 2001（私は2002年のTouchstone版を用いている）〔イスラエル・フィンケルシュタイン、ニール・アシェル・シルバーマン『発掘された聖書――最新の考古学が明かす聖書の真実』越後屋朗訳、教文館、2009年〕; Mario Liverani, *La Bible et l'Invention de l'histoire*, Paris, Gallimard,《Folio》, 2010.

（5）　Christophe Lemardelé,《Structures familiales et idéologie religieuse dans l'ancien Israël. Contribution pour une compréhension du " monothéisme "biblique》, *Semitica et Classica*, n° 9, 2016, p. 43–60.

（6）　Israel Finkelstein et Neil Asher Silberman, *The Bible Unearthed*, 前掲書、p. 109〔『発掘された聖書』136〜137頁〕.

（7）　James G. Frazer, *Folk-Lore in the Old Testament*, 前掲書、p. 429–433.

「原始性」は、どんな意味でも彼をサルに近づけはしない。チンパンジーは、既述のとおり、安定した夫婦関係を知らない。人類とチンパンジーの間の断絶は明確きわまりないのだ。

(17) Edward Westermark, *The History of Human Marriage*, 前掲書、p. 20.

(18) 同上。p. 239.

(19) 同上。p. 505.

(20) Clellan Ford et Franck Beach, *Patterns of Sexual Behaviour*, New York, Harper, 1951, chapitres 6 et 7〔クレラン・S・フォード、フランク・A・ビーチ『人間と動物の性行動――比較心理学的研究』新思潮社、1967年、第6章、第7章〕.

(21) Alexander Carr-Saunders, *The Population Problem. A Study in Human Evolution*, Oxford, Clarendon Press, 1922, chapitre 7.

(22) Darwin, *The Descent of Man, and Selection in Relation to Sex*, Londres, John Murray, 2 volumes, 1871（著者自身によって増補された1879年刊の第2版、特に第5章）〔『ダーウィン著作集2　人間の進化と性淘汰II』長谷川眞理子訳、文一総合出版、2000年〕.

(23) Pierre Guichard, *Structures sociales《orientales》et《occidentales》dans l'Espagne musulmane*, Paris, Mouton, 1977.

(24) Konrad Lorenz, *L'Agression. Une histoire naturelle du mal*, Paris, Flammarion, 1969〔コンラート・ローレンツ『攻撃――悪の自然誌』1、2、日高敏隆・久保和彦訳、みすず書房、1970年〕.

(25) スコットランド高地（ハイランド）の国境付近で生まれ、高地連隊（ハイランダーズ）の従軍牧師だったファーガソンは、この「遅れた」民族の道徳性をよく知っていた。当時のホイッグ党〔自由党の前身〕の近代性に賛同していたが、それでも彼は、遅れているか、モダンか、というタイプの単純すぎる進化主義を採らなかった。

(26) Adam Ferguson, *Essai sur l'histoire de la société civile* [Édimbourg, 1767], Lyon, ENS Éditions, 2013, p. 55–56.

(27) 「(……) さまざまな動物のただ中にあって、人間はつねに画然と異なる、高次元の種として現れた。(……) 類似の器官を持っているにもかかわらず、顔つきにいささか似たところがあるにもかかわらず、手の使用にもかかわらず、人間と結びついたり交流したりする能力にもかかわらず、他のどの種もその本性と技能を、この至高の職人〔人間〕の本性および技能と同一視できるところまで引き上げるに到ったためしがない。(……)

Macmillan, 1891, p. 51–52〔未訳。1970年に社会思想社から刊行された『人類婚姻史』は同著者の別の著作の邦訳である〕.

(15)　同上。p. 353.

(16)　家族システムの分岐を説明する私のモデルが、残念ながらウェスターマークの歴史的考察のうちの大部分を時代遅れにしてしまうけれども、しかし、私は混じり気なしの喜びをもって、彼の研究の余波で無効化される犠牲者の1人が社会生物学界の法王、エドワード・オズボーン・ウィルソン〔1929〜2021、米国ハーバード大学名誉教授〕であることを確認する。E・O・ウィルソンのダーウィニズム解釈は典型的に差異主義的だ。ダーウィンの所説の普遍主義的な読みは、人類の単一性をけっして視野から失わない。この単一性を表現するのは、すべての人種の間に妊性があること、つまり全き生殖が可能であることによって示され、他の動物種との分離過程に必要だった年月の長さによって説明できる。そもそもダーウィン自身が、地質学的時間と生物学的時間の通約不可能性を指摘することで、中間種の極度の稀少性を説明している。差異主義的傾向のダーウィニズムには、あるいは社会ダーウィニズムや社会生物学には、人類の内部での差異化への潜在的選好という反対方向への向性が見られる。差異主義的ダーウィニズムは実際上、家族の進化の標準モデル——複合的なものから単純なものへの変容——に高度に依存しており、経済的発展のレベルが最も低い諸民族は彼らの家族編成において最も動物性に近いはずだという原則から出発する。その結果、われわれは、たとえばウィルソンが『人間の本性について』の中で譫言（うわごと）を言うのを聞かされる。何についての譫言かというと、女子の赤ん坊を対象とする選択的な嬰児殺しについてなのだが、この嬰児殺しは、北インドで女性が自分よりも社会的地位の高い男性と結婚しようと試みる上昇婚（ハイパーガミー）に起因する現象なのである。

おあいにく、とでも言うほかはない。北インドの家族システムは、人類の原初的システムから大きく遠ざかっている。それはひとつの長い歴史の所産であり、そのシステムの最も残酷な特徴が解釈されるべきは、洗練化の観点からであって、間違っても原始性の観点からではない。女性のステータスの低下がつねに当該地域における識字率の非常な低さとなって表れ、北インド文明の文化的閉塞に行き着いたのは真実であるけれども、それとこれとを混同してはならないのである。

習俗の面から見て原初のホモ・サピエンスに最も近いのは、社会生物学者であろうとなかろうと、ホモ・アングロ・アメリカヌスにほかならない。とはいえ、ウィルソン氏は安心されるがよい。家族システムにおける彼の

er-Gatherers: a Cross-Cultural Examination》, *Population and Development Review*, vol. 33, n° 2, p. 321–365, june 2007:「われわれ人類に固有の寿命のあり方が存在していると結論しよう。その寿命の間、まず幼児期と、本来の意味の子供時代を通じて死亡率が大きく減少していく。そのあと40歳くらいまでほぼ一定の死亡率の時期が続くが、40歳を過ぎると、ゴンペルツの法則にしたがって死亡率が一定のペースで上昇する。成人の死亡年齢の最頻値はおよそ70歳で、それまでは力強い生産者であり続けるのだが、その後はたちまち老化し、人びとは他界していく。人体についてのわれわれの仮説は、これまで人類を進化させてきたような環境においては約70年間よく機能するように考案されている、というものである。死亡率は、人口集団により、また時代により異なる。とりわけ事故死や他殺についてその差が大きい」(p. 322)

(3) 同上。p. 335.

(4) Priscille Touraille, *Hommes grands, femmes petites: une évolution coûteuse*, Paris, Éditions de la Maison des sciences de l'homme, 2008, p. 126–127.

(5) Alain Testart, 《Essai sur les fondements de la division sexuelle du travail chez les chasseurs-cueilleurs》, *Cahiers de l'Homme*, Paris, EHESS, 1986.

(6) Lorna Marshall, 《Marriage Among !Kung Bushmen》, 前掲論文、p. 364.

(7) Sous la direction de Richard Lee et Irven Devore, *Man the Hunter*, New Brunswick, Aldine Transaction, 1968.

(8) ジョージ・マードックは、彼のコード化体系の中で限界を66%に定めている。

(9) Lorna Marshall, 《Marriage Among !Kung Bushmen》, 前掲論文、p. 335–365.

(10) George Frazer, *Folk-lore in the Old Testament. Studies in Comparative Religion, Legend and Law*, Londres, Macmillan, 1919.

(11) Raj Arhem, *Makuna Social Organization. Study in Descent, Alliance and the Formation of Corporate Groups in the North-western Amazon*, Uppsala, Academiae Upsaliensis, 1981, p. 186–187.

(12) Laurent Barry, *La Parenté*, Paris, Gallimard, 2008, p. 82–107.

(13) 本書上巻、第2章、123頁を参照のこと。

(14) Edward Westermark, *The History of Human Marriage*, Londres,

Manchester, Manchester University Press, 1956.
(21) 同上。p. 157. 長女の長男による相続は、直接的な長子相続権による相続への進化をともない、母系制と長子相続の結びつきが頻繁であることを示す。
(22) George Peter Murdock, *Social Structure*, 前掲書、p. 28〔『社会構造』51 頁〕.
(23) Ron Lesthaeghe et *al.*, *Reproduction and Social Organization in Sub-Saharan Africa*, Berkeley, University of California Press, 1989 (p. 270–277 の地図).
(24) Ian Knight, *The Anatomy of the Zulu Army from Shaka to Cetshwayo, 1818–1879*, Londres, Greenhill Books, 1999.
(25) ショショーニ族は、とマーク・トウェインは書いた。「この執筆に到るまでに私が見た人類のうちで最も浅ましくも惨めなタイプだ（the wretchedest type of mankind I have ever seen up to this writing）」(Mark Twain, *Roughing it*, University of Virginia, 1872〔マーク・トウェイン『新版 苦難を乗りこえて――西部放浪記』勝浦吉雄・勝浦寿美訳、文化書房博文社、2008 年〕).
(26) Julian Steward, *Basin-Plateau Aboriginal Sociopolitical Groups*, United States Government Printing Office, 1938 (réédition Salt Lake City, University of Utah Press, 1997).
(27) Thomas Headland, 《Kinship and Social Behavior Among Agta Negrito Hunter-Gatherers》, *Ethnology*, vol. XXVI, n° 4, octobre 1987, p. 261–280 et p. 270.
(28) Stella Go, 《The Filipino Family in the Eighties: a Review of Research》, *The Changing Family in Asia*, p. 239–306, 特に p. 258–259.
(29) Peter Czap, 《"A Large Family: the Peasant's Greatest Wealth": Serf Households in Mishino, Russia, 1814–1858》, in Richard Wall et *al.*, *Family Forms in Historic Europe*, Cambridge, Cambridge University Press, 1983, p. 105–150; Emmanuel Todd, *La Diversité du monde*, 前掲書、tableau p. 398〔『世界の多様性』506 頁の表〕.

第 3 章

(1) Vernon Reynolds, 《Kinship and Family Among Monkeys, Apes and Man》, *Man*, vol. 3, n° 2, juin 1968, p. 209–223.
(2) Michael Gurven et Hillard Kaplan, 《Longevity Among Hunt-

核家族にとどまっている。以下の文献を参照のこと。George Peter Murdock, *Africa, its Peoples and Culture History*, 前掲書、p. 51. ブッシュマンのクン族も父系的な環境の影響を被っているが、しかし彼らはなお、原初のタイプに近い（同上、p. 55–56, et Lorna Marshall, 《Marriage among !Kung Bushmen》, *Africa*, vol. XXIX, n° 4, 1959, p. 335–365）。

（10） Peter Gluckman et *al.*, *Principles of Evolutionary Medicine*, 前掲書、p. 141.

（11） George Peter Murdock, 《Ethnographic Atlas: a Summary》, *Ethnology*, vol. VI, n° 2, 1967, p. 109–235.

（12） George Peter Murdock, *Africa, its Peoples and their Culture History*, 前掲書、p. 67.

（13） Peter Bellwood, *First Farmers, The Origins of Agricultural Societies*, Oxford, Blackwell, 2005, chapitre V.

（14） Meyer Fortes, *The Web of Kinship among the Tallensi*, Oxford, Oxford University Press, 1949（特に le chapitre III）.

（15） Richard Henderson, *The King in Every Man. Evolutionary Trends in Onitsha Ibo Society and Culture*, New Haven et Londres, Yale University Press, 1972, p. 150（長子権について）; Jeremy Eades, *The Yoruba Today*, Cambridge, Cambridge University Press, 1980, p. 55（ヨルバ人においては長子相続の非常に大きな重要性が確認できるが、そこに1つ、長兄から末弟への譲渡という旧い要素が伴っている）; Jean Hurault, *La Structure sociale des Bamilékés*, Paris-La Haye, Mouton, 1962, p. 50.

（16） ここでは、マードックが以下の文献で提示している年代づけを踏襲するが、私に確信はない。George Peter Murdock, *Africa, its Peoples and their Culture History*, 前掲書、p. 21.

（17） Abdoulaye Bara Diop, *La Famille Wolof*, Paris, Karthala, 1985, p. 15; Pace Lloyd, 《Agnatic and Cognatic Descent among the Yoruba》, *Man, New series*, vol. 1, n° 4, décembre 1966, p. 484–499.

（18） Meyer Fortes, 《Kinship and Marriage among the Ashanti》, in Alfred Radcliffe-Brown, Daryll Forde et *al.*, *African Systems of Kinship and Marriage*, Oxford, Oxford University Press, 1950, p. 252–284.

（19） Audrey Richards, 《Some Types of Family Structure amongst the Central Bantu》, in Alfred Radcliffe-Brown, Daryll Forde et *al.*, *African Systems of Kinship and Marriage*, 前掲書、p. 207–251.

（20） 以下の文献も参照のこと。James Clyde Mitchell, *The Yao Village*,

ia, Oxford, Oxford University Press, 1975; George Korb, *Ticaco: an Aymara Indian Community*, Ithaca, Cornell University Press, 1966; Hugo Nutini, *San Bernardino Contla. Marriage and Family Structure in a Tlaxcalan Municipio*, Pittsburgh, University of Pittsburgh Press, 1968; David L. Robichaux, 《Residence Rules and Ultimogeniture in Tlaxcala and Mesoamerica》, *Ethnology*, vol. XXXVI, n° 2, printemps 1997, p. 149–171; M. Salovesa, 《Post-Marital Residence in San Bartolome de los Llanos, Chiapas》, in Hugo Nutini et *al.*, *Essays on Mexican Kinship*, Pittsburgh, University of Pittsburgh Press, 1976, p. 207–217; Evon Vogt, *Ethnology. Handbook of Middle American Indians*, vol. 8, Austin, University of Texas Press, 1969; Marie-Noëlle Chamoux, *Indiens de la Sierra. La communauté paysanne au Mexique*, Paris, L'Harmattan, 1981.

（2） David Robichaux, 《Residence Rules and Ultimogeniture in Tlaxcala and Mesoamerica》, 前掲論文、p. 150.

（3） Jean-Louis Christinat, *Des parrains pour la vie. Parenté rituelle dans une communauté des Andes péruviennes*, 前掲書、p. 20.

（4） Robert McCaa, 《The Nahua calli of Ancient Mexico. Household, Family and Gender》, *Continuity and Change*, vol. 18, n° 1, 2003, p. 23–48.

（5） Robert Lowie, *Primitive Society*, New York, Boni and Liveright, 1919, chapitre 4〔ロバート・H・ローウィ『原始社会』河村只雄・河村聖訳、未來社、1979年、第4章〕, et George Peter Murdock, *Social Structure*, 前掲書、chapitre 1〔『社会構造』第1章〕.

（6） ここで私はマードックの『民族学地図』（*Ethnographic Atlas*）のデータを用いている。シアネ族、モツ族、マナム族、アベラム族における長子相続の痕跡。

（7） アフリカの家族システムおよび親族システムについて、最もアクセスしやすい総合的著作として以下の文献を挙げておく。George Peter Murdock, *Africa, its Peoples and Culture History*, New York, Mc Graw Hill, 1959. Jean Poirier et *al.*, *Ethnologie régionale*, tome I, *Afrique et Océanie*, Paris, Gallimard, 1972.

（8） Henri Léridon, 《Afrique subsaharienne: une transition démographique explosive》, *Futuribles*, n° 407, juillet-août 2015.

（9） ピグミーの家族は周辺の父系制・父方居住の集団に影響されているが、

律令）に匹敵するほど重要なのではないか。

（9） 親族に関するドイツの専門用語はわれわれのものとほとんど違わない。日本については、以下の文献を参照のこと。Chie Nakane, *Kinship and Economic Organization in Rural Japan*, Londres, The Athlone press, 1967, p. 32–33.

（10） Marshall D. Sahlins, 《The Segmentary Lineage: An Organization of Predatory Expansion》, *American Anthropologist*, New Series, vol. 63, n° 2, part 1, avril 1961, p. 322–345 et Frank Lorimer, *Culture and Human Fertility. A Study of the Relations of Cultural Conditions to Fertility in Non-industrial and Transitional Societies*, Paris, Unesco, 1954, 特に p. 90–94. ロリマー（Lorimer）は、核家族の始源的性質と、複合的家族構造と発展の結びつきについてのローウィ（Lowie）の結論を再確認している。その点で、鉄器の使用と父系制の結びつきは明白である（p. 63）。

（11） Sous la direction d'Antoinette Fauve-Chamoux et Emiko Ochiai, *The Stem Family in Eurasian Perspective*, Berne, Peter Lang, 2009.

（12） David Le Bris, William N. Goetzmann et Sébastien Pouget, 《Alternative Paths to the Development of the Corporate Form》, présenté à Florence le 1er mai 2016.

（13） Akira Hayami, 《The Myth of Primogeniture and Impartible Inheritance in Tokugawa Japan》, *Journal of Family History*, vol. 8, n° 1, printemps 1983, p. 3–29.

（14） Dionigi Albera, *Au fil des générations. Terre, pouvoir et parenté dans l'Europe alpine*（*XIVe–XXe siècles*）, Grenoble, Presses universitaires de Grenoble, 2011, 特に p. 484–491.

第2章

（1） Hans Buechler et Judith-Maria Buehler, *The Bolivian Aymara*, New York, Holt, Rinehart and Winston, 1971; H. Tschopik, 《The Aymara of Chucuito, Peru》, *Anthropological Papers of the American Museum of Natural History*, vol. 44, n° 2, 1951; Jean-Louis Christinat, *Des Parrains pour la vie. Parenté rituelle dans une communauté des Andes péruviennes*, Neuchâtel, Éditions de l'Institut d'ethnologie et Paris, Éditions de la Maison des sciences de l'homme, 1989; William J. Mc Ewen, *Changing Rural Society. A Study of Communities in Boliv-*

Farrar and Rinehart, 1937.

第1章

（1） アメリカ大陸への移住定着は数次に及んだとも考えられ、その時期の推定については、紀元前3万年から紀元前1万年の間で諸説がある。
（2） *Founder effect*.
（3） Brenna M. Henna, Luigi Luca Cavalli-Sforza et Marcus W. Feldman, 《The Great Human, Expansion》, in Proceedings of the National Academy of Sciences, vol. 109, n° 44, octobre 2012. 以下の文献も参照のこと。Luigi Luca Cavalli-Sforza, Paolo Menozzi et Alberto Piazza, *The History and Geography of Human Genes*, Princeton, Princeton University Press, 1994.
（4） Marta D. Costa, Martin B. Richards et *al.*, 《A Substantial Prehistoric European Ancestry amongst Ashkenazi Maternal Lineages》, http://www.nature.com/ncomms/2013/131008/ncomms3543/full/ncomms3543.html.
（5） Adolphus P. Elkin, *Les Aborigènes australiens*, Paris, Gallimard, 1967, p. 29.
（6） 以下の卓越した書を参照のこと。Peter Gluckman, et *al.*, *Principles of Evolutionary Medicine*, Oxford, Oxford University Press, 2009.
（7） クロード・レヴィ＝ストロースの『親族の基本構造』（Claude Lévi-Strauss, *Structures élémentaires de la parenté*, Paris-La Haye, Mouton, 1967, p. 176–177 et p. 404）〔クロード・レヴィ＝ストロース『親族の基本構造』福井和美訳、青弓社、2000年〕の脚註にはなおPCZPの痕跡が見出せるが、ジョージ・マードックはいっそうラディカルだ。彼は*Social Structure*, New York, Macmillan Company, 1949〔G・P・マードック『社会構造』内藤完爾監訳、新泉社、2001年〕の中で、空間的隣接性の分析の拒否をいきなり1つの原則として掲げている。実際、諸特徴の関係を確定するために単純相関係数を用いる際、彼のやり方では空間的な近さが要因としてはア・プリオリに除外されてしまう。
（8）『家族システムの起源Ⅰ』ではヨーロッパにいくつかの章を割いたが、私はその中で、旧約聖書が長子相続権にきわめて強くこだわっている（そしてそれをアウグスティヌスが『神の国』の中で重々しく引き継いでいる）ことを、ヨーロッパの直系家族の誕生を理解するための重要な文化的要素として記すのを忘れた。あえていえば、日本における唐律（唐から伝来した

munist Manifesto, Cambridge, Cambridge University Press, 1960（*Les Étapes de la croissance économique: un manifeste non communiste*, Paris, Economica, 1997）〔W・W・ロストウ『経済成長の諸段階――一つの非共産主義宣言』木村健康・久保まち子・村上泰亮訳、ダイヤモンド社、1961年〕. 私はここで、この書の1990年に出た第3版の序文p. 18に載っている図表に示されている年代付けを用いる。

（18） Daron Acemoglu et James A. Robinson, *Why Nations Fail. The Origins of Power, Prosperity and Poverty*, New York, Random House, 2012〔ダロン・アセモグル、ジェイムズ・A・ロビンソン『国家はなぜ衰退するのか――権力・繁栄・貧困の起源』上・下、鬼澤忍訳、ハヤカワ・ノンフィクション文庫、2016年〕.

（19） 「英語圏」という概念はジェームズ・C・バーネットによって、以下の著書に導入された。James C. Bennett, *The Anglosphere Challenge. How the English-Speaking Nations Will Lead the Way in the 21th Century*, Lanham, Rowman and Littlefield publishers, 2004. ここには、基盤としての核家族というテーマが現れてはいるが、ごく副次的にでしかない。それが充分に展開したかたちで現れるのは以下の書においてである。James C. Bennett et Michael Lotus, *America 3.0. Rebooting American Prosperity in the 21th Century. Why America's Greatest Days Are yet to Come*, New York, Encounter Books, 2013.

（20） *World Patent Report 2008*, p. 16.

（21） Peter Laslett,《Mean Household Size in England Since the 16th Century》, in Peter Laslett, Richard Wall et *al.*, *Household and Family in Past Time*, Cambridge, Cambridge University Press, 1972, p. 125–158. 当時私は自分の学位論文を準備していたのだが、師ラスレット教授をややからかうような愉快さを味わいつつ、イタリアのトスカーナ地方で、フランスのブルターニュ地方で、またスウェーデンで、イギリスに存在した世帯よりも複合的な世帯を見つけて分析することに意を用いたのだった。

（22） Lutz Berkner,《The Stem Family and the Developmental Cycle of the Peasant Household: an 18th Century Austrian Example》, *American Historical Review*, vol. 77, n° 2, avril 1972, p. 398–418.

（23） ロックは、1689年に匿名で刊行された『統治二論』〔別名『市民政府二論』〕第1部でフィルマーを攻撃している〔ジョン・ロック『完訳　統治二論』加藤節訳、岩波文庫、2010年〕。

（24） Robert H. Lowie, *The History of Ethnological Theory*, New York,

（8） Robert Skidelsky, *Keynes. The Return of the Master*, New York, Public Affairs, 2009〔ロバート・スキデルスキー『なにがケインズを復活させたのか？――ポスト市場原理主義の経済学』山岡洋一訳、日本経済新聞出版社、2010 年〕.

（9） Tony Wrigley & Roger Schofield, *The Population History of England, 1521–1871*, Cambridge, Cambridge University Press, 1989, p. 203, 204–205, et 218 で提示された人口の年齢構成に基づく推計。

（10） Emmanuel Todd, *La Troisième Planète. Structures fammiliales et systèmes idéologiques*, Seuil, 1983 et *L'Enfance du monde. Structures familiales et développement*, Seuil, 1989. 1999 年に以下の 1 冊にまとめて再版された。*La Diversité du monde. Structures familiales et modernité*, Paris, Seuil, et《Points Essais》n° 821, 2017〔エマニュエル・トッド『世界の多様性』荻野文隆訳、藤原書店、2008 年〕.

（11） Hervé Le Bras et Emmanuel Todd, *Le Mystère français*, Paris, Seuil/République des idées, 2013〔エマニュエル・トッド、エルヴェ・ル・ブラーズ『不均衡という病』石崎晴己訳、藤原書店、2014 年〕, et Emmanuel Todd, *Qui est Charlie? Sociologie d'une crise religieuse*, Paris, Seuil, 2015〔エマニュエル・トッド『シャルリとは誰か？――人種差別と没落する西欧』堀茂樹訳、文春新書、2016 年〕.

（12） Andrew M. Greeley et Michael Hout,《Americans' Increasing Belief in Life After Death: Religious Competition and Acculturation》, *American Sociological Review*, vol. 64, n° 6, décembre 1999, p. 813–835, 特に p. 817 のグラフ。

（13） Emmanuel Todd, *L'Origine des systèmes familiaux*, tome I, *L'Eurasie*, Paris, Gallimard, 2011〔エマニュエル・トッド『家族システムの起源 I ユーラシア』上・下、石崎晴己監訳、藤原書店、2016 年〕.

（14） 「双系」の場合、父方の親族関係〔内戚〕と母方のそれ〔外戚〕を同等に扱う。「双系の」の代わりに「未分化の」、または「外戚の」と呼ばれることもある。

（15） 《There is no such thing as society.》

（16） イギリスや米国では、「英語圏」という言葉でしばしば、アメリカ、イギリス、オーストラリア、カナダ、ニュージーランドといった国々の統一ではないにせよ、少なくとも連携を目指す政治的プロジェクトが喚起される。本書における「英語圏」にはそのような含意はいっさいない。

（17） William W. Rostow, *The Stages of Economic Growth. A Non-Com-*

原　注

序　章

（1）《Real Median Household Income in the United States》, Federal Reserve Bank of S[t] Louis.

（2）《Rising Morbidity and Mortality in Midlife Among White Non-Hispanic Americans in the 21st Century》, *PNAS*, www.pnas.org/cgi/doi/10.1073/pnas.1518393112.

（3） Joseph Stiglitz, *Freefall. America, Free Markets and the Sinking of the World economy*, New York, Norton, 2010〔ジョセフ・E・スティグリッツ『フリーフォール――グローバル経済はどこまで落ちるのか』楡井浩一・峯村利哉訳、徳間書店、2010年〕; Paul Krugman, *End this Depression Now!*, New York, Norton, 2012〔ポール・クルーグマン『さっさと不況を終わらせろ』山形浩生訳、早川書房、2012年〕; Thomas Piketty, *Le Capital au XXIe siècle*, Paris, Seuil, 2013〔トマ・ピケティ『21世紀の資本』山形浩生・守岡桜・森本正史訳、みすず書房、2014年〕.

（4） James K. Galbraith, *The Predator State*, New York, Free Press, 2008（*L'État prédateur*, Paris, Seuil, 2009); Pierre-Noël Giraud, *L'Homme inutile*, Paris, Odile Jacob, 2015.

（5） ジョゼフ・スティグリッツとポール・クルーグマンは、スウェーデン王立銀行より与えられるノーベル経済学賞を受賞したのちに、「批判的」な学者としてのキャリアを歩み始めた。しかし彼らは、至高の認知度に達しなければという気がかりから解放された後でさえ、この根本的なタブーを侵犯することができなかった。

（6） Friedrich List, *Système national d'économie politique*, Paris, Gallimard, 1998〔フリードリッヒ・リスト『経済学の国民的体系』小林昇訳、岩波書店、1970年〕; John Meynard Keynes, *La Pauvreté dans l'abondance*, Paris, Gallimard, 2000; HaJoon Chang, *Kicking away the Ladder. Developmental Strategy in Historical Perspective*, Londres, Anthem Press, 2003〔ハジュン・チャン『はしごを外せ――蹴落とされる発展途上国』横山信治監訳、日本評論社、2009年〕.

（7） Emmanuel Todd, *L'Illusion économique*, Paris, Gallimard, 1998 et 1999, notamment au chapitre VI〔エマニュエル・トッド『経済幻想』平野泰朗訳、藤原書店、1999年、特に第6章〕.

著　者

エマニュエル・トッド（Emmanuel Todd）

1951年生まれ。フランスの歴史人口学者・家族人類学者。国・地域ごとの家族システムの違いや人口動態に着目する方法論により、『最後の転落』（76年）で「ソ連崩壊」を、『帝国以後』（2002年）で「米国発の金融危機」を、『文明の接近』（07年）で「アラブの春」を、さらにはトランプ勝利、英国EU離脱なども次々に“予言”。著書に『エマニュエル・トッドの思考地図』（筑摩書房）、『「ドイツ帝国」が世界を破滅させる』『シャルリとは誰か？』『問題は英国ではない、EUなのだ』『老人支配国家 日本の危機』『第三次世界大戦はもう始まっている』（いずれも文春新書）など。

訳　者

堀　茂樹（ほり しげき）

1952年生まれ。慶應義塾大学名誉教授（フランス文学・思想）。翻訳家。アゴタ・クリストフの『悪童日記』をはじめ、フランス文学の名訳者として知られる。訳書に『「ドイツ帝国」が世界を破滅させる』『シャルリとは誰か？』（以上、E・トッド著）、『カンディード』（ヴォルテール著）。

デザイン

永井翔

Emmanuel TODD : "OÙ EN SOMMES-NOUS? : Une esquisse de l'histoire humaine"

This book is published in Japan by arrangement with Éditions du Seuil,
Through le Bureau des Copyrights Français, Tokyo

我々《われわれ》はどこから来《き》て、今《いま》どこにいるのか？　上
アングロサクソンがなぜ覇権《はけん》を握《にぎ》ったか

2022年10月30日　第1刷発行

著　者　エマニュエル・トッド
訳　者　堀　茂樹
発行者　大松芳男
発行所　株式会社　文藝春秋
東京都千代田区紀尾井町 3-23（〒 102-8008）
電話　03-3265-1211（代）

印　刷　理想社
付物印刷　大日本印刷
製本所　加藤製本

・定価はカバーに表示してあります。
・万一、落丁・乱丁の場合は送料小社負担でお取替えします。
小社製作部宛にお送りください。

ISBN 978-4-16-391611-8　　Printed in Japan

エマニュエル・トッドの文春新書好評既刊

「ドイツ帝国」が世界を破滅させる
日本人への警告
エマニュエル・トッド　堀茂樹訳
ウクライナ問題の原因はロシアではなく、冷戦終結とEU統合によるドイツ帝国の東方拡大だ。ドイツ帝国がアメリカ帝国と激突する
1024

シャルリとは誰か？
人種差別と没落する西欧
エマニュエル・トッド　堀茂樹訳
シャルリ・エブド襲撃を非難した「私はシャルリ」のデモは、表現の自由を謳うが、実は偽善的で排外主義的であることを明らかにする
1054

問題は英国ではない、EUなのだ
21世紀の新・国家論
エマニュエル・トッド　堀茂樹訳
袋小路に陥るEUに対し、英国EU離脱とトランプ旋風は、英米という発祥地でのグローバリズムの終焉と国家への回帰を意味する
1093

老人支配国家　日本の危機
エマニュエル・トッド
真の脅威は「コロナ」でも「経済」でも「中国」でもなく「日本型家族」だ！　核武装から皇室までを語り尽くすトッドの日本論
1339

第三次世界大戦はもう始まっている
エマニュエル・トッド　大野舞訳
ウクライナ戦争の原因と責任はプーチンではなく米国とNATOにある。戦争は長期化し、露経済より西側経済の脆さが露呈するだろう。
1367

文藝春秋刊